王晋军 ◎ 主编

外语研究与探索

Foreign Language Research and Exploration

云南大学出版社
Yunnan University Press

图书在版编目（CIP）数据

外语研究与探索 / 王晋军主编. -- 昆明 : 云南大学出版社, 2016
ISBN 978-7-5482-2504-1

Ⅰ. ①外… Ⅱ. ①王… Ⅲ. ①外语 - 语言学 - 文集 Ⅳ. ①H3-53

中国版本图书馆CIP数据核字（2015）第292419号

外语
研究与探索
Foreign Language Research and Exploration

王晋军 ◎ 主编

策划编辑： 张丽华
责任编辑： 李　红
封面设计： 周　旸
出版发行： 云南大学出版社
印　　装： 昆明鹰达印刷有限公司
开　　本： 889mm × 1194mm 1/32
印　　张： 11
字　　数： 285千
版　　次： 2016年1月第1版
印　　次： 2016年1月第1次印刷
书　　号： ISBN 978-7-5482-2504-1
定　　价： 26.00元

地址：云南省昆明市翠湖北路2号云南大学英华园内
电话：0871-65031071　65033244
邮编：650091
网址：http://www.ynup.com
E-mail：market@ynup.com

序　　言

云南大学的外国语言文学学科具有悠久的发展历史。英语专业建于1942年，此后汇聚了吴富恒、凌达扬等国内英语学界的著名学者以及汪飞白、谢百魁等全国知名翻译家。法语专业建于1972年，是国内较早、云南省最早成立法语专业的院校之一。1986年和1993年分别获得英语语言文学和法语语言文学硕士学位授权点，是西南地区较早、云南省最早获得外国语言文学硕士学位授权点的大学。

近年来，借助于云南大学围绕国家"一带一路"重大战略和云南省"两强一堡"建设战略需求，遵循"立足边疆、服务云南、提升水平、办出特色"的办学思路，努力打造"西部一流、国内先进、国际知名"的区域性高水平研究型综合大学，外国语学院的学科发展也有了长足的进步。

2010年，云南大学获得了外国语言文学一级学科硕士学位授权点以及翻译硕士专业学位授权点。在已有的外国语言文学一级学科硕士学位授权点的基础上，外国语学院先后于2013年增加了日语语言文学硕士学位授权点；2014年新增设了亚非语言文学（缅甸语和泰语方向）硕士学位授权点。在获得翻译硕士专业学位授权点后，外国语学院从2011年起开始招收英语笔译和法语笔译方向的翻译硕士研究生。至此，外国语学院的硕士学位授权点已增加至6个，即英语语言文学、法语语言文学、日语语言文学、亚非语言文学（泰语及缅甸语方向）、翻译硕士专业学位（英语笔译方向）和翻译硕士专业学位（法语笔译方向）。外国语学院于2014年新开办了泰语、缅甸语和越南语3个本科专业，从而使外国语学院的本科专业由3个（英语、法语和日语）增加到了6个（英语、法语、日语、泰语、缅语和越语），有效地拓展和优化了学科专业，学科体系更健全。借助“云南大学实施中西部高校提升综合实力工程”，外国语学院在保持现有专业发展的基础上，力争建成面向东南亚、南亚各国的高层次人才培养基地，为国家和云南省实施“桥头堡”战略培养高水平的复合创新型外语人才。

随着学院的学科建设不断增强，师资队伍也在不断壮大。外国语学院历来重视教学相长，鼓励教师既重视教学质量，也鼓励教师积极从事学术研究，并尽力为全体教师创造条件来提升科研水平，通过教师科研水平的提升来带动教学质量的提高。

外语学科做科研本身具有其特殊性和难度。首先，与庞大的外语教师队伍相比，外语研究类学术刊物非常少；其次，外语教学的课时量较大，往往占据了教师很多时间，大家疲于教学，进行科研的时间就相对少了。基于这种现状，外国语学院组织编写了这本论文集由云南大学出版社出版。该论文集主要以外国语言研究为主，同时兼顾文学研究和翻译研究。所研究的语种涵盖了英语、法语、日语、俄语、德语、泰语、缅语、越语等 8 个语种。该论文集共收录论文 28 篇，青年教师的论文占据了主导。青年教师是学院发展的新生力量，这些论文反映了他们在教学和科研中的所思所想。论文集也收录了一些教授在语言学、文学等领域的最新研究成果。另有 6 篇为学院在读研究生以及已毕业研究生的论文，在一定程度上展现了学院所培养的学生的科研水平。论文所涉猎的面较为广泛，有的探讨外语教学中遇到的问题，也有的探讨语言政策等宏观问题；有对原著的再思考，也有对实际语篇的分析；等等。所有的论文都用中文写成，凝结着作者的心血和汗水。

希望该论文集能够成为与学术界同行进行交流和沟通的桥梁，促进学院科研水平的提升；同时也可以激励更多的老师投入到科研之中，从而产生出更多、更好的科研成果。

王晋军

2015 年 10 月 6 日

目　录

语言学研究

文学研究

翻译研究

语言学研究

语言、民族与国家安全*

王晋军**

摘　要：本文首先对文中的一些重要概念如民族、认同、语言规划、国家安全等进行了描述和界定；其次分别阐述了语言与民族、语言与民族认同以及语言规划与国家安全的相互关系。本文以加拿大、苏联及新加坡三国的语言规划实例来说明在多民族、多语言国家的语言规划，特别是民族语言规划关乎国家安全，因为一个国家的语言规划可以有利于国家统一、民族团结与和谐；相反，一个国家的语言规划也可能造成国家的分裂和解体，以及民族间的冲突与仇视。

关键词：语言；民族；认同；语言规划；国家安全

一、引　言

一个民族有别于其他民族的一个重要的标志就是语言，语言是各民族传统文化及历史的载体，是各民族交往的工具，也是该民族的象征和标志，同时也是该民族认同的重要手段。

在多民族、多语言的国家，语言政策的制定尤其是民族语言

---

*【基金项目】本文为国家语委重点课题“中国和东盟国家的民族语言政策对比研究”（ZDI125－27）以及国家社科基金项目“中国和东盟国家的国家语言能力对比研究”（15XYY008）的系列成果之一。

**【作者简介】王晋军，云南大学外国语学院教授，博士，研究方向为功能语言学、语篇分析、社会语言学。

政策的制定对国家安全的影响意义重大。本文通过阐述语言与民族、语言与民族认同，以及语言规划与国家安全的关系，试图以三个国家如加拿大、苏联、新加坡的语言规划为例来说明语言政策的制定对多民族、多语言国家的重要性。

二、语言与民族

在英语词汇中，“国家，民族”为一个词，即“nation”。根据《牛津高阶英汉双解词典》（2005：1149）的定义，“Nation” is a country considered as a group of people with the same language，culture and history，who live in a particular area under one government。该定义意即国家或民族是一群有着共同语言、文化及历史的人们在一个政府的管理之下，并生活在一个明确的地域内。该定义确定了几个明确的信息：首先，民族或国家是由一群有着共同语言、文化和历史的人群构成的，也就是说，语言是确定民族或国家的一个首要的标识；其次，这样的一群人生活在明确的地域，并受制于政府的管辖。斯大林指出：“民族首先是一个共同体，是由人们组成的确定的共同体。——民族不是种族的共同体，也不是部落的共同体，而是历史上形成的人们的共同体。——民族不是偶然的、昙花一现的混合物，而是由人们组成的稳定的共同体。”（斯大林，1979：61）而且，“民族是人们在历史上形成的一个有共同语言、共同地域、共同经济生活以及表现在共同文化上的共同心理素质的稳定的共同体”（斯大林，1979：61 - 64）。斯大林把共同语言、共同地域、共同的经济生活、共同文化上的共同心理素质这四个“共同”当作了一个民族的应有的特征，而且拥有共同的语言。

为了一个民族首个共有的特征，很多学者都把拥有共同语言作为民族的主要特征之一，如 Smith（1991：20）认为：“民族是一种文化的集合体，——通过文化方面的一个或几个差别如宗教、习俗、语言或组织来相互区别。”长期以来，斯大林对民族的定义成为判定一个民族是否形成的准则。

一个民族只有拥有了共同语言，人们之间才能交流思想、联络感情，建立人际关系，进而才能进行频繁的交流与合作，才能共同参与经济活动，并形成共同的世界观、价值观以及道德伦理观。的确，在民族的形成与发展过程中，语言的出现和发展是一个重要因素。语言是人类最重要的交际工具，它既是人区别于其他动物的本质特征之一，又是民族识别的基本要素之一。语言不仅是建构和体现国家意识、表达感情的基本工具，而且是各民族传统文化及历史的载体，是各民族交往的工具，也是该民族的象征和标志。因此，语言是民族文化、民族精神的直接体现。共同的语言是一个国家凝聚内部力量和传承历史文化遗产的主要渠道。语言传递着种族、民族、国家形成和发展的历史踪迹，因此它是国家—民族的历史文化地质层。

世界上大多数国家都是多民族、多语言的国家。这些多民族国家的决策者面临着做好语言规划和制定语言政策方面的问题，因为语言与民族认同、语言与国家安全息息相关。

三、语言与民族认同

Identity（认同或身份）是人们用来识别自我的一个日常词汇，同时它也是个较复杂的概念，因为不同学科的学者用不同的术语来描述“identity”，如 Bersnier（1991）用“self”（自我）；Fairclough（1992）用“ethos”（道德观）；Foucault（1980）用“subject” or “subjectivity”（主体或主体性）；Ivaniǒ（1997）用“possibilities for self - hood”（自我的可能性）。Bersnier（1991）从人类学的角度把“self”看作是个体的情感或感受；Fairclough（1992）在讨论语篇与社会关系的时候使用“ethos”来指通过世界观和社会实践来识别个人身份；Foucault 的传统则侧重语篇和社会实践对人们身份的影响（Foucault，1980）；Ivaniǒ（1997）用“possibilities for self - hood”来突出身份由社会构建，并受社会限制的本质。同时，身份或认同的分类也多种多样，有个体认同，也有集体认同；有社会认同，也有民族认同。

许多学者从不同的学科和不同的视角对民族认同（national identity）进行了阐述。Carla & Reginald（1998）认为民族是个体对本民族的信念、态度以及对其民族身份的承认。安东尼·史密斯（2006：18）认为民族认同是对构成与众不同遗产的价值观、象征物、记忆、神话和传统模式持续复制与重新解释，以及对带着那种模式和遗产及其文化成分的个人身份的持续复制和重新解释。一些学者从语言学的视角阐释了语言与民族认同的密切关系。Billig（1995）、Anderson（1991）以及 Cillia *et al.*（1999）在其文中都认为民族认同的构建是一个语言现象，而且语言在构建、表达和形成民族认同的过程中起着重要的作用。

Anderson（1991）曾指出，语言是国家构建的牢固基石（bedrock）。Billig（1995）认为平凡的民族主义（banal nationalism）是通过日常的词汇表达来体现的，他曾通过分析英国报纸中的指示词、原型以及与家园相关的词汇来阐述民族主义，并认为报纸往往带给读者思乡之情，引起读者共同的民族情感。Cillia *et al.*（1999）探讨了民族认同的四个方面：①民族认同是通过语言来表达的社会认同的特定形式；②民族认同由共同的观点、概念、相近的情感态度和行为特征构成；③民族认同的话语构建展示了不同民族的独特性和差异性；④民族认同是动态的，而不是静止不变的。Triandafyllidou（1998：599）对民族认同的相似性和差异性做了辩证的阐述，她认为民族认同是把“双刃剑”，它可以从内部和外部来进行解释。从内部来看，民族认同是社区成员所拥有的，包含传统、观点、符号和行为及交际方式的一个系统；而从外部来看，民族认同总存在于与其他民族的互动和交往中。

四、语言规划与国家安全

“语言规划”是从国家层面有组织地解决一个国家的语言问

题（Fishman，1974）。

Weinstein（1980）认为语言规划是为了解决交际问题，而在政府干预下的长期和连续的有意识改变语言本体或改变语言社会功能的努力。Tollefson（1991：16）把语言规划定义为“一切有意识地影响语言变体的结构或功能的活动。语言政策是由政府所从事的语言规划”。任何一个多民族、多语言的国家都要慎重考虑以及合理、科学地安排多数人的语言与少数人的语言的地位，特别是制定合理、科学的民族语言规划对国家安全、经济繁荣起着重要的作用。这是语言规划的主要课题，这关乎一个国家的国家安全，因为“语言既可以是促成国家统一的因素，也可以是导致国家分裂的重要力量”（何俊芳、周庆生，2010：72）。正如Fishman（1972：4）指出的：“语言既有分裂性，也有很强的统一性。它是真诚与敌对、团结与冲突、傲慢与偏见的标志。”

刘跃进2004年在其著作《国家安全学》中对“国家安全”做出了清楚而明确的界定。他认为国家安全是国家的基本利益，是一个国家处于没有危险的客观状态，也就是国家没有外部的威胁和侵害也就没有内部的混乱和疾患的客观状态。当代国家安全包括10个方面的基本内容：国民安全、领土安全、主权安全、政治安全、军事安全、经济安全、文化安全、科技安全、生态安全、信息安全。其中最基本、最核心的是国民安全。他认为，国家安全首先是国家没有外部的威胁与侵害的客观状态；其次，国家安全是国家没有内部的混乱与疾患的客观状态；再次，国家只有在没有受内、外两方面危害的条件下才安全，这两个方面的统一才是国家安全的特有属性。

在多民族、多语言国家的一体化建设过程中，经济建设、行政管理、国民教育与文化的发展都需要借助语言才可以实现，而在具体的实施过程中国家需要采取立法和行政手段来确定某一种或几种语言作为该国家的民族语言、通用语言或官方语言。而把某种语言确立为具有特殊地位的语言如民族语言、通用语言或官方语言都意味着使用该语言的民族在该国享有特殊的政治和经济与社会地位，因为他们具有更多的语言资本，也更容易获得各种利益。因此，语言规划尤其是民族语言规划是否科学与合理，往往关乎一个国家的安全，因为合理、科学的语言规划可以促进一国的经济繁荣、政治稳定和民族团结；反之，不合理的语言规划就会引起国家的动荡、民族冲突甚至国家的分裂。正如 Mohan（1989：73）所指出的："在多语言和多文化的社会中，语言是在不同的政治、语言、文化、教育和交际领域的具体环境中形成的。因此，在某一特定的领域中，某一语言在使用方面的转变可能成为语言冲突的必要因素。"

语言是民族认同与国家认同的重要手段，语言可以促成国家的统一、民族和谐和社会稳定；同时它也可以是造成民族冲突与仇视、国家动荡与分裂等威胁国家安全的因素。本文试图从加拿大、苏联以及新加坡的语言规划经历来说明语言规划与国家安全的直接关系。

（一）加拿大魁北克的语言规划与"魁北克独立"思潮

加拿大是个移民国家，有 50 多个民族，主要为四个民族即土著人、英裔加拿大人、法裔加拿大人及其他民族，其中，英、法裔加拿大人占总人口的 70%。为促进两族裔加拿大人之和谐，1858 年维多利亚女皇钦定以两语言区交汇处的渥太华为首府。1969 年加拿大政府更将渥太华河北岸法语区的赫尔市划入渥太华市作为首都的一个部分，渥太华河北部为法语区，南部基本讲英语，以致形成一国首都跨两省、两个语区的特色。渥太华一般居民皆能操两种语言，公众集会、机场广播等都先说法语，再用英语复述。

加拿大的双语政策一直被世界各国当作双语推广的典范。然而，200 多年来加拿大也经受了英语和法语之争带来的语言冲突，而且冲突不断激化，其中最突出的是魁北克省。魁北克省是加拿大唯一一个法裔人口占大多数的省份，80% 的居民的母语为法语。

20 世纪 60 年代，魁北克开始逐渐兴起民族主义浪潮，其中有几个标志性的事件：1967 年 11 月，魁北克的总团体（Etats – General）通过决议取消英语作为魁北克的官方语言，并限制在商业活动中使用英语。1969 年 10 月，魁北克省议会通过了《法语推行法》，要求魁北克讲英语的儿童或移民学习法语，以便更好地适应未来的工作。1968 年 10 月，魁北克党成立，在其党章中明确了通过民主方式争取魁北克的独立，同时确立法语为魁北克省的唯一官方语言和所有企业的工作语言。进入 20 世纪 70 年代，魁北克省的法语推广工作从教育语言向工作语言转移。1974 年 7 月 30 日，魁北克省议会通过了《魁北克官方语言法》，其重点是规定法语是魁北克省的唯一官方语言，而且提出了实现魁北克工作语言法语化的措施。1977 年，魁北克省议会通过了《法语宪章》。该宪章规定了法语是魁北克的工作语言，同时也是官方语言；在商业、教育、政府、法律等部门“去英语化”，从而使双语魁北克变成了“法语魁北克”。何俊芳、周庆生（2010：251）指出：“魁北克的《法语宪章》是西方世界第一部旨在提高地区主体民族语言地位的语言大法。”

魁北克省基于语言的民族主义浪潮直接导致了“魁北克独立”的一系列问题。魁北克曾于 1980 年和 1995 年两次举行脱离加拿大联邦的独立公投，对加拿大的国家安全造成了极大的威胁。2014 年 4 月，加拿大魁北克分裂势力在选举中败北，这使得加拿大人悬着的心终于暂时可以歇息一下，因为此次选举结果使得魁北克的独立势力在未来一段时间内难再有作为。

（二）苏联的语言规划与苏联的解体

苏联曾有过辉煌的历史，在第二次世界大战中对打败德、意、日法西斯起到了重大作用；在冷战时期，苏联曾是世界上唯一能与美国抗衡的超级大国。而苏联于 1991 年解体引起了学界的普遍关注。不少学者认为苏联加盟共和国民族意识的增强、民族经济利益的冲突、民族问题的不断激化等因素导致了苏联的解体，然而，苏联语言规划的失误如苏联的民族语言政策与宪法原则及其民族政策的指导思想不一致，存在理论与实践严重脱节，在一定程度上激化了民族问题和助涨了民族主义思潮（田鹏，2013）语言因素直接或间接地导致了苏联的解体，换句话说，苏联的语言规划与苏联的国家解体与分裂有直接的关系。

苏联是一个多民族、多语言的国家，共有128个民族，使用130多种语言。俄罗斯族人占总人口的50.8%。绝大部分人使用印欧语系的语言，少数人使用阿尔泰、高加索等语系的语言，其语言使用状况较为复杂。各民族基本上能够使用本民族语言和俄语，形成了双语使用的状况，在一些非俄罗斯族的居住区甚至出现了三语或多语的现象。然而，从20世纪70年代起，一些加盟共和国开始通过宪法形式进行语言立法，掀起了各加盟共和国主体民族语言“国有化”的浪潮。亚美尼亚、阿塞拜疆以及格鲁吉亚三个加盟共和国率先于1978年4月分别在宪法中确立了亚美尼亚语、阿塞拜疆语以及格鲁吉亚语为国语；随后在1989年仅一年的时间里各加盟共和国都通过法律的形式确立了主体民族语言的国语地位；而俄罗斯21个共和国中的语言法与其他加盟共和国的不同，这些共和国确定了实行俄语和各共和国主体民族语言为国语的双语制。语言规划的变革直接导致许多加盟共和国分崩离析，苏维埃社会主义共和国联盟不复存在。从1978年起到1991年掀起的语言变革浪潮，其主要目的是为了扩大主体民族语言的使用范围和社会功能，提升主体民族语言的地位，强化民族意识，推行本民族的语言和文化。在一定程度上，加盟共和国以立法的形式确定主体民族语言国语的地位导致了民族矛盾尖锐化，民族冲突不断攀升，最终使得苏联走向解体。

（三）新加坡的语言规划与新加坡的腾飞

新加坡是个多元种族、多元语言、多元宗教的国家，居民的人种源流复杂，有亚洲、欧洲等五大洲源流，所以被称为“世界人种博览馆”，但它的主要居民由华人、马来人、印度人及其他种族所组成，而且新加坡是除中国外唯一一个以华人为主体民族的国家。在新加坡，马来语为国语，英语、华语、马来语、泰米尔语为官方语言。英语作为国家共同语和与外界交流的媒介，是第一语言，主要起到团结各族人民和促进经济发展的作用；马来语作为国语，具有认同周围马来世界的象征意义，是马来族内的交际语言和马来族与印度族间的通用语言；华语是占新加坡人口最多的华族所认同的、跨方言的民族共同语，而泰米尔语是代表印度族的语言。因此，在新加坡这四种语言同为官方语言，其中还确立了国语和行政语言，这样的语言规划在世界上其他国家中都极为少见，正如 Deterding（2007：5）曾指出的："新加坡四种官方语言属于完全不同的语系，任何两种语言间的差别都非常大，而新加坡人都是从小就学习两种语言，这种情况在全世界都是独一无二的。"

新加坡经历了一百多年殖民统治，1965 年才成立新加坡共和国，却在很短的时间内发展成为亚洲地区经济发展最快的国家之一，曾被称为"亚洲四小龙"，同时也是新兴的发达国家。经济上的成功、各民族的融合和团结与其语言政策的制定和实施密切相关。新加坡的语言政策可以说是综合考虑了政治、经济和文化等多个因素，其目的是为了打破各种族间的语言隔阂，为了适应国家政治和经济发展，同时为了树立多种族国家的国民意识和效忠精神，为了建立一个现代化的、新加坡人的新加坡而制定的。新加坡的语言政策顺应了国内各族人民的共同利益，符合社会文化发展的特定历史阶段的时代特性，平等地对待了各个民族，尊重了其民族文化和传统，有利于树立各民族的民族认同感，从而使国家具有凝聚力和向心力，促进了国家的繁荣、发展和稳定，确保了国家的安全。

五、结　语

语言是人类最重要的交际工具，既是人区别于其他动物的本质特征之一，又是民族识别、民族认同和国家认同的基本要素之一。一个国家的语言规划是否合理、科学，直接关系一个国家的国家安全。加拿大魁北克省、苏联及新加坡的语言规划经历清楚地说明了这一点。中国是个多民族、多语言的国家，境内有 56 个民族，使用的语言大约有 129 种（孙宏开等，2007）。中华人民共和国成立后，中国共产党和国家实行民族平等、民族团结、民族区域自治的政策，我国的民族语言政策是国家实现民族政策总目标的一项重要内容。新中国成立以来，我国的宪法和其他法令规定各少数民族都有使用和发展其语言文字的自由，把语言平等作为各民族平等的一个重要内容和重要标志。我国推行的民族语言政策极大地促进了各民族的交流与融合，保护和发展了各民族自己的语言，对国家安全、经济社会发展起到了积极作用。进入 21 世纪，特别是在当下推进“一带一路”的建设中，如何使我国的语言政策特别是民族语言政策更好地服务于国家战略目标，是语言工作者需要进一步探讨的课题。

参考文献

［1］ Anderson, B. 1991. *Imagined Communities: Reflections on the Origin and Spread of Nationalism*. London: Verso.

［2］ Bersnier, N. 1991. Literacy and the nation of person on Nukulaelae Atoll. *American Anthropologist*, 93: 570 – 587.

［3］ Billig, M. 1995. *Banal Nationalism*. London: Sage.

［4］ Carla, J. M. & Reginald, J. A. 1998. Racial Identity, African Self – conciousness and Career in decision making in African American College women. *Journal of Multicultural Counseling and Development*, Vol. 26 (1): 28 – 38.

［5］ Cillia, R., Reisigl, M. & Wodak, R. 1999. The discursive construction of national identities. *Discourse & Society*, 10 (2): 149 – 173.

[6] Deterding, D. 2007. *Singapore English*. Edinburgh: Edinburgh University Press Ltd.

[7] Fairclough, N. 1992. *Discourse and social change*. Cambridge: Polity Press.

[8] Fishman, J. A. 1972. *The Sociology of Language*. Rowley, MA: Newbury House.

[9] Fishman, J. A. 1974. *Advances in language planning*. The Hague: Mouton.

[10] Foucault, M. 1980. *Power/Knowledge: Selected Interviews & Other Writings* 1972 – 1977. (Ed.) C. Gordon. (Trans.) C. Gordon L. Marshal J. Mepham & K. Sober. New York: Pantheon Books.

[11] Hornby, A. S. 2005. 牛津高阶英汉双解词典 [Z]. 陆谷孙，等，译. 北京：商务印书馆.

[12] Ivanič, R. *Writing and Identity: the discoursal construction of identity in academic writing*. Amsterdam/Philadelphia: John Benjamins Publishing Company.

[13] Mohan, R. 1989. Language planning and language conflict: the case of Kashmir. *International Journal of the Sociology of Language*. 75: 73 – 85.

[14] Smith, A. D. 1991. *National Identity*. Reno: University of Nevada Press.

[15] Tollefson, J. W. 1991. *Planning Language, Planning Inequality: Language Policy in the Community*. Longman: London.

[16] Triandafyllidou, A. 1998. National identity and the "other". *Ethnic and Racial Studies*, Vol. 21 (4): 593 – 612.

[17] Weinstein, B. 1980. Language planning in francophone Africa. *Language Problems and Language planning*, 4 (1): 55 – 77.

[18] 安东尼·史密斯. 2006. 民族主义：理论、意识形态、

历史［M］. 叶江，译. 上海：上海人民出版社.

［19］何俊芳，周庆生，编著. 2010. 语言冲突研究［M］. 北京：中央民族大学出版社.

［20］刘跃进. 2004. 国家安全学［M］. 北京：中国政法大学出版社.

［21］斯大林. 1979. 马克思主义和民族问题（1913 年）［A］//斯大林选集：上卷［C］. 北京：人民出版社.

［22］孙宏开，胡增益，黄行，主编. 中国的语言［Z］. 北京：商务印书馆，2007.

［23］田鹏. 2013. 语言政策、民族主义思潮与苏联的解体［J］. 西北民族研究，(2).

维护外语教育的生态多样性：全球化背景下的外语教育观*

王　革**

摘　要：全球化冲击社会生活的方方面面，外语教育也不例外。由于某些英语国家主导世界的政治、经济生活，外语教育出现了单极化的倾向，这和目前倡导的文化多元主义是相违背的。笔者认为，在全球化的背景下，各国应制定符合本国政治、经济、文化发展战略，符合本国实际的外语教育政策。因此，维护语言教育的多样性，倡导多元文化和多元的教学方法应成为各国外语教育工作者认真研究的问题。

关键词：外语教育；生态多样性；全球化

一、引　言

当今，生物多样性已被人们认可和重视，但在外语教育上，维护语言的多样性则是近年来人们才意识到的问题。随着经济全球化的进一步深入，语言规划者和教育者开始关注在英语占外语教育主导地位的今天，如何制定既符合现代外语教育规律，又能

* 本文于2008年6月在香港大学召开的Language Issues in English－medium Universities：A Global Concern国际会议上宣读。

** 【作者简介】王革，云南大学外国语学院教授，香港大学英语教育方向博士，2015年度美国宾夕法尼亚大学富布赖特研究型访问学者，云南外语教育学会副秘书长、国际多语教育学会云南分会副主任，研究方向为多语教育、跨文化交际和教育人类学。

满足本国实际需要的外语教育政策。笔者认为：外语教育政策不仅反映出一个国家对非本族语言文化的态度和政策，更重要的是，它关系到一个民族能否在未来动态且多元的社会文化生活中健康地发展。一方面，以某种外语为中介语，成功地参与国际经济和科技文化交流，另一方面在保持本民族语言文化先进性，吸纳外来的优良文化的同时，又把本民族文化的优秀成果介绍给其他民族。

二、全球化对外语教育的影响

经济全球化给外语教育提供了无限的机遇和挑战。首先，人们清楚地认识到外语教育不仅仅是外来文化的传播者，而且是本土新文化的创造者；不仅仅是传播先进文化和科学技术的工具，而且是经济发展的动力。以英语为例，在国际交往中，英语已经成为一种世界上相对通用的语言，它的普及性体现在国际政治、经济商贸、信息交流等各个领域。英语权威词典《牛津英语词典》的主编 Burchfield 曾这样描述当今英语的地位和作用：

> 英语也已经成为一门十足的通用语，受过教育的任何人，如果不懂英语，那他的生活就有了缺憾。贫穷、饥饿和疾病很容易被看成是人生最为残忍且最不可饶恕的缺憾。语言上的缺憾虽然不容易被人注意，但其影响却非常之重大。（转引自 Philipson，1992：5）

其次，随着经济全球化的发展和人们对多元文化的进一步认同，人们开始质疑英语作为世界通用语可能带来的负面影响。新马克思主义认为，英语的广泛传播是“英国殖民主义的遗迹和美国文化帝国主义的象征”（Shaw，1983）。也有人认为英语大行其道是“语言帝国主义”（Philipson，1992）和“语言新殖民主义”（Canagarajah，1999；Rajagopalan，2004）的表现。在当今英美文化充斥世界的情况下，这种担心是不无道理的。然而，另外一些学者认为，国际英语的出现是由于比较复杂的原因造成的，不能简单地归结于“语言帝国主义”（Kachru，1982）或“反殖民主义运动”（Jenkins，1998），而是非英语母语者“积极习得的结果”（Brutt - Griffer，2002）。

毋庸质疑，经济全球化推动了外语教育产业的蓬勃发展，但也对语言政策的制定者和语言教学的实施者提出了新的问题，比如说：

（1）在非英语国家应将英语作为第二语言、外国语还是国际通用语来教授？

（2）西方的教学方法是否就是打开制约各国外语教育瓶颈的万能钥匙？

（3）在教材建设上应采取怎样的态度和措施（原版引进、自主编写还是合作编写）？

（4）如何充分发挥以英语为母语或非母语的教师的作用？

三、外语教育的单极化和文化的多元化

毫无疑问，鉴于英语的通用性和普及性，英语已经成为世界上最具活力和较为实际的“国际语言”，甚至有人预言，在下一个五十年里，以英语作为本族语和非本族语的人口比例将发生重大改变，以英语作为第二语言的人数将最终超过英语作为第一语言的人数。另据英国文化委员会的一位官员估计，到 2015 年，全世界将有一半的人口开始说英语或学英语。未来十年内将有两百万人开始学英语，三百万人开始讲英语。

然而，英语的国际化导致了当今世界外语教育的单极化。以亚洲一些后殖民地国家为例，在过去的半个多世纪，这些国家取得了政治和经济的独立。建设国家，全面融入世界经济和积极参与国际政治是这些国家面临的共同任务。然而，为了平衡国内社会和政治集团的利益，同时又受经济和文化全球化的影响，许多国家给予英语教育以十分特殊的地位。在印度，英语一直被当作

各级教育机构的主要教学语言，也是报纸、广播、电视三大媒体的主要语言。在新加坡，英语作为官方语言的地位事实上已经取代了被定为国语的马来语。在菲律宾，英语被当作唯一的媒介语用于高等教育和科技等许多领域。香港的语言政策将英语定位为公民需要通晓的“三文两语”① 之一。

同样，在非殖民地的亚洲国家，英语教育也是方兴未艾。中国的情况自不用说，随着中国顺利入世和承办奥运会，中国人学习英语的热情空前高涨，英语教育也成为一个庞大的产业。有关数据表明，目前中国英语学习者的数量已接近 3 亿。英国学者 Graddol（2007：95）在他的新作《英语的未来》一书中称，中国现在每年使用英语的人“增加两千万，不用几年，中国讲英语的人的数量将超过印度”。在当今的中国，高级人才的遴选、职称的评定、升学就业都要考英语。在一些著名的高等学府，甚至有人荒谬地提出应该用英文讲授中国文学、历史、哲学等传统国学课程。

日本文部省颁布的“2003 行动计划”，提出了培养“具有英语能力的日本人”的口号。在韩国，第 7 版国家大纲掀起了新一轮英语教育改革。如采用功能大纲、强调交际能力、招募外籍教师、分级教学、通过英语教授英语、通过信息和多媒体技术使英语课堂实现现代化等。前任总统李明博提出在全国范围内每年培训 3000 名英语教师的计划，逐步推行用英语讲授其他课程的方案，并考虑扩大国际学校区域。在越南和老挝等一些东盟国家，英语成为最受欢迎的语言。

然而，这就不可避免地造成了一种矛盾。一方面，英语教育的主导地位难免造成文化的同化；另一方面，文化的同化则不可避免地造成对本民族“文化身份”的削弱（Tsui，2004）。正如王

① “三文”指的是三种书面语，即繁体中文、简体中文和英文；“两语”指英语口语和汉语口语。

晋军（2003：16）所指出的："全球化像一把双刃剑，一方面它便于世界各国人民交流和沟通，另一方面它也对其他语言的存在构成了威胁，尤其是在一定程度上对人们的民族身份构成了挑战。因此英语的全球化与捍卫民族身份构成了一对矛盾体，如何处理好这一对矛盾成为许多国家面临的问题。"

考虑到语言作为文化的载体对社会生活产生的巨大影响，20世纪90年代以来，许多东、西方的学者著书立说，表达了他们对语言教育单极化的担忧。1992年Philipson出版了《语言帝国主义》；1994年Pennycook出版了《英语作为国际语的文化政治》；1999年Canagarajah又出版了《拒绝语言教学领域的帝国主义》；2001年Modiano发表《语言帝国主义、文化融合、英语作为国际语言》；国际世界语协会副主席Humphrey R. Tonkin提出"国际关系中的语言平等"；2005年欧洲世界语联盟主席Seán Riain也撰文《英语已经胜利了吗》。这些书和文章的出版与发表都在世界政治文化和英语教学界引起强烈反响。对于英语大行其道所带来的负面影响，姜亚军等学者做过如下总结（姜亚军，2002）：

（1）英语媒体主宰全球新闻界，"英美舆论导向"成了"世界新闻导向"。

（2）英语媒体主宰文化娱乐界，致使国际文化交流单向流动。

（3）英语已成为权力和威望的标志，守卫着社会和经济进步的大门；不懂英语，在很多领域，就被拒之门外。

（4）英语在世界上的地位也使它成为一名国际门卫，决定着国与国之间的人口流动，特别是人才流动方向，致使很多国家高层次人才外流。

（5）英语的传播和使用加剧了农村和城市、发展中国家和发达国家以及社会精英阶层和普通大众之间的不平等，并且，由于互联网的出现和使用，创造了新的信息贫困阶层。

（6）英语作为一种"强势语言"，逼迫世界上的其他语言不断地边缘化，直至消亡。

（7）西方的语言和思维方式被强加到非西方世界，英语的大力提倡破坏文化多样性，削弱其他语言和文化的区别性特征。

上述观点乍听起来似乎有点耸人听闻，可现实的严峻却不得不令人深思。在德国，英语已取代法语成为学校和商业企业的第二语言。在瑞士，研究表明，英语已经成为最有用的语言。在比利时，由天主教鲁汶大学进行的调查显示，英语日益成为政府机构、企业和国际组织中使用最多的语言，而且在某种程度上威胁到了官方语言法语和荷兰语的地位。在西班牙，这个被认为通晓欧洲语言最少的国家，在“90 法案”的推动下，大约 98% 的学龄儿童（从 8 岁起，有些地方从 6 岁起）也选择了学习英语。西班牙现任首相萨帕特罗在一次竞选大会上承诺，新政府执政期间，将通过各种手段大力普及青年人的英语教育。他提出的目标是，经过 10 年努力，所有西班牙青年都具备用英语交流和工作的能力。

2004 年 8 月 5 日，伦敦《经济学家》登载了题为“巴比伦塔之后的一种共同语言”的文章，文章称：

> 英语作为一种国际通用语言的兴起并不必然会大大减少国家内部和国家之间的语言争议。这种争议趋于和竞争小区之间政治权力的分割有关，而不是这些语言……欧盟机构的官员和委员会使用三种主要的工作语言：英语、法语和德语。为争夺这三种语言的“市场份额”，法语长久以来一直与英语在打一场正在输掉的战争，而德语远远落在后面。更多偏爱英语的国家的到来将会威胁法语的地位，使它几乎和德语一样处在边缘。

面对英语的大举入侵，世界各国迅速做出了自己的反应，展开了一场场振兴母语、维护母语纯洁的运动。在这一场场母语保卫战中，法国的声势最浩大，再次成为母语保卫战的领导者。2001 年 3 月 29 日，在巴黎大学举办的“全球挑战研讨会”上，法国前总统希拉克在致开幕词时呼吁：拉丁文化传统的语言共同体联合起来，反对英语的霸权。为保护自己的语言和文化，法国先后成立了“保卫和发展法语高级委员会”“国际法语理事会”“技术用语研究委员会”“丰富法语词语委员会”和“法语评议会”等多个组织机构，1994 年颁布了《关于法语的使用法》（即《杜宝法》），将法语的使用纳入法律轨道。除了法律手段，法国政府还采取了经济手段抑制英语的使用。如若发现某些享受税务补助的官员或机构，明知有法文的同义表达方式却使用美语或英语，政府就会对其实施了制裁。根据英国《每日电讯报》的最新报道，法国政府部门的所有计算机都于 2008 年年底前安装上一个名为 le correcteur terminologique（意为“术语校正器”）的软件，该软件程序能够自动将英语词汇转换成对应的法语词汇。此外，法国文化与交流部日前还建立了网站 www. franceterme. culture. fr，以督促法国人使用法语词汇。

在德国，出于对夹杂着英语的德语和夹杂着德语的英语的不满，有人每月聚会一次，挑出最近一段时间里出现在德语中的英语用词，并将其列入一份被禁止使用的语言“黑名单”，以提醒人们为净化德语而斗争。而冰岛早在 40 年前就设立了“语言研究所”，该研究所作为政府机构的任务是把外来语译成本国语言。几年前又成立了“词语委员会”，负责将英语词汇翻译成冰岛语。在意大利，由于担心英语对意大利语的玷污，有人编写并出版了《英语化意大利语手册》，提醒人们不要使用这种难懂的语言，以维护母语的纯洁性。

在俄罗斯，普京总统于 2006 年岁末正式签署关于在俄境内外举行“俄语年”的法令，通过“俄语年”活动提高全民的俄语拼写能力，并在国外扩大俄语的影响力。在俄罗斯联邦楚瓦什自治共和国，当地政府还将 2008 年定为“净化语言年”。加里宁格勒州政府日前也下令禁止在广告中使用外来语，并开展大规模清理活动。

在南美，官方也出台了一些语言政策捍卫语言主权。委内瑞拉通信与信息部最近发表一份声明，指出委内瑞拉人必须掌握西班牙语，因为西班牙语已经受到“文化侵略者”的威胁。委内瑞拉电信公司目前已经禁止员工在工作中使用 staff、marketing 和 password 这样常用的商务英语词汇，并在公司悬挂出“说西班牙语，骄傲地说西班牙语”的标语。

在印度，英语教育最发达的亚洲国家，印度的全球语言警察小组最近公布了一份政治敏感英语词汇，并且列出了相关替代词，以减少敏感词汇带来的社会矛盾和摩擦。

在中国，早在 2004 年 3 月，以梁晓声为代表的一批知名作家和学者，针对“英语霸权时代的汉语命运”这一具有时代焦虑性的主题进行了座谈。与会者围绕对英语霸权的辩证思考、当下汉语的处境、汉语学习和英语学习的关系各抒己见，展开了一场大讨论。中国著名社科类期刊《咬文嚼字》分别于 2006 年和 2007 年发表专稿，讨论该年度的十大语文差错，并发起了“请给荧屏亮分活动”，请读者和观众挑出荧屏和媒体上的语言错误。内容主要涉及日常生活、学术刊物和媒体中的语言错误。还有一些学者投书报刊，呼吁大家重视汉语使用中的“语言污染”（杨大方，2005)、“语言输入与污染”（贾岩，2006）和“语言欧化”（戴玉群，2008)。2007 年 8 月，国家语委副主任、教育部语言文字信息管理司司长李宇明专门指出，中国重视 2008 年奥运会的语言环境建设，正在规范包括公共场所标识、运动员人名拼写等在内的英语、汉语使用方法。

四、讨　论

欧盟和其他地区的语言之争，表面上看来是为了保护民族文化，纯洁民族语言，可实质上却是从政治、经济的角度对“文化霸权”的争夺。Fishman（2001）曾指出：“一个和文化相联系的语言不仅是文化交流的工具，这种语言的意义不是一般意义上的语言或人类被赋予的语言能力，更是一种民族文化，常被看作是一个特殊的礼物，身份的象征以及对未来后辈的一种特殊的责任。”在文化多元化的今天，各个国家都意识到，一个民族一旦失去自己的语言，这个民族就会走向消亡。

由此可见，语言不仅是人类交流思想的工具，也是民族文化的载体。它起着传承文明和推动社会发展的重要作用，它是连接一个民族历史和现实的纽带。因此，任何国家、任何民族都不愿意放弃使用本民族语言的权利。然而，解决语言争端并非一朝一夕的事，正如周增彬（2006）所指出的：“语言争端背后隐藏着深厚的民族、历史、文化、心理、习俗等问题，同时也涉及国家主权、国家利益、民族尊严、保护文化多样性、语言领域的集体人权、少数人利益的人文关怀等等敏感问题。”Anshen（2001：704）认为：“选择一个民族国家的通用语言要考虑四个主要因素即民族主义、民族集团利益、语言分布和语言声望。”

既然英语作为国际语言已经成为不争的趋势和事实，一味地抵制或逃避则不是明智之举，以开放和宽容的态度来面对它才是我们应持有的态度。笔者认为，在全球化日益深入的今天，外语教育应表现出充分的开放性、灵活性和包容性。因此，尊重英语的各种变体，倡导多元文化和多元的教学方法应成为各国外语教育工作者认真对待和研究的问题。

为解决语言单极化和文化多元化之间的矛盾，应树立一种全新的外语教育观。要认识到英语成为国际语言是世界政治、经济发展的必然结果，是人们从事国际交流的通用语言，因此在语言教学上，应尽量地“去英美化”，并努力实现英语教育的“本土化”，使之成为真正意义上的“国际语言”。

“国际语言”（International Language）的概念最早由Smith（1976）在20世纪70年代中期提出。它被定义为：“由不同国家人民使用的用于彼此交流的语言。”Crystal（1997）认为：“当一种语言扮演了为各个国家所认可的特殊角色时就成为了国际语言。”Smith（1976）认为国际语言具备三个特点：

（1）国际语言的学习者不需要内化操该语言的人所信奉的文化标准。

（2）国际语言的所有权不属于哪一个国家或民族。

（3）学习国际语言的目的在于使学习者能够和他人交流思想和文化。

Brutte – Griffer（2002）也总结了国际语言发展的四个特点：

（1）国际语言是世界经济文化体系发展的产物，这主要包括世界市场和商业共同体的发展，以及全球科技、文化、知识生活的发展。

（2）国际语言试图证明在由操双语者所组成的多元语言环境下，它和其他地方性语言的地位同样重要。

（3）国际语言不同于精英语言，中介语言不能仅供社会经济中的精英使用，也可由不同层次的社会人员学习。

（4）国际语言不仅经迁移到其他地区的操母语者向外传播，也可由习得该语言的众多个体向外转播。

由此可见，“国际语言”是世界经济体系发展的必然结果，是人们从事国际交流的通用语言；它具有泛国家性，不是任何国家和民族的私有财产；国际语言淡化文化标准，强调其交际功能，是一种动态发展的开放型语言。Philipson 2008 年在香港大学召开的“全球关注的用英语授课的大学中的语言问题”国际会议上明确指出：“加强英语能力的政策应是维护本土和全球语言多样性和文化多样性，反对不可持续的资本主义世界秩序的政策的一个方面。”

另外，在外语教育上要提倡百花齐放、百家争鸣。比方说，中国目前正出现全民学英语的热潮，而对其他语种的学习则成萎缩趋势，英语学习的投入和产出也大大失衡。那么，对国人来说，学习和掌握英语是否就是个人和社会发展的唯一出路呢？国际世界语协会副主席、原美国哈特福德大学校长 Humphrey R. Tonkin

在北京召开的第89届国际世界语大会上说过一番耐人寻味的话："实际上英语实在是太强大了，以至于它自身存在着一些危险，在中国，你们在英语教学方面投入了太多，但你们所取得的成果并不如我想象的那样和你们的投入相匹配，即使中国人成功地掌握了英语，你们在以英语为母语的地区仍然属于二等公民，你们无论做什么，如何努力，也在英语世界中处于劣势。"

考虑到不同的教学目标、教学对象和传统的学习策略和学习方法，我们需要对当今中国的外语教育进行反思。比方说，照搬西方目前盛行的"任务教学法"和"交际教学法"是否就符合中国学生的实际？我国目前是否具备双语教学的条件和能力？洋教师、洋教材是否就比中国的更好使？不考虑这些关于外语教育的宏观和微观问题，中国的外语教学难有实质的进步。

五、结　语

随着全球化的发展和多元主义文化观的确立，人们逐渐意识到：英语不再是英语国家或英语民族的私有财产，而是世界文明共有的文化遗产；在多元文化的背景下，英语应是灵活开放、动态发展的。因此，尊重英语的各种变体，维护语言的多样性，倡导多元文化和多元的教学方法应成为各国外语教学认真对待和研究的问题。在此，笔者非常同意云南学者李丽生教授的观点："语言的多样性是人类保持语言生态形式健康活力的基础，也是文化生态延续的前提，保持语言的生态平衡有助于人类文化的生态平衡。"

目前，中国的外语教育已呈现出新的趋势。即：①语言教学的目的正由语言能力向交际能力转变；②教学模式正由单一技能培养向综合技能训练转变；③英语教育的角色正由从"外语"教学向中介语教学转变。为此，改革课程、教材、教学模式、考试和评估体系，大力推进素质教育，培养学生的创新精神和实践能力是我们进行语言教育规划时应重点考虑的问题。

作为英语教育者，我们不仅有责任帮助学生了解外国的语言、文化和政治，还有义务培养他们的分析能力和批判能力，使他们在对外交往中发挥更加积极的作用。正如夏威夷大学 Mckay（2004：19）所指出的："今天的外语教育者需要了解国际英语的用途——英语的使用是为了满足各种跨文化交际的目的。"为此，作为国际语言的英语教学需要从全球着眼，从本土着手。

参考文献

[1] Anshen, F. 2001. "Language Planning". In Mark Aronoff & Janie Rees Miller (ed.). *The Handbook of Linguistics*. Beijing: Foreign language Teaching and Research Press & Blackwell Publishers Ltd.

[2] Brutt – Griffer, J. 2002. *World Englishes: A study of its Development*. Clevedon: Multilingual Matters.

[3] Burchfield, R. 1985. *The English Language*. Oxford: Oxford University Press.

[4] Canagarajah, A. S, *Resisting Linguistic Imperialism in English Teaching*. Oxford: Oxford University Press.

[5] Crystal, D. 1997. *English as a Global Language*. Cambridge: CUP.

[6] Fishman, J. A. 2001. *Can Threatened Languages be Saved: Reversing Language Shift, Revisited: a 21st Century Perspective*. Clevedon: Multilingual Matters.

[7] Graddol, D. 2007. *English Next*. London: The British Council.

[8] Jenkins. J. 1998. Which pronunciation norms and models for English as international language. *ELT Journal*, 52: 119 – 126.

[9] Kachru, B. 1982. "Models for non – native Englishes". In B. B. Kachru (ed.). *The Other Tongue*. Urbana C: University of Illi-

nois Press.

[10] Mckay. S. 2004. Teaching English as an international language: the role of culture in Asian context. *The Journal of Asia TEFL*, 1: 1 –22.

[11] Modiano M. 2001. Linguistic imperialism, cultural integrity, and EIL. *ELT Journal*, 55: 339 –347.

[12] Pennycook, A. 1994. *The Cultural Politics of English as an International Language*. London: Longman.

[13] Philipson, R. 1997. *Linguistic Imperialism*. Oxford: Oxford University Press.

[14] Philipson, R. 2008. English, Panacea or Pandemic. Paper presented at the International Conference on Language Issues in English – medium Universities: A Global Concern, Hong Kong SPA, June 2008.

[15] Rajagopalan, K. 2004. The concept of "World English" and its implications for ELT. *ELT Journal*, 58: 111 –117.

[16] Seán, R. 2005, 英语已经胜利了吗 [EB/OL], http: //club. meet8. com/db49298. html, 2010 –01 –10.

[17] Shaw, D. 1983. "Asian students" attitudes towards English'. In L. Smith (ed.). *Readings in English as an International Language*. Oxford and New York: Pergamon Press.

[18] Smith, L. 1976. English as an international auxiliary language. *RELC Journal*, 7: 38 –42.

[19] Tonkin, H. 2004. 国际关系中的语言平等 [EB/OL], http: //www. people. com. cn/GB/32306/32313/32330/2672193. html, 2008 –01 –10.

[20] Tsui, A. B. M. 2004. Language policies in Asian countries: Issues and tensions. *The Journal of Asia TEFL*, 2: 1 –26.

[21] 戴玉群, 李静. 2008. 欧化问题的再思考 [J]. 江苏科

技大学学报，(2)：71 –75.

[22] 田芳萌，译，2004. 巴比伦塔之后的一种共同语言 [EB/OL]， http：//guancha. gmw. cn/2004 – 8/10/2220001. htm，2008 –03 –10.

[23] 李丽生 . 2005. 英语的全球化与语言的多样性 [J]. 云南师范大学学报，(1)：104 –107.

[24] 姜亚军 . 2002. 疯狂的英语 [J]. 书屋，(8)：17 –21.

[25] 周增彬 . 2008. 欧盟语言多样性之随想 [EB/OL]. http：//www. for68. com/new/2006%5C2%5Csu4641333453162260027491 –0. htm，2008 –01 –10.

[26] 王革 . 2007. 从全球着眼，从本土着手，21 世纪报：英语教学周刊 [EB/OL]，http：//www. 21stcentury. com. cn/article. shtml? sid =28522，2008 –01 –10.

[27] 王晋军 . 2003. 英语全球化语境下的民族身份构建 [J]. 天津外国语学院学报，(1)：16 –20.

[28] 杨大方 . 2005. 论语言污染及其治理策略 [J]. 西南民族大学学报，(2)：359 –362.

[29] 贾岩 . 2006. 小议当代背景下语言的借入与污染 [J]. 世纪桥，(9)：68 –69.

布龙菲尔德的功能思想浅议*

刘笑元**

摘　要： 学界普遍认为，布龙菲尔德语言学思想最闪光的部分，在于其对语言本体结构较为全面、细致的描述，也因此把他称为描写主义的奠基人。然而，本文通过对其刺激反应理论的研究发现，布氏的语言学思想深受英国经验哲学的影响，其中不乏功能思想，涉及经验功能、人际功能、言语行为和语境等要素。这为我们更为客观地认识这位伟大的语言学家提供了一个新的视角。

关键词： 布龙菲尔德；功能思想；经验论；言语行为；语境

一、引　言

布龙菲尔德在语言学史上被称为美国结构主义或是美国描写主义大师。从音位学到词汇，再到语法中的句法和词法，布氏一一进行了细致、全面的描写，并在一系列基本原则基础上提出了语言结构描写的总框架。他实至名归。

对布氏语言学理论的研究颇多，如戚雨村（1982）、许国璋（1989），在此不再赘述。但是，少有学者探讨布氏的功能思想，

* 【基金项目】云南大学人文社科研究基金项目“布龙菲尔德语言学思想中的功能观”（2014 年）。

** 【作者简介】刘笑元，云南大学外国语学院副教授，硕士，研究方向为功能语言学、语篇分析。

大家普遍认为布氏继承了索绪尔共时研究的传统，主要关注语言本体的研究。刺激反应理论在学术界的评价也不高，学者们普遍认为，布氏受到了行为主义心理学的影响，把语言的研究限定在了简单的生理范围，深入探讨其语言哲学思想的意义不大。然而，深层次地挖掘、思考之后，不难发现布氏功能语言学思想的点点滴滴。对照韩礼德的功能理论，本文提出布氏功能思想涵盖两个方面：①作为刺激反应公式核心部分的 r…s，其实就是针对言语行为的讨论；布氏看重言语行为的研究，即 language in use，强调语境的决定性作用，突出言语的功能意义；②刺激反应理论以自然语言为研究对象，提出语言习惯说，充分体现了布氏经验哲学的思想。

二、功能思想

布氏在《语言论》“句法”章节中明确提出了“功能”这一概念，他认为：“一个形式能出现的一些位置就是它的多种功能，或作为总体来讲就是它的功能。”（布龙菲尔德，2008：227）1925 年的《语言科学的一套公设》一文对“功能”概念进行过更为详细的阐释。布氏指出：“位置的意义就是功能意义。”（布龙菲尔德，2006：58）这里他举了一个例子：在英语的施事句法结构中，第一个位置具有施事的功能意义，所有能够出现在这个位置的语言形式，都具有施事的功能作用。在功能意义的基础上，布氏定义了类义和范畴，以及次范畴、词族和词类。从语言学的发展史来看，布氏提出的“功能”是传统的句法功能的概念。在传统语法中，词的不同形式和类别属于词法，词在句子中的功能属于句法，比如，主语、谓语和宾语等所表达的都是句法功能。

然而，本文试图探讨的布氏功能思想，是参照系统功能语言学框架下的元功能思想，而非传统语法中的功能概念。功能语言学强调功能，认为语言的性质决定了语言必须完成的功能，语言的使用是由功能决定的。语言的使用虽多种多样，但可归纳为若干个抽象更具概括性的功能，即“元功能”。它是种种语言所固有的普遍特征。功能思想是由马林诺夫斯基以及布拉格学派明确提出的。人类学家马林诺夫斯基总结出语言的三种功能：寒暄功能、实用功能和巫术功能。后来布拉格学派在心理学布勒功能说基础上提出了五分法：表达、表情、意欲、所指和美学功能。

系统功能语言学的创始人韩礼德一直主张语言学的重点应当是语言的应用研究，也因此于2006年香港城市大学所做的主旨报告中提出了建立一个适用语言学的主张。他反对乔姆斯基对理想说话人讲出的符合句法规则的理想句子的研究。他认为，语言学应当把语言看作资源，看作一个意义系统，关注真实的说话人在日常生活中如何利用语言互动进行交流。在前人理论的基础之上，他概括了语言的三大元功能，分别是概念功能、人际功能和语篇功能。其中，概念功能又包括经验功能和逻辑功能。马林诺夫斯基、布勒和布拉格学派都讨论了语言的功能，但他们所说的功能是人作为语言的外部观察者所能观察到的语言功能。而韩礼德在把语言联系外部环境的同时，吸收了弗斯和雅克布森等人的观点，提出了语言的语篇功能，解释了语言的内部关系。所以说，韩氏功能观是目前为止系统较为完备、为多数语言学者所接受的功能思想。

三、布氏功能思想：对言语行为、语境和功能三者关系的全面论述

语言学者们普遍认为：布氏传承了索绪尔有关语言、言语的二分法，认定语言学的研究范围是语言；主张把语言的共时系统和历时演变区分开，把共时系统看作一个符号系统重点来研究。的确，布氏曾经说过：“为了描写一种语言，人们根本不需要什么历史知识；实际上，凡是让历史知识影响他的描写工作的人，一定会歪曲他的资料。”（布龙菲尔德，2008：21）

但是，围绕布氏的刺激反应理论展开的语言学思想却绝不仅

限于共时系统的讨论。戚雨村（1982：26）曾经讲过："弗里斯公允地指出，他的这一公式，并不是为了把语言描写成'刺激—反应'过程，而是为了形象地说明语言在社会中的功能。"刺激反应理论最早是布氏在1925年芝加哥举行的语言学会年度会议上提出的，后在《语言论》中得到了深入的论述。布氏讲了一个故事：杰克和琪儿在路上走着。琪儿饿了。她看到树上有个苹果。她的发声器官发出了一个声音。于是杰克爬上树，摘下苹果，给了琪儿。布氏认为，这个事件包含三个部分：

A. 言语行为以前的实际事项

B. 言语

C. 言语行为以后的实际事项

A和C作为实际事项，都是存在于语言之外的。布氏认为A是"所有这些在琪儿说话以前已经存在并且和她有关的事项，我们叫做说话人的刺激"（布龙菲尔德，2008：24），而C是"这些在说话以后发生而且和听话人有关的实际事项，我们叫做听话人的反应"（同上）。接着，布氏提出了刺激反应公式：S→r…s→R来分析整个事件。

其中，S代表实际的刺激

r代表语言的替代性反应

s代表语言的替代性刺激

R代表实际的反应

布氏说："作为研究语言的人，我们所关心的恰恰正是言语的事项，即r…s。"（同上：28）那么r…s这一过程是个怎样的过程呢？首先布氏认为，如果刺激反应公式中缺少了这一环节，人与动物就没有了区别。"这位没人陪伴的琪儿和不会说话的动物几乎处于同样的地位。"（同上：25）如此一来，刺激反应公式就会简化为S→R。在这种情况下，她是否能够拿到食物，完全取决于她个人的力气和本领。那么人与动物之间的区别到底在哪里呢？布氏继续论述，说话的琪儿比动物或是无人陪伴的琪儿具备一样二者都缺乏的本领，而且她充分有效地利用了该本领，最终吃到了苹果。这就是琪儿在喉咙和嘴巴里做一些小动作，发出一点声音。她的同伴杰克在听到这一点声音后，就“跳过篱笆，爬上树，摘下苹果，把它带到琪儿那里，放在她的手里”（同上：24）。布氏因此得出结论：“语言可以在一个人受到刺激时让另一个人去做出反应。”（同上：26）这里虽然有机械主义的印记，但不可否认的是：“语言”二字，根据上面的阐述，指的应当是言语行为，r…s描述的是言语行为过程。

既然 r…s 聚焦在言语行为上，刺激反应理论就不会脱离语境孤立存在。同韩氏一样，布氏关注的是真实说话人每天利用语言互动时是如何活动的。他说：“语言学家应当毫无偏见地观察一切言语形式。”（同上：23）他研究的是日常的自然语言，必然离不开语境。这一假设在接下来的论述中找到了佐证。布氏说：“本身微小而不重要的话语也是重要的，因为它具有意义。这意义就在于言语和重要的事项即实际事项相联系。”（同上：28－29）从中我们清楚地看到：布氏区分开了言语与话语。

他认为，赋予“言语”以意义，使其成为话语的，正是实际事项。

戚雨村（1982）曾经以布氏在“公设”中给话语下的定义“一个言语行为就是一段话语”（布龙菲尔德，2006：51）为依据，认为布氏混淆了具体言语行为和话语。的确，当时布氏停留在对刺激—反应论认识的初级阶段，对形式和意义的区分是简单粗暴的。他眼中的形式就是“相同或部分相同的话语所共有的语音特征”，而意义是“相应的刺激—反应特征”（同上：52）。但是到了1933年的《语言论》，意义变成了“说话人发出语言形式时所处的情境和这个形式在听话人那儿所引起的反应”（布龙菲尔德，2008：166）。

这里的实际事项（既包括言语行为之前的，也包括言语行为之后的）其实就是语境，包括情景语境和社会文化语境，用布氏的话说，就是“一些与 AC 有关但是隔了一层的条件”（同上：25）。首先了解一下围绕说话人琪儿展开的语境。故事中的琪儿饿了，她看到树上有个苹果。这些情景语境刺激到了琪儿，令她做出反应。但这时的反应尚未发展为言语反应，只是生理上的：“她的某些肌肉在收缩，有些液体，特别是胃液，分泌了出来。”（同上：24）正如布氏接下来进行的假设：琪儿有可能因为害羞，或者与杰克的关系不好，没有发出言语行为。所以言语行为是否能够成功，帮助琪儿吃到苹果，很重要的一个方面还取决于她与听话人杰克的关系，“决定于说话人和听话人的全部生活史”（同上：25），即社会文化语境。对于语境的重要性，布氏是这样讲的：“在目前情况下，我们假定所有这些决定性的因素正好引起我们所讲的这个故事。”布氏在“决定性的因素”这 6 个字下面打点，以引起读者注意。

综上所述，布氏刺激反应理论的重点是言语行为，不是语言结构本身；是情景和社会语境中的言语行为，不是索绪尔的共时系统。我们认为，布氏的刺激反应理论更符合韩礼德的功能语境观。其中涉及的情景语境和社会文化语境等同于韩氏的语域理论。语域在韩礼德看来，是语言的功能变体。所谓功能变体，就是因情景语境的变化而产生的语言变化形式。它包括三个部分：话语范围、话语基调和话语方式（胡壮麟等，2012）。根据韩氏的语域理论，布氏刺激反应公式的话语范围是：小路上，步行；一方表达愿望，同时获得满足。话语基调是：朋友或者亲属之间的关系；一方要求另一方满足其愿望；另一方以实际行动满足了对方的要求。话语方式是：口头对话；一方引导，另一方完成恰当的动作；双方配合，没有冲突。相对于韩氏的功能理论，布氏功能思想唯一缺少的是说话人与听话人的真实对话部分。比如，琪儿到底是要求杰克去摘苹果呢？还是请求？或是命令呢？对此，布氏的看法是“这类可能的说法几乎是无穷无尽的”（布龙菲尔德，2008：35），无法预言。韩礼德的观点正好相反，他提出，语境和言语行为之间的关系，是双向制约关系。我们既可以通过语境，有效预测言语行为的内容、途径、关系等方面，反之亦然。另外，韩氏语言学系统中的功能语法正是针对 r…s 描述的言语行为过程，探讨如何使用语言，探讨如何根据要表达的意义从句法结构和词汇的意义潜势中做出选择以及为什么做出这些选择。韩氏功能语法的意义所在，正是布氏理论的缺失之处。

韩氏的语境观与其功能观是密不可分的。语言作为一个意义潜势，实际的使用受话语范围、话语基调、话语方式三大语境因素的制约。具体说来，话语范围制约语言的概念功能，话语基调制约语言的人际功能，话语方式制约语言的语篇功能。而这三大功能又分别制约不同的语义系统。这种制约关系是双向的。

总体而言，布氏的功能思想虽不具系统性，但点点滴滴闪现在其著作当中。刺激反应理论中“语言可以在一个人受到刺激时让另一个人去做出反应”充分说明布氏认识到言语在语境中所发挥的人际功能。紧接着，布氏又指出“劳动分工以及人类社会按分工原则进行活动，都依靠语言”（同上：26）。把意义等同于情境 + 反应，说明布氏认识到了情景对意义的生成起着关键作用。更有甚之，布氏提到，作为语言表征形式的“词”，“是获得伙伴帮助的唯一手段”（同上：28）。这里是否可以理解为布氏的思想中闪烁着词汇语法层与功能语义层之间具有体现关系的微光呢？在《语言研究导论》中论述“话语的心理动机”的部分，按照情感动机的强度，布氏把话语分为感叹句、陈述句和问句，对语气系统进行了初步的探讨，确实难得。

四、布氏功能思想：语言可以识解经验，构建社会过程

《语言论》多次提到“习惯”说，尤其是在论述小孩怎样学会讲话的部分。“当这孩子不断重复发音动作时，声波就冲击着他的鼓膜。这样就形成了一种习惯。”“当这些声音冲击小孩儿的耳朵时，他的习惯就起作用了，他发出了最接近 doll 的音节 da。在

这个时候，我们说他开始‘模仿’了。”“看到，拿到洋娃娃，和听到，说出 doll（也就是 da）这个词，多次一块儿出现，一直到这小孩儿形成了一种新的习惯。”（同上：32）等等。这些习惯的形成源自小孩对周围客观世界多次的感官体验。以小孩学习母语为例，布氏探讨了人类语言的起源和发展。他指出：“语言来自训练和习惯，一个人可能只是因为言语习惯缺乏某种表达方式，便说不出某种刺激来。”其实，布氏的“习惯”说正是针对经验概念的精彩论述，却遭到了语言学界包括乔姆斯基等人的批评。乔姆斯基认为，结构主义者和行为主义者们不加论证就想当然地以为语言是一种“习惯结构”，是肤浅的解释（乔姆斯基，1989：27－28）。

在刺激反应论中，A——琪儿饿了，她看到树上有个苹果——可以理解为琪儿的生理和感官上的经验刺激（依据经验，她知道苹果是可以减缓饥饿的）；而 r 则是琪儿通过语言对自身经验有效的表达。对于 r…s 言语行为过程为何是不可知的这个问题，布氏的解释是人体是一个非常复杂的体系，个体之间只要存在一点点的差异，就会对某种刺激产生不同的反应。不过，布氏认为：“人类行为是因果序列的一部分，恰恰就和我们在物理或化学研究中所观察到的一样。”（布龙菲尔德，2008：35）虽然个体的差异性使得预言一个人行动的难度增大，但是“我们的反应很大一部分是决定于我们早期如何对待同样或类似的刺激”（同上：36）。因此，“琪儿是否说话，主要决定于她对苹果的喜爱以及过去对杰克的经验。我们有记忆，于是养成了习惯，并有了经验”（同上：36－37）。这里，我们不难得出结论：在布氏看来，因果序列为日常经验知识提供了基础，而习惯又为因果序列的基础提供了自然本性的解释。整个刺激—反应公式之所以成立，就是因为语言的功能与日常经验的贴合；言语行为，因为日常的经验知识，因为因果序列，因为习惯，才能够发挥在社会中的功能。

什么是因果序列呢？我们需要参考英国经验论集大成者大

卫·休谟的观点（赵敦华，2014：260－267）。作为一种认识论学说，经验论认为人类知识起源于感觉，并以感觉的领会为基础。休谟把知识分为两类：关于观念关系的知识和关于事实的知识。关于观念关系的知识指抽象科学和证明的知识，主要是数字和逻辑。而关于事实的知识则依靠观念关系以外的经验做出判断，加以检验。休谟对经验知识——关于事实的知识基础的考察集中在对因果关系的探究上，因为他认为："一切关于事实的推理，似乎都建立在因果关系上面。"（北京大学哲学系外国哲学史教研室，2004：520）这里，休谟举了个例子进行解释。他说，一个人如果在荒岛上发现一只表，那他一定会断言这个岛上曾经有人来过。因为，表是人类文明史的产物。我们之所以能够得出上述推论，是因为该推论是建立在因果关系上的。

既然经验知识的基础是因果关系，那关于因果关系的一切理论和结论的基础又是什么？休谟的回答是经验。这里，用经验知识和因果关系相互解释彼此的基础显然是犯下了循环论证的逻辑错误，但是，休谟这样做恰恰是要证明在知识的范围内找不到对因果关系的解释，所以要到知识以外去找寻。结果怎样呢？休谟指出，因果关系不是任意的、偶然的，因果推理仍然有一定的原则，这个原则就是习惯，即根据以往的经验，如果一事物与另一事物经常联系在一起，我们就会由一件事物出现而期待那一种事物的出现。"由此可见，一切从经验而来的推论都是习惯的结果，而不是运用联想的结果。因此，习惯是人生的伟大指南"（同上：528）。最终休谟把因果关系的基础归结为人的自然本性，也就是说，经验知识的基础就是习惯。

关于布氏语言学体系的思想渊源，学者们普遍认为是受到了行为主义心理学的影响，即所谓的布氏思想属于机械主义的论断。我本人不尽赞同。其实，英国经验论对他的影响更大。温和的经验主义者认为，所有的意识观念均来源于知觉，不过他们也承认意识的机能（诸如记忆、想象和语言的官能）是内在的能力。英国经验论真正的逻辑起点约翰·洛克眼中的经验就不限于感觉，包括感觉和反省两类。感觉是观念的外在来源，它是通过外物的刺激而产生观念的过程；反省是观念的内在来源，有对刺激进行反作用的主动性。感觉和反省可以共同作用，从而产生观念。在布氏的刺激反应公式 S→r…s→R 中，S→r 过程就包含了感觉和反省两个方面。看到苹果的刺激使得原本就感到饥饿的琪儿产生了要吃的愿望，经过内心的反省产生观念，于是她采取了言语上的行动。这一步，阐述的是语言在直接的外部刺激下产生的感觉和反省功能。不过，要想达到韩礼德元功能之一的经验功能，语言使用需要脱离直接的情景语境，具备指称功能。

早在 1914 年出版的《语言研究导论》中，布氏就对手势语做了功能上的区分。描述手势包括三类：表征性的、提示性的和象征性的。表征性和提示性的手势语与指示的物体均有不同程度的联系，而象征性的手势语已经与指称的实体之间没有了相似性，因此用于指示空间的手势也可以指称时间。比如，手指向前表示未来，手指向后表示过去。在《语言论》中布氏明确指出，语言是“抽象的或是转移的”（布龙菲尔德，2008：32）。经过不断的训练，小孩逐渐地在没有看到洋娃娃的情况下同样会发出 da、da 的声响。设计桥梁的工程师，不需要亲自到工地上搬运钢梁，通过语言（这里指数字），就能够轻而易举地计算出需要多少钢梁；如果他计算错误，也不需要拆除，只要修改一下计算数字即可。这里，工程师进行的语言计算已经不同于刺激—反应公式中的直接刺激了，数字 1、2、3、4……与所指称的实体间没有了任何相似性，所以布氏说“在性质上和语言传递密切相关的是语言的抽象性”（同上：30）。

经验论者眼中的“观念”是一个意义很广泛的概念，“被心灵所知觉和思想的一切意识内容，包括感觉、印象、概念、情感等都是观念；词是观念的表达，凡是能够被名词表达的意义都是观念。”（赵敦华，2014：243）布氏同样认为：“我们‘用词来思维’”（布龙菲尔德，2008：30）。韩礼德提出，词汇语法系统的出现是对人类物质和意识经验的语法化（严世清，2002）。他认为，最原始时期的人类经验有物质和意识两个层面，后在人类进化过程中逐渐地融合形成内容和表达层面。而词汇语法系统的出现是对人类物质和意识经验的语法化，该系统最终成为内容层面和表达层面之间的中介，并成功帮助人类经验脱离了直接的人类活动的情景语境。

经验论者眼中的“知识”存在于观念之间的关系之中。正像经验知识，得依靠观念关系以外的经验进行检验。作为一位建构主义的语言学家，韩氏认为语言作为人类知识积累和存储的重要工具，在叙述的过程中，会受到已有认知框架的限制，而影响着人类对世界的认知。因此，真理性的认识是不存在的。他认为，隐喻性地表达是语言的一个本质特征，其实就是一种认知框架，一种认识世界的方法。所以，韩氏提出了语法隐喻的概念，语言不仅储存、交流经验，还在识解（construct）经验中发挥着主导作用。Halliday & Matthiessen（2008）语言是识解世界经验的资源；作为意义产生的源泉，即意义潜势，它以词汇语法为驱动力，主动构建人类经验的范畴以及范畴之间的关系，以此重塑人类经验，构建社会现实。

五、结　论

有关语言是对现实世界各种经历表达的论述，布氏早已在《语言研究论》中进行了系统的阐述。第一章“语言的起源”从开篇就采用了经验论的视角，论述人类对周围一切事物的经验感知呈现出的不同表达方式，首先是面部表情，接下来是肢体动作，再到后来发展为语言，把经验感知和语言紧密联系在了一起。一开始，这种联系产生于生理体验与心理感知之间，后来逐步发展到语言表达与心理感知之间。在这部著作中，布氏始终秉承着英国经验哲学的思想，后遭遇美国行为主义心理学，布氏试图完全抛弃经验感知论，终因不彻底致使《语言论》中的刺激—反应理论掺杂着许多“旧式”思想的烙印。这里我认为：《语言研究论》是布氏对于语言学理论的探讨和阐述，而《语言论》则是对语言本体的共时结构的研究，二者重点不同，互相补充，使得布氏的语言学体系更加完备，只是受困于行为主义心理学的理论体系之中，他无法高屋建瓴地看到言语行为作为语言体系的一个层面，与功能语义层面的体现关系，因而缺少了语义分析的思想。他没有像韩氏那样站在功能语义的高度，从社会学的角度来理解这些现象，只在生理学或心理学里面打转转，最终停留在了描写主义阶段裹足不前。

参考文献

[1] Bloomfield, L. 1914. *An Introduction to the Study of Language*. London: G. Bell and Sons.

[2] Halliday, M. & Matthiessen, C. 2008. *Construing Experience through Meaning: A Language – based Approach to Cognition*. Beijing: Beijing World Publishing Corporation.

[3] 北京大学哲学系外国哲学史教研室 . 2004. 西方哲学原著选读：上卷 [M]. 北京：商务印书馆 .

[4] [美] 布龙菲尔德 . 2008. 语言论 [M]. 北京：商务印书馆 .

[5] [美] 布龙菲尔德 . 2006. 布龙菲尔德语言学文集 [M]. 熊兵，译 . 长沙：湖南教育出版社 .

[6] 胡壮麟，等 . 2012. 系统功能语言学概论 [M]. 北京：北京大学出版社 .

[7] 戚雨村 . 1982. 布龙菲尔德的语言理论 [J]. 浙江师范学院学报：社会科学报，(1)，23 – 31.

[8] [美] 诺姆 · 乔姆斯基 . 1989. 语言与心理 [M]. 侯月英，等，译 . 北京：华夏出版社 .

［9］许国璋 . 1989. 布龙菲尔德和索绪尔［J］. 外语教学与研究，(2)：2 –7.

［10］严世清 . 2002. 论韩礼德的语言哲学思想［J］. 外语研究，(2)：7 –10.

［11］赵敦华 . 2014. 西方哲学简史［M］. 北京：北京大学出版社 .

对“人民日报”和“学习粉丝团”微博的功能语篇分析

袁榕璟*

摘　要：本文采用功能语篇分析的理论和方法，对官方微博“人民日报”和民间微博“学习粉丝团”发布的微博进行研究，旨在比较二者的语言特征。研究表明，二者在及物性过程、语气结构、主位结构及字系结构方面均存在异同。本研究的分析丰富了话语分析的实践，同时体现出新媒体语境下，民间与官方语言互动的新方式。

关键词：人民日报；学习粉丝团；微博；功能语篇分析

一、研究背景

以微博为代表的新兴媒体在近十年间发展迅速，改变着信息传播路径和语言表达方式，对人们的生活产生了很大影响，与之相关的新媒体话语研究也由此兴起。Cross（2011）指出，微博等社会化媒体引发了新的网络话语范式革命，对大众文化影响深远。

随着微博的风靡，“人民日报”等知名官方媒体均开通了微博账号。同时，民间微博影响力也在显现：在2014年度汉语盘点中，“习大大”一词入选年度国内十大热词，该词来源于民间微

*【作者简介】袁榕璟，云南大学外国语学院硕士研究生，研究方向为系统功能语言学、语篇分析。

博账号“学习粉丝团”。该微博实时跟进习总书记新闻，语言风格明显不同于“人民日报”等官方微博，引起了国内外媒体的关注。

另外，《2010年中国语言生活状况报告》（教育部语言文字信息管理司，2010；焦新平等，2014）指出，“微博体”彰显普通人的语言创造力。通过微博，民间话语和官方话语有了展示和交流的平台，体现出不同以往的语言特点和功能。因此，本文将对“学习粉丝团”和“人民日报”就同一事件发布的微博进行分析和对比，探求其语言特征的异同。该研究有利于丰富话语分析的实践，还可观察新媒体语境下，语言互动的新变化及其背后包含的民意。

二、文献综述

（一）微博话语研究

国外对新媒体语言的研究在20世纪80年代就已兴起。学者们把以计算机网络为媒介的人与人之间的交流模式称作计算机中介交流，即CMC（Computer - Mediated - Communication）模式。Naomi Baron预言了CMC模式将引起的语言变革（贺倩，2011：13；裴娟，2013）。

2010年后，推特（Twitter）、微博话语开始受到学界的关注。国外相关研究方面，如Carnegie Mellon大学的研究者研究了推特语言使用的地域特征（贺倩，2011）；Zappavigna（2011）从系统功能语法的角度出发，对奥巴马获胜后，推特用户对这一事件的评价进行了分析。

国内相关研究则集中于微博（Weibo）话语，语料主要来源于新浪微博，研究角度包括系统功能语法、语用学和语料库语言学等。如贺倩（2011）、裴娟（2013）分别借助Halliday的语域理论和语境理论对微博语言的特征进行了分析；周霜（2012）运用系统功能语法，对推特新闻与纸质新闻的语言异同进行了比较；

冯瑶（2014）从语篇语言学及语用学角度分析了政务微博的语言特征；焦新平等（2014）从系统功能语言学、社会语言学和语料库语言学角度出发，对新浪微博话语的信息性、情感性和社会性进行了探讨。

（二）功能语篇分析

功能语篇分析是以 Halliday 的系统功能语法为基础的一种分析框架。Halliday 和 Hasan（2012）认为，语言的功能就是人们使用语言来做的事情，语篇分析的目的在于释义。Halliday（2008）通过研究主位—述位和新旧信息研究语篇功能，并提出了分析语篇的三个步骤；黄国文（2001a，2001b，2002）先后就功能语篇分析的目标、方法进行了论述并在广告语篇中进行了成功实践；方琰（2005）运用“语境—语篇—评论”模式说明系统功能语法对语篇分析的应用价值。周军、楚军（2005）利用功能语篇分析模式对新闻报道英语与社论英语的文体特征进行了比较；郑庆君（2006）则分析了一类短信语篇，揭示了其特征和功能语篇分析对汉语语篇研究的适用性。

综上，现有研究多以功能语篇分析为框架，内容侧重微博话语的普遍特点，但少见对不同类型微博话语的异同比较，本文将对此做出尝试。

三、研究设计

（一）研究问题

“人民日报”和“学习粉丝团”的微博在及物性动词过程类型、语气、主位结构、字系结构方面分别具有哪些异同？二者这些异同背后包含了怎样的情景语境或社会文化因素？

（二）研究语料

本研究采用的全部语料均来自新浪微博平台账号“人民日报”和“学习粉丝团”。语料的内容包括：习近平 2012 年 12 月南巡考察广东，2015 年 1 月视察云南情况的报道。选取语料的数量为：“人民日报”9 条，其中，2012 年 12 月 9 日至 12 日 5 条，2015 年 1 月 19 日至 20 日 4 条；“学习粉丝团”9 条，其中 2012 年 12 月 8 日至 11 日 7 条，2015 年 1 月 19 日 2 条。

（三）研究方法

以系统功能语言学理论为指导（Halliday，2008；胡壮麟等，2005），采用“功能语篇分析”的方法（黄国文，2001）和“语境—语篇—评论”模式（方琰，2005），对所选微博语料进行三大纯理功能的分析和对比。此外，汉语中句子的概念难以界定（杨才英，2010），且微博发布的字数被限制在 140 个字内，篇幅相对较短，故分析时以小句为基本单位，必要时把具有明显意义关联的小句整合为一个复句。

四、研究结果及讨论

（一）及物性动词过程类型

及物性是一个语义系统，它把人们在现实世界中的经历大致分成六个不同“过程”，并指明与各种过程有关的“参与者”（胡壮麟等，2005：7）。及物性体现的是语篇的概念意义。

那么，“人民日报”和“学习粉丝团”实现概念意义的方式有何异同？根据“语境—语篇—评论”模式，分析如下：

分析目的为从小句动词过程类型看两个微博语言在过程选择上的异同。

情景语境的变量：

语场：2012 年年底习总书记南巡广东，部署工作，行事低调；2015 年视察云南，探访灾民，与群众亲切交谈。

语旨：新浪微博网友。

语式：以网络为媒介的中文书面体，中文口语体。

所选语料的小句动词过程类型如下表所示：

表 1

语料	语料数	过程总数	物质	%	心理	%	关系	%	行为	%	言语	%	存在	%
“学习”2012	7	71	28	38. 3	5	9. 9	13	19.7	7	10	5	10	0	0
“学习”2015	2		8		2		1		0		2		0	
“人民”2012	5	94	27	41. 5	5	14. 9	8	24. 5	2	2. 1	4	16	0	1. 1
“人民”2015	4		12		9		15		0		11		1	

由表 1 可以看出，无论是“人民日报”还是“学习粉丝团”的博文，在六种过程中，首先是物质过程，所占比例分别是：“人民日报”41. 5%，“学习粉丝团”38. 3%；其次是关系过程：“人民日报”24. 5%，“学习粉丝团”19. 7%。这符合语场的需要，因为物质过程关注客观事件的发生和发展进程，而关系过程反映事物之间处于何种关系（胡壮麟等，2005：75 –78），其中既包含了人与人的关系，也包含了人与事物的关系。而两个微博都是根据习总书记在广东和云南视察的情况变化，都是以客观事实的变化发展为依据。此外，在“人民日报”和“学习粉丝团”微博的“过程”类型中，言语过程比例分别为 16% 和 10%，心理过程比例分别为 14. 9% 和 10%，二者均排在了第三位和第四位。言语过程是通过讲话交流信息的过程。两个微博，尤其是“人民日报”

的博文中都引用了习总书记的原话，如“总书记说”“总书记在会上指出”等等，这样做一方面真实有效地传递了诸如要求、政令这样的信息，达到了新闻的目的；另一方面通过诸如“总书记与村民拉起了家常”这样的报道，拉近习总书记（讲话者）和广大网民（受话者）的距离，符合语场需要。

从表1还可看到，二者心理过程比例均较高。心理过程与“感觉”“反应”“认知”有关，其比例高，说明博文的感觉描述较多。“学习粉丝团”中行为过程比例达10%，而“人民日报”这一比例仅为2.1%，说明前者对个人动作的报道要多于后者。这可能是由于“学习粉丝团”定位是习总书记的民间粉丝团，关注的重点是习总书记，博文因此侧重报道对他的个人行为；而“人民日报”作为重要官方媒体，除了关注习总书记外，还有其他许多方面的内容要兼顾。

综上，“人民日报”和“学习粉丝团”在报道时均以事实及其发展为基础，强调内容的客观性、时效性，符合语场的需要。但“学习粉丝团”的关注点主要是习总书记，而“人民日报”则更强调报道的全面性，二者语场因此有差别。

（二）语　气

作为发布和交流信息的工具，“人民日报”和“学习粉丝团”博文的人际功能都较突出，那么，其人际意义如何体现？本文仅针对语气，参照胡壮麟等（2005）和杨才英（2010）的相关研究，对语料的语气系统和语气词、重复结构进行分析。此外，因语料相同，情景变量未发生变化，故在以下的分析中不再多加描述。

语气词和语气系统相关。汉语语气系统可分为陈述、疑问、祈使语气，可分别对应陈述句、疑问句和祈使句。其中，陈述句可根据有无标记、语气词和附加问句分为中性陈述句、评估陈述句和附加问陈述句；疑问句可根据疑问词和命题缺失分为极性问和特指问；祈使句可根据行为者和交流角色的不同分为提供（“我做”）、命令（“你做”）和建议（“我们做”）。而语气词则包括“吗，呐，呢”等（杨才英，2010：37－49）。据此对语料进行分析，可得到表2：

表2

<table>
<tr><th colspan="2">语　气</th><th colspan="6">陈述语气
（陈述句）</th><th colspan="4">疑问语气
（疑问句）</th><th colspan="6">祈使语气
（祈使句）</th><th rowspan="2">语气词</th></tr>
<tr><th>语料</th><th>小句总数</th><th colspan="2">中性</th><th colspan="2">评估</th><th colspan="2">疑问</th><th colspan="2">极性</th><th colspan="2">特指</th><th colspan="2">提供</th><th colspan="2">命令</th><th colspan="2">建议</th></tr>
<tr><td>“人民”2012</td><td rowspan="2">116</td><td>44</td><td rowspan="2">81%</td><td>0</td><td rowspan="2">0%</td><td>0</td><td rowspan="2">0%</td><td>0</td><td rowspan="2">2.1%</td><td>0</td><td rowspan="2">0%</td><td>0</td><td rowspan="2">0%</td><td>12</td><td rowspan="2">10%</td><td>5</td><td rowspan="2">6.9%</td><td>0</td></tr>
<tr><td>“人民”2015</td><td>50</td><td>0</td><td>0</td><td>2</td><td>0</td><td>0</td><td>0</td><td>3</td><td>1</td></tr>
<tr><td>“学习”2012</td><td rowspan="2">90</td><td>55</td><td rowspan="2">71%</td><td>7</td><td rowspan="2">10%</td><td>0</td><td rowspan="2">0%</td><td>1</td><td rowspan="2">2.2%</td><td>1</td><td rowspan="2">1.1%</td><td>0</td><td rowspan="2">0%</td><td>3</td><td rowspan="2">5.5%</td><td>7</td><td rowspan="2">7.8%</td><td>4</td></tr>
<tr><td>“学习”2015</td><td>9</td><td>2</td><td>0</td><td>1</td><td>0</td><td>0</td><td>2</td><td>0</td><td>2</td></tr>
</table>

从表2中可以看出：

第一，无论是“人民日报”还是“学习粉丝团”，其小句类型中比例最高的都是中性陈述句，分别达到81%和71%。中性陈述句没有任何标记，不融入说话者情感，故较为客观，符合两个微博主要陈述客观事实的目的。但就数量上看，“人民日报”的比例高于“学习粉丝团”，说明“人民日报”更强调客观和中立，符合其官方微博的定位。

第二，语气词和评估陈述句密切相关。“人民日报”仅使用了1个语气词，而“学习粉丝团”使用了6个。此外，“人民日报”评估陈述句比例为0，而“学习粉丝团”为10%。这与二者使用的语式有关，“人民日报”以书面语为主，“学习粉丝团”以口语体为主，使用了较多语气词。在汉语口语中，说话者普遍借助语气词把自己的态度融入话语中，这是交际双方的一种互动和商讨，也使说话者的口气变得柔和（杨才英，2010：38）。“学习粉丝团”是习总书记的粉丝团微博，对习总书记有特殊的感情，对事件的陈述可能融入个人情感。例如：“真是轻车简出哦，不过您这中巴车容易被别人超呐”，两个小句接连使用了“哦”“呐”两个语气词，情感突出，虽然是在描述总书记视察的轻车简出，但是语气轻松，如同日常对话，使交际双方的距离拉近了。

第三，在祈使句的使用上，二者建议祈使句的比例相近，命令祈使句则相反：“人民日报”为10%，“学习粉丝团”为5.5%。这与二者的功能相关。作为官方媒体，“人民日报”需要发布政令、传达指示。此外，所选语料涉及视察工作和民众家访两个语场，祈使句类型随对象不同而发生变化。

除语气系统和语气词外，“学习粉丝团”的9篇语料中出现了4个重复结构：“下午回来的车车，住的店店”，“猜猜猜”，以及“习大大”。第一句描述习总书记乘坐的专车和下榻的酒店，第二句说明习总书记行程未公开，最后一个词是对习总书记的亲切称呼。在这个过程中，交际参与者有习总书记—博主—网友。习总书记地位较高，与普通民众的交际距离相对较远，但叠字的使用使得语气轻松俏皮。该微博用这样的语气描述事件，拉近了普通民众与习总书记之间的距离。

综上，“人民日报”较“学习粉丝团”客观性强，语气严肃，体现了其官方微博的定位和性质，但其报道方式也非一成不变。“学习粉丝团”在客观真实的基础上，带有一定情感色彩，语气轻松，拉近了权威和民众的距离。

（三）主位结构、信息流动和衔接

主位结构体现语篇谋篇意义，同时还能将概念功能和人际功能组织起来，形成完整的语篇。胡壮麟等（2005）指出，汉语中也用小句中的主语表示无标记主位，当主语以外的成分占领句首时，便构成标记主位。18 篇语料中的主位结构统计如表 3：

表 3

语　料	主位总数	无标记主位		有标记主位	
		个　数	比　例	个　数	比　例
“人民”2012	58	19	74.1%	7	25.9%
“人民”2015		24		8	
“学习”2012	54	17	70.3%	13	29.6%
“学习”2015		21		3	

由表 3 可知，18 篇语料中，“无标记主位”小句的比例较大，其中“人民日报”占 74.1%，“学习粉丝团”占 70.3%，说明大多数小句都是正常语序。根据胡壮麟等（2005）的研究，“无标记主位”小句通常出现在陈述句中，这与前面的研究结果基本吻合，表明两个微博都是以提供信息为主。再看“有标记主位”小句，“学习粉丝团”的比例高于“人民日报”，达 29.6%。说明“学习粉丝团”在报道中更强调主体时间、空间、方式等的变化，这与其关注习总书记言行的目的相吻合。

体现谋篇意义的另一方式是主位推进模式，它与语篇的信息结构相联系，促进信息流动。限于篇幅，作者仅从它们各自的 9 篇语料中各抽取 1 篇进行主位推进模式的分析，说明“人民日报”和“学习粉丝团”在推进信息流动方面的特点。

语料（1）：

【习近平瞻仰邓小平铜像：坚定不移推进改革开放】习近平（T1）//12 月 8 日在深圳莲花山公园向邓小平铜像敬献花篮（R1）。/他（T1）//说，我们来瞻仰邓小平铜像，就表明我们将坚定不移推进改革开放，奋力推进改革开放和现代化建设取得新

进展，实现新突破，迈上新台阶（R2）。/离开前（T3）//，他挥锹铲土，种下一棵高山榕树（R3）。/

因此该语料的主位推进模式为：

T1→R1

T1→R2

T2→R3

该语料的主位推进模式与黄国文（1987）所总结的“平行型”结构吻合，即以第一句的主位 T 为出发点，以后各句均以此为主位，分别引出不同的述位（R），从不同角度对同一个主位加以解释、阐发（黄国文，1987：81）。语料主要描述的是习近平瞻仰邓小平铜像的过程，有开头—经过—结尾的完整结构，且清楚交代了时间、地点、人物、事件等新闻要素。

语料（2）：

【习近平南巡第四天行程猜猜猜】习总（T1）//此次行程不通知媒体，一路低调得不见踪影，昨日考察完顺德，然后没有在广州露面，那去哪里了呢（R1）？/那（T2）//只能猜猜猜了，难道在巡视惠州仲恺高新区……（R2）/

因此该语料的主位推进模式为：

T1→R1

↓

T2（=R1）→R2

这一推进模式与“延续型”（黄国文，1987：82）相似，每引进一个新的述位，就有新的语言信息被带出，从而推进思想内容的更新和前进。语料围绕习总书记视察的去向展开讨论，步步相扣，最后做出推断。与前一个语料相比，这个语料更倾向描述心理过程，偏主观和非正式。

除此之外，衔接也是体现谋篇意义的手段之一。本文在此仅讨论 18 篇语料中一个显著的词汇衔接，即称呼的复现。18 篇语料中，“人民日报”对总书记的称呼有习近平、习总书记、总书记；

而“学习粉丝团”除这3种称呼外，还有习近平总书记、习总、最高领导人、亲、习大大。称呼语的复现说明事件的发展、动作的改变。另外，“学习粉丝团”称呼语的多样化说明其语篇不拘形式，从各个方面展示总书记的行程。

综上，“人民日报”语篇结构严谨清晰，信息分布均衡。“学习粉丝团”结构相对松散，信息流动不固定，具有随意性。

（四）字系结构

微博是一种相对短小的语篇。每条微博都有140字的字数限制。尽管如此，“人民日报”和“学习粉丝团”的微博字系结构还是存在差异。为方便统计，作者从9篇“人民日报”和9篇“学习粉丝团”微博中分别抽取3篇。统计结果如表4所示：

表4

语　料	序　号	总字数	总句数	句均字
“人民”	1	137	5	27.4
	2	131	4	32.8
	3	134	5	26.8
	平均	134	4.7	29
“学习”	1	80	1	80
	2	18	1	18
	3	90	4	22.5
	平均	63	2	40.2

从表4可以看出：①“人民日报”字数和句数分布较为均衡稳定，这说明其遵循稳定的格式和结构。而“学习粉丝团”句数不一，字数不稳定，说明其信息量波动相对较大，还未形成固定结构；②“人民日报”字数、句数相对都多于“学习粉丝团”，说明其发

布的信息量要更大；③无论是“人民日报”还是“学习粉丝团”，其句数和句均字数均超过了纸质新闻和社论的同类数量（周军、楚军，2005），说明二者都想在字数限制范围内尽量传递更多信息。

五、结　语

本文借助“功能语篇分析”框架，对“人民日报”和“学习粉丝团”发布的博文进行研究。发现二者在小句过程类型、语气系统、主位结构和字系结构方面有诸多相似与差异。其差异经由情景语境、语义、词汇语法，最终体现在字系结构上。总的来说，“人民日报”受其定位影响，客观性强，语气严肃，结构严谨。而“学习粉丝团”作为民间微博，更关注情感表达，语气轻松，结构松散，无定式，拉近了不同权势背景下的交际参与者的距离。对二者进行对比，旨在了解官方和民间微博在语言方面的异同，促进二者的交流，以更好地为大众服务，传达民众的心声。

参考文献

［1］Cross，M. 2011. *Bloggerati. Twitterati：How Blogs and Twitter are Transforming Popular Culture*. New York：Praeger Frederick.

［2］Halliday，M. A. K. &Ruqaiya，Hasan. 2012. *Language，Context，and Text—Aspects of Language in a Social – semiotic Perspective*. Beijing：World Book Inc.

［3］Halliday，M. A. K. & Matthiessen，Christian. 2008. *An Introduction of Functional Grammar*（*3th ed.*）. Beijing：Hodder Arnold，& Foreign Language Teaching and Research Press.

［4］Zappavigna，M. 2011. Ambient affiliation：a linguistic perspective on Twitter. *New Media & Society*，13（5）：788 – 806.

［5］方琰. 2005. 系统功能语法与语篇分析［J］. 外语教学，26（6）：1 – 5.

［6］冯瑶. 2014. 政务微博语言特征分析［D］. 长春：吉林

大学.

[7] 贺倩.2011. 语域理论视角下的微博语言研究 [D]. 太原：太原理工大学.

[8] 黄国文.1987. 语篇分析概要 [M]. 长沙：湖南教育出版社.

[9] 黄国文.2011a. 语篇分析的理论与实践 [M]. 上海：上海外语教育出版社.

[10] 黄国文.2011b. 功能语篇分析纵横谈 [J]. 外语与外语教学，12：1－19.

[11] 黄国文.2002. 功能语篇分析面面观 [J]. 国外外语教学，4：25－32.

[12] 胡壮麟，朱永生，张德禄，李战子.2005. 系统功能语言学概论 [M]. 北京：北京大学出版社.

[13] 焦新平，李经伟，饶岚.2014. 微博话语的多维实证研究 [J]. 武陵学刊，39（2）：118－122.

[14] 教育部语言文字信息管理司.2010. 中国语言生活状况报告 [R]. 北京：商务印书馆.

[15] 裴娟.2013. 韩礼德语境理论视角下的微博语言研究 [J]. 外语教学与研究·考试周刊，82：84－85.

[16] 杨才英.2010. 语言的人际调节功能：系统功能语言学对汉语的适用性研究 [D]. 广州：中山大学.

[17] 郑庆君.2006. “拟误”格短信的功能语篇分析与语篇模型 [J]. 语言科学，5（1）：89－98.

[18] 周军，楚军.2006. 新闻报道英语与社论英语的功能语篇分析 [M]. 西南民族大学学报：人文社科版，26（5）：364－369.

[19] 周霜.2012. 推特新闻的功能语篇分析 [D]. 成都：电子科技大学.

环境语篇中的意识形态

——以西藏环境报道为例*

单　健**

摘　要： 本文对2015年1月3日《华盛顿邮报》中的一篇报道进行批评话语分析。该报道题为“Meltdown in Tibet：China's reckless destruction of Ecosystems from the Highlands of Tibet to the Deltas of Asia”，针对的是西藏环境问题。我们以系统功能语言学为工具，对该报道进行了选词、及物性、名物化和互文性等四个角度的剖析。通过分析，本文发现，隐藏在这篇看似客观的环境报道背后的仍是西方媒体对中国的敌视，其意识形态仍然是“藏独”“中国威胁论”。

关键词： 环境语篇；批评话语分析；系统功能语言学

一、引　言

西方新闻报道中多次出现借西藏问题指责中国，但大多是鼓吹西藏所谓“独立”，而少有西方媒体从环境的角度指责中国破坏西藏的生态。因此，对这样的环境语篇进行批评话语分析，解读背后的意识形态和霸权思想是十分必要的。本文选择了一篇来

*【基金项目】本文为云南省哲学社科规划项目“中、印、美主流英文报纸的环境传播话语研究”（YB2014094）的系列成果之一。

**【作者简介】单健，云南大学滇池学院大学外语教学部助教，硕士，研究方向为系统功能语言学。

源于《华盛顿邮报》2015 年 1 月 3 日的题为 "Meltdown in Tibet: China's reckless destruction of Ecosystems from the Highlands of Tibet to the Deltas of Asia" 的新闻报道。通过对该报道的批评话语分析，试图找出这篇貌似客观批评中国的新闻报道背后所潜藏的意识形态。

二、理论框架

Fairclough（1989）认为语篇是话语实践的产物，其生成、传播和消费都是由社会实践决定的。因此，与传统的语篇分析不同，批评话语分析力求通过语言分析揭示话语背后的权势关系和意识形态。费尔克拉夫（Fairclough）（2003：68）在他的《话语与社会变迁》中发展了批评话语分析模型：

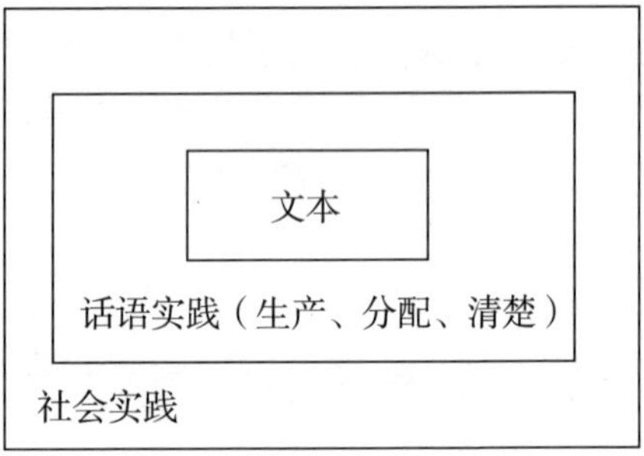

图 1　三个方位的话语概念

由图 1 可知，对话语的分析涉及递进的三个方面，即文本分析、话语实践分析和社会实践分析：对语篇的分析首先是对语言文本的描述（description），即 "discourse - as - text"。这一步要求分析者从词汇语法层面对语篇的语言特征进行描写，包括 "词汇" "语法" "连贯性" 和 "文本结构"（费尔克拉夫，2003：69）。第二步是话语实践分析（interpretation），即 "discourse - as - discursive - practice"，涉及文本的生产、分配和消费的过程

（同上：72）。在本文的分析中，这一步主要涉及互文性分析。第三步是社会实践分析（explanation），即“discourse - as - social - cultural - practice”，在这一步需要分析者将社会文化语境纳入考虑，以解释语篇背后的意识形态。

在具体的分析中，批评话语分析大多需要借鉴系统功能语言学理论。Halliday 创立系统功能语言学的初衷之一就是建立一个适用于语篇分析的理论框架。该理论认为，语言的使用是一种行为，在使用语言时人们同时在做三件事情，即三大元功能：概念功能、人际功能和语篇功能。概念功能包括经验功能和逻辑功能，前者指“语言对人们在现实世界中的各种经历的表达”，后者指“语言对两个或两个以上的意义单位之间逻辑关系的表达”（胡壮麟等，2005：74）。人际功能“表达讲话者的身份、地位、态度、动机和他对事物的推断、判断和评价等功能”（同上：115）。语篇功能是“把语言成分组织成语篇的功能”（同上：161）。这三大元功能分别由多种语法资源体现，有及物性系统（Transitivity）、语气系统（Mood）、主位系统（Theme）、衔接系统（cohesion）等。

本文的分析主要运用系统功能语言学相关理论从语法上分析语篇，同时本文会从互文性和选词方面对语法分析进行补充。在分析语言特征的基础上，结合语篇产生的社会文化语境，揭示语篇背后的意识形态。

三、分　析

对该新闻报道的分析从四个方面进行：选词、及物性、名物化和互文性。这四个方面均在该新闻报道中有突出特征。选词、及物性和名物化分析涉及词汇语法层面，而互文性分析则涉及语篇层面。在这两个层面的分析之后，我们会引入社会文化语境对分析的结果进行解释。

（一）选　词

在词汇语法层面，首先值得注意的是作者不同的选词。在该语篇中出现了中国、西藏、西方和东南亚国家四个主体。通过对不同的主体选择不同的形容词和不同的描述手段，西方媒体将意识形态隐含其中。在对西藏和东南亚国家的描述中，通过词汇手段，西藏和东南亚国家被描述成了被迫害者：

(1) For millions of Tibetans, the desolate future evoked by Gandhi has been a reality for decades.

(2) Here, he documents the calamitous consequences of China's unsparing usurpation of Tibet's natural resources.

(3) China has relentlessly disfigured the hypnotically beautiful plateau.

(4) It has mined and carted Tibet's mineral wealth, dammed and diverted waters from its bountiful rivers.

(5) "Tibet," Buckley reminds us, "is the largest colony in the world."

(6) Having survived waves of genocide, Tibetans must now endure ecocide.

(7) China has not only jeopardized Tibet's fragile ecology; it has gained political leverage over the downstream nations.

(8) As the worsening condition of dissidents from Tibet to Xinjiang demonstrates, the old trope that China's unelected rulers can be softened through engagement has proved to be a disastrous fantasy…

(9) Buckley is mindful of the unfathomable human suffering…

(10) But for China's weak and impoverished neighbors, there is no alternative to water.

从语义上对西藏和东南亚国家进行描写的形容词可以分为三

类，一类形容词描写了西藏的美丽富饶和生态的脆弱，如“beautiful”“bountiful”“fragile”。一类描写了作者认为的西藏和东南亚国家悲惨和贫穷的现状以及无法乐观的未来，如“desolate”“calamitous”“unfathomable”“genocide”“ecocide”“worsening”和“weak and impoverished”。最后一类描写了西藏在中国眼中的“形象”，如“largest colony”。

从描写方式来看，形容词修饰的对象是多种多样的。有以国家为对象，如“neighbor”；有以地理景观为对象，如“river”和“plateau”；有以未来为对象，如“future”和“consequence”；有以西藏的现状为对象，如“condition”和“human suffering”。

该报道从多角度描述了在中国影响下的西藏地区的所谓“苦难”。丰富的辞藻和多样化的描写对象会给读者留下更直观和生动的印象，将西藏描绘成为一个处于中国虎视眈眈影响下的弱者，被“贪婪的”中国视为殖民地，其环境恶化，现状悲惨，未来堪忧，而无力反抗。这样做旨在引发受众的共鸣。而对中国进行描写时则竭力把中国描绘成贪婪的殖民者：

（11）He documents the calamitous consequences of China's unsparing usurpation of Tibet's natural resources.

（12）China has relentlessly disfigured the hypnotically beautiful plateau.

（13）China's aggressive colonization degrades Tibet's habitat…

（14）Tibet's fate now looks like a chilling preamble, rather than the coda, to the story of China's ruthless race to the top.

Unsparing，与下面的 relentlessly 和 ruthless 意思相近，意为“不留情面的”。而 aggressive 意为“激进的”。可见文中对中国的形象刻画一致：中国被描述为如同殖民印度的英国殖民者一样，进入西藏并不是为了西藏人民的福祉，而是为了掠夺自然资源，奴役西藏人民。但本文却发现，对英国殖民者的描述很少：

(15) But writing at a time when he was still surrounded by the squalid spectacle of imperial exploitation…

(16) Britain's destitute subjects sought, upon their liberation from foreign rule, to mimic the hoggish habits of their colonial overlords.

相对于描述中国和西藏，对于西方殖民者的否定意义显然要间接得多。从形容词修饰的对象来看，在对于中国的描写中，形容词在位置上非常靠近"China"这个词，同时采用了物主代词的形式。如此，这些负面的形容词直接修饰了"China"一词，表达了中国要对这些负面描述负直接责任。而在对英国殖民者的描写中，形容词并未修饰"Britain"，在第一例中，形容词"imperial"，意为"帝国主义的"，间接修饰了"exploitation"。在第二例中，也未出现英国，"hoggish"意为"贪婪的"，却并未修饰贪婪的英国殖民者，而修饰了"habits"一词。这样的选词说明，在描写西方殖民者时，第一，该文选择了较少的负面形容词，数量上仅有两处；第二，在描写的方式上，采用了间接修饰，而非直接修饰。第三，在选词上，这两处描写英国殖民者的形容词，相比描写中国的例子，负面意义要小很多。这样的选词方式淡化了对西方殖民者的负面描写。

该报道中也出现了西方观察者和民众的形象：

(17) Buckley is a keen observer…

(18) But unlike the starry - eyed Western observers of China who, enraptured by the glitz of Shanghai's skyscrapers, have rushed to pronounce this the Chinese century, Buckley is mindful of…

西方普通民众被描绘成了被中国“蒙蔽”的，盲目乐观坐视中国“侵略”的愚民，而西方所谓“敏锐”的观察者则十分警惕中国。

通过对选词的分析，本文发现，该新闻语篇虽然貌似客观中立，但通过对于西方、中国和西藏三方的描写，勾勒了这样一幅图景：一方面，中国以势压人，欺压殖民西藏，掠夺自然资源，肆意破坏西藏脆弱的生态环境，西藏和东南亚小国家则贫穷弱小，无力反抗，而西方的观察者对此十分“警惕”，呼吁被“愚弄”的西方民众反对中国“侵略”；另一方面，该文通过选词将西藏描述成如同印度一样的殖民地，受到“宗主国”的压迫掠夺，以唤起西方民众的同情心。这样的描写刻意忽略西藏自古是中国的一部分的事实，将西藏等同于印度，恶意抹黑中国的形象。

（二）及物性

对选词的分析尚不能充分揭示该文中隐含的意识形态。我们还需要从经验表征的角度出发，从小句的层面分析该文是如何表征经验、构筑现实的心理图景的。因此，及物性分析是非常必要的。

及物性系统赋予小句识解“各种‘事件’——发生、做、感知、意指以及是和变成”的能力。该系统“为不断地变化的和事件流动赋予秩序的模式”。因此，及物性系统把经验世界识解为“一组可以操作的过程类别”（Halliday，2010：118）。这些过程类别可分为物质过程、心理过程、关系过程、存在过程、言语过程和行为过程六种。在该新闻语篇中，这六种过程类别的分布情况如下：

表1　及物性分析

	物质过程	心理过程	关系过程	存在过程	行为过程	言语过程
数量	53	4	20	4	11	7
比例	53.5%	4.0%	20.2%	4.0%	11.1%	7.1%

从数量上来看，物质过程占大多数，这与新闻语篇报道事件的功能相关。在对西藏环境问题的报道中，大量的物质过程被用来生动描绘中国对西藏环境的直接破坏。占比第二的是关系过程。由于关系过程是“是”的过程，通常用以说明原因。在该文中，大量的关系过程被用以将所谓“灾难性的后果”归咎于中国的影响。物质过程和关系过程的绝对多数说明该文将中国刻画成蛮横的殖民者。

具体而言，物质过程将中国的“强盗”行为鲜明地刻画出来：

(19) It [China] has mined and carted away Tibet's mineral wealth, dammed and diverted waters from its bountiful rivers, herded innumerable Tibetans into what it calls "New Socialist Villages," suppressed the expression of Tibetan identity, and annihilated whole ways of life.

本例中出现了7处物质过程。动作者均为中国，目标则是西藏的各种自然资源以及西藏人。将中国和西藏直接安排成物质过程的参与者，使得二者成为物质过程的核心而非边缘成分。如此，这7个物质过程都表现了中国在直接对西藏和西藏人民施加影响，而西藏和西藏人民则被动承受着这种影响。这样的安排强化了西藏弱势而中国强势的印象。

而关系过程则将西藏的灾难性后果归咎于中国：

(20) To them, Tibet is a source of prized minerals, hydropower and water—officially classified as "Water Tower

Number One."

从本质上来说，在关系小句中“天然地有两个参与者……换句话说，两个实体之间建立起了一种关系……‘关系’小句的语法建立在符号系统的基础上”（Halliday，2008：213－215）。因此，利用关系过程这一语法资源，作者可以在两个实体之间建立起抽象的、符号的、人为的联系。

在本例中，作者充分利用了这一语法资源，在西藏和“矿产资源的来源”以及“水资源”之间建立了等同关系，说明在中国眼中西藏等同于可以掠夺的资源。

值得注意的是，在讲述英国殖民者对印度的殖民时，该报道却采取了更为间接的手法：

（21）But writing at a time when he was still surrounded by the squalid spectacle of imperial exploitation, he imagined a future when Britain's destitute subjects sought, upon their liberation from foreign rule, to mimic the hoggish habits of their colonial overlords.

在仅有的这段描写英国殖民者对印度的侵略的段落，出现了4个过程，分别为物质过程、心理过程、精神过程和行为过程。相比上面例子对中国的描写，这里过程类型的分布更加多样，能够生动描写的物质过程仅有两个，同时动作者和目标的分布情况也大不相同：第一个物质过程“surround”的参与者为he（Gandhi）以及“the squalid spectacle of imperial exploitation”，并未直接出现被殖民的印度民众和殖民者英国。看上去受到影响的是甘地本人，并非印度人民，而影响他的是“肮脏的帝国主义开发情景”，而不是真正的罪魁祸首英国人。在第二个物质过程中，参与者仅有“destitute subjects”。虽然这里印度民众被放置在直接参与者的位置，但并不是作为目标，而是作为动作者。同时，真正的殖民者英国被放在了更边缘的位置，用来修饰“subjects”。

因此，从及物性分析可以看出，在描写中国时，大量的物质过程将中国和西藏分别放在动作者和目标的位置上，从而暗示“中国”对“西藏”直接施加影响。这使得中国对西藏的直接“掠夺”和“破坏”更加直观生动。而为数不少的关系过程则说明了在中国眼中西藏等同于可以掠夺的资源。然而在描绘英国殖民者时，本是直接施暴者的英国殖民者却并未出现在物质过程的核心成分中。这样对及物性资源的不对等利用反映了该报道欲强化中国对西藏的“威胁”而淡化西方殖民者丑恶形象的目的。

（三）名物化

名物化（nominalization）是书面语篇的重要特征之一，“小句的任何一个成分转换为具有名词或名词词组句法功能的独立成分的语法过程”（丛迎旭，2004：89）。名物化是现代科学语篇的重要特征，使得语篇严肃客观，简明凝练，同时可以容纳更多的信息。但同时，在其他非科学语篇中，名物化却是“不必要的仪式，只为显示精英和官僚的权势”（同上：217）。因此，“在新闻语篇中，名物化除了能使句子简练、节省篇幅、增强语篇的严肃性之外，从本质上来说，名物化的重要作用就是使语篇神秘化，可以用来掩饰自己的观点及权势关系”（肖建安、王志军，2001：10）。

在该报道中，出现了23处名物化结构，这在一篇只有不到千词并针对大众读者的新闻语篇中是不多见的，因为名物化作为科学语篇的重要组成部分，与日常会话用语差别较大，会增加非专业阅读者的难度。通过对这些名物化结构的分析，我们发现，在这23处名物化结构中，只有少数（6处）起到了与在科学语篇中同样的作用，而其他大部分的功能则是通过预先假设隐藏了其背后的意识形态。正如费尔克拉夫（2003：111－112）所言：

预先假设……既可能是纯净的，也可能是操纵性的。就是说，文本生产者可以呈现出一种主张，它或是被确定给其他文本，或是由文本生产者不诚实地、不真诚地建立起来，并具有操纵性的内容。预先假设是操纵人的有效方法，因为它们往往难以受到异议。

例如：（22） Here，he documents the calamitous consequences of China's unsparing usurpation of Tibet's natural resources.

在该例中，画线部分的名物化结构可以被解包为一句完整的主从复合句，即 China has unsparingly usurped the natural resources of Tibet，which has calamitous consequences，which are documented by him。对比解包前后的句子，China's unsparing usurpation 只是一个名词词组，没有情态结构，不能被质疑。而解包后的 China has unsparingly usurped the natural resources of Tibet 成为一个完整的小句。在读到这句话的时候，读者可能会质疑，中国真的掠夺了西藏的自然资源吗？通过对这一完整小句的名物化压缩，情态成分被去除，中国对西藏自然资源的掠夺就成了预设的成分，从而不能被读者质疑。读者只能被动接受中国“掠夺西藏的资源”这一“既成事实”。

名物化在该文中除了将对中国的指责打包使之成为难以质疑的“既成事实”之外，还将对西方的美化进行名物化，使之难以受到质疑：

（23） Despite his emotional investment in Tibet，Buckley's prose is not weighed down by sentimentalism.

在此例中，画线部分的名物化结构的作用与前两例类似，只是在本例中所打包的内容并不是对中国的指责。Buckley 只是一名在西藏的摄影记者，文中相当部分对中国的批评都来自他。但他并非权威专家，因此其论述的权威性会受到质疑。在这里，emotional investment 表达了该记者在西藏游历多年，对西藏有着很深的感情，因此他的论述值得相信。但是值得注意的是，前文中并没有任何证据表明该记者对西藏的感情。因此这里的名物化结构并非如在科学语篇中的那样是对前文论述的总结，而是将他的“深深感情”通过名物化变成“既成事实”，从而难以质疑。而一旦“既成事实”得以成立，该记者的所有论述都具有权威性。而一旦对该名物化结构进行解包，成为 despite the fact that he has invested his emotion in Tibet，读者自然会质疑，既然前文没有证据表明他的情感投入，在这里又谈何感情？而名物化结构避免了这样的质疑，增加了该记者所言的可信度。

综上，通过对该新闻语篇中名物化结构的分析我们发现，名物化把对中国的指责和对西方的美化打包成难以为读者质疑的“既成事实”，使该新闻的观点合埋化。

（四）互文性

互文性是语篇的重要特征之一。根据费尔克拉夫（2003：78）的观点，互文性指“一些文本充满着其他一些文本的片段，它们可以被明确地区分或融合，而文本也可以对它们加以吸收，与之发生矛盾，讥讽性地回应它们，等等”。

对于新闻语篇来说，可以将别家所言、对现场目击者进行的采访等融入其中，从而保证了报道的权威性和客观性，增加可信度。但是这一过程绝不仅仅是客观引用的堆砌。相反，新闻作者，基于不同的意识形态，对于引文来源都具有倾向性的选择。而这些倾向性的选择，即引用的内容和方式，就成为批评话语分析的主要对象。

在这篇新闻报道中，共出现了 9 处互文性表达。根据其来源，可分为有明确来源、没有明确来源和没有来源三种。具体分析如下：

在 9 处互文性表达中，有 7 处具有明确的来源，有 2 处没有明确的来源，没有出现无来源的互文性。

在 7 处具有明确来源的互文性表达中，其中 2 处来源于甘地的书籍：

(24) "The economic imperialism of a single tiny island kingdom is today keeping the world in chains," he wrote.

(25) If the masses of Asia "took to similar economic exploitation" as the West, he warned, "it would strip the world bare like locusts."

有4处来源于摄影记者Buckley所述：

(26) "Tibet," Buckley reminds us, "is the largest colony in the world."

(27) "Tibetans were not environmentalists," he notes. "They had no concept of sanitation, plumbing, or garbage disposal."

(28) "Meltdown in Tibet" is made indispensable by the mere fact of its existence.

(29) Traveling to "the tail-end of the mighty rivers flowing from Tibet," Buckley meets the people whose lives have been devastated by China's actions.

有1处来源于作家Challeney的书名：

(30) Chellaney's indispensable 2011 study, "Water: Asia's New Battleground"…

我们发现，指责中国的3处互文性表达全部来源于西方记者和作家，而无一处源自西藏人民或中国官员。这样的选择无疑是具有强烈倾向性的，一篇指责中国政府破坏西藏环境的新闻报道竟然没有引用生活在西藏的人的话，而仅仅纳入西方记者和作家所言。强烈的倾向性反映了西方新闻界标榜的客观公正并没有体现在对信息来源的选择上。

文中有2处没有直接来源的互文性表达：

（31）To them, Tibet is a source of prized minerals, hydropower and water—officially classified as "Water Tower Number One."

（32）Having survived wares of genocide, Tibetans must now endure ecocide: deforestation, landslides and "ecological migration", the Chinese euphemism for mass displacement caused by damming.

这2处互文性表达没有直接的消息来源。在第一个句子中，来源为"officially"，而第二处仅仅说了"Chinese euphemism"。而这两处互文性表达所引用的消息却是至关重要的：第一处引文说明中国把西藏看作水资源的来源而不关心其生态环境；第二处说明中国"灭绝人性"，为修建大坝掠夺水资源而迫使西藏人迁徙。但是，对指责中国如此重要的引文却仅非常模糊地说明其来源来自官方。因此，虽然在这里该新闻进行了引用，消息看似权威，却是断章取义、歪曲解读的结果。

综上所述，通过对该新闻互文性的分析，我们发现，尽管该新闻引用颇多，达9处，看起来客观公正，具有权威性，但首先，其消息来源具有很强的倾向性，仅仅引用西方记者和学者所言，而没有引述西藏人民和中国官员所言。其次，对该新闻观点至关重要的2处引文却缺乏明确的消息来源，仅标注为"官方"，这反映出了西方媒体对中国官方话语的歪曲解读。无疑，互文性的选择反映了西方媒体的意识形态：标榜客观公正，却为了诋毁中国而肆意歪曲解读。

（五）解　释

批评话语分析框架的最后一步即为社会实践分析，即把对语言特征的分析与社会语境结合起来，将语言和权势的关系梳理清楚，发现隐藏在语言背后的意识形态。

第一，通过选词分析和及物性分析，本文发现该报道将西藏和中国分离为两个主体，将中国置于强大的“殖民者”的位置而将西藏置于弱势的“生态受害者”的位置，指责中国肆意掠夺西藏自然资源，奴役西藏人民。对名物化的分析则发现该报道将对中国的指责和对西方的美化打包成为难以质疑的名物化结构。而互文性的选择则反映出西方媒体选择性忽视中国人民的声音，将西方人的声音奉为真理。总之，通过对语言特征的分析，本文发现，该报道将中国视为掠夺者、破坏者和殖民者，而将西藏和东南亚、南亚国家描绘成弱小的受害者。

第二，就本报道发生的国际背景来看，它发表于 2015 年 1 月，正是中国“一带一路”规划即将出台的时候，而“一带一路”规划涉及东南亚、南亚国家，并有很大比重是资源的开发利用。在这一时机描述中国对西藏自治区的“资源掠夺”“环境破坏”和“殖民”，并将相邻西藏的东南亚和南亚地区描述为“环境破坏”的受害者，可谓别有用心。本报道在貌似客观的语言中隐藏了这样的意识形态：从中国对西藏和东南亚、南亚国家环境的破坏可以看出，中国的资源开发合作实质是对资源的掠夺和对环境的破坏。而这样的意识形态一旦被人们接受，“一带一路”的战略规划就会受到怀疑。

第三，就本报道发生的时代背景来看，它是西方就西藏问题对中国进行指责的延续，只是该文指责的角度不同。以往新闻报道多以西藏所谓“独立”的问题发难，而该文是从环境角度出发。经对 EBSCO（News source）数据库的检索，我们发现，针对“西藏独立”这一话题的新闻报道数量自北京奥运会开办以来呈下降趋势：2008—2014 年对西藏所谓“独立”问题的新闻报道数量分别为：970 篇、435 篇、441 篇、355 篇、237 篇、151 篇和 132 篇。这说明了西方民众对西藏所谓“独立”的关注程度逐步降低。在此背景之下，抛开所谓“独立”问题，发掘新的热点，利用西藏的环境问题的新角度丑化中国也就不难理解了。

以上分析反映出这篇新闻报道背后隐藏的仍然是“中国威胁

论”，即西方所言即是真理，西方所为即是正义，而中国的和平崛起却是威胁。西方媒体不顾历史上西方各国对别国的殖民和奴役，“义正词严”地指责中国在自己领土内的正常的资源开发行为是奴役当地人民，掠夺自然资源，破坏生态环境。因此，这篇环境新闻报道绝不是公正、客观地描述西藏的环境问题，而是渗入了“中国威胁论”的意识形态。

四、结　语

语篇参加社会交际实践，是影响社会结构和世界观的重要手段（Fowler，1991：130）。《华盛顿邮报》正是凭借了其本身的权威性以及大众对西藏环境问题的不了解取得了话语权。通过多种语言手段，该报道向受众传达了关于西藏环境问题虚假的描述，使读者形成了对中国错误的认识，而这样的认识同时也是对“中国威胁论”的进一步强化。这与美国遏制中国的战略思想是一致的。

本文通过对《华盛顿邮报》一篇关于西藏环境问题新闻报道的批评话语分析，揭示了隐藏的“中国威胁论”的意识形态。这样的分析同时也旨在引导读者以批判的眼光阅读新闻，对西藏的环境问题产生正确的认识。

参考文献

［1］ Fairclough， N. 1989. *Language and Power*. London/New York：Longman.

［2］ Fowler，R. 1991. *Language in the News：Discourse and Ideology in the Press*. London：Routledge.

［3］ Halliday， M. A. K. 2008. *Introduction to Functional Grammar*（3rd *ed.*）. Beijing：Foreign Language Teaching and Research Press.

［4］ 从迎旭 . 2004. 名物化英汉对比研究［J］. 四川外语学院

学报，(4)，89 -92.

[5] 费尔克拉夫.2003. 话语与社会变迁 [M]. 殷晓蓉，译. 北京：华夏出版社.

[6] 韩礼德.2010. 功能语法导论 [M]. 彭宣维，赵秀凤，张征，等，译. 北京：外语教学与研究出版社.

[7] 胡壮麟，朱永生，张德禄，李战子.2005. 系统功能语言学概论 [M]. 北京：北京大学出版社.

[8] 肖建安，王志军.2001. 名物化结构的功能和变体特征 [J]. 外语与外语教学，(6)，9 -11.

基于批评话语分析的中印环境新闻报道的及物性对比*

——以哥本哈根气候变化峰会新闻标题为例

黄劲怡**

摘　要：本文以系统功能语法的及物性为分析工具，以《中国日报》和《印度教徒报》两份报纸关于“哥本哈根气候变化峰会”的英文新闻报道为研究对象，旨在对比分析中印新闻报道标题中的语言选择，以期分析新闻语篇所蕴含的意识形态。

关键词：及物性；环境新闻报道；《中国日报》；《印度教徒报》

一、引　言

随着人类社会的进步、科技和经济迅猛发展，生态破坏、环境污染和资源不合理地开发利用带来的负面影响愈加显著。新闻报道是人们了解环境变化的窗口和渠道。而对同一新闻事件报道的比较，往往能发现新闻中隐含的意识形态和立场、观点。本文以功能语法中的及物性为分析工具，试图对《中国日报》和《印度教徒报》有关2009年在哥本哈根召开的全球气候变化大会的新

* 【基金项目】本文为云南省哲学社科规划项目“中、印、美主流英文报纸的环境传播话语研究”（YB2014094）的系列成果之一。

** 【作者简介】黄劲怡，云南大学外国语学院在读硕士，研究方向为语言学。

闻报道标题进行比较，以期发现中印两国在大会中的立场和观点，从而揭示意识形态的差异。

二、理论框架

在批评性生态语言学韩礼德模式中，系统功能语言学（Systemic－Functional Linguistics）的方法成为主要研究方法之一。韩礼德（M. A. K. Halliday，2000）认为，语言元功能可以归结为三类：人际功能（Interpersonal Function）、语篇功能（Textual Function）和概念功能（Ideational Function）。其中，概念功能，可以划分为经验功能（Experiential Function）和逻辑功能（Logical Function）。前者指的是语言表达人们在现实世界（包括内心世界）各种不同经历的功能；后者指的是语言表达两个或两个以上意义单位间逻辑关系的功能（胡壮麟等，2005：74）。经验功能得以体现，主要是通过两种方式：及物性（Transitivity）和语态（Voice）。

不同于传统语法只单纯着眼于动词与后续宾语间关系而把及物性划分为“及物”　“不及物”的做法，系统功能语法（Systemic－Functional Grammar）中的及物性系统，着眼于语义，将人们在现实世界的各种经验、所见所闻通过语法的范畴化（Grammatical Categorization）划分为若干“过程”（Process）以及与之相关联的“参与者”（Participant）和“环境因子”（Circumstantial element）。在韩礼德看来，及物性系统把人类经验划分为六种过程：

物质过程（Material Process）是表示做某件事的过程（a process of doing）。一般来讲，在物质过程中，有一个动态动词（如：build，break）充当过程本身，还有一个动作者（Actor）和一个目标（Goal）相继组成。当然，这是一种理想的状况，在由不及物动词充当物质动词时，则该过程只有一个参与者，即动作者。此外，该过程还可能出现第三个参与者，它可能是环境因子，也可能是受益者（Beneficiary）。

心理过程（Mental Process）是表示心理活动的过程（a process of sensing）。具体来讲，主要以表示心理活动的动词来充当过程本身，其中以表示三类心理活动为主："感觉"（perception），如：see，look，hear；"反应"（reaction），如：like，please，forget；"认知"（cognition），如：know，believe，convince。一般来说，心理过程有两个参与者："感知者"（Senser）和"现象"（Phenomenon）。前者为心理活动的主体，多数情况下由人来充当，后者为被主体心理活动所感知的客体。

关系过程（Relational Process）是表示事物间关系的过程（a process of being），且可下分为"归属"（attributive）和"识别"（identifying）两大类。其中，前者指 a 是 x 的一种/一个属性，表示某实体具有的属性和归属的类别；后者指 a 是 x 的认同，可表示两个实体间身份、环境（如时间、地点、状态）意义上的相互联系。进一步，两个类型又可分为"内包式"（intensive）、"环境式"（circumstance）和"所有式"（possessive）。

言语过程（Verbal Process）是表示说话交流信息的过程（a process of saying）。在过程中，常由 say，talk，tell，praise 等这样的动词来充当过程本身。相对来说，在此类型中参与者类型是被要求最多的：说话者（Sayer）、受话者（Receiver）、讲话内容（Verbiage）。

行为过程（Behavioral Process）是表示人基本生理活动的过程（a process of behaving），如 breathe，cough，sigh，dream，laugh 等。固然，也由这类动词来充当过程本身。一般来讲，此类过程只有一个参与者，即：行为者（Behaver），且一般由人充当。

存在过程（Existential Process）是表示某事物存在的过程（a process of existing）。一般来说，在此类型中表示存在有两种方式：其一，以 exist，arise 等充当过程；其二，以 be 充当过程，即 there be 结构。参与者只有一种，即存在物（Existent），且要求至少一个。

此外，环境因子囊括了时间、空间、方式、程度、比较、伴随、因果、身份等环境意义的内容。一般来讲，在过程中常常以副词词组或介词词组的形式出现。

三、分析对象的选择

中国和印度有很多的相似之处。两国曾是历史上的“文明古国”，同为发展中国家和“金砖国家”；地处亚洲，同样面临快速发展所带来的环境问题。基于此，本文选择了两个国家的两份主流英文报纸，一份为《中国日报》（以下简称《中》）；一份为《印度教徒报》（以下简称《印》）。《中》在中国是主流的国家性英文日报，唯一有效进入国际主流社会、中国最具权威性和公信力的英文媒体。《印》是印度国内的主流英文日报，它是拥有印度读者群体最多的英文纸媒之一。

我们针对《中》《印》关于2009年度哥本哈根环境峰会的报道，抽取样本《中》16篇、《印》10篇，共计26篇新闻报道作为本次及物性分析的研究对象。之所以选择哥本哈根环境峰会这一新闻事件作为语料，首先是因为这次大会巨大的国际性影响力和历史性意义，尤其在世界气候政策方面尤为突出。其次，中国、印度两国作为最大的两个发展中国家，参与了本次大会所有议程，两国在观点和立场上存在诸多共同点，但也有不少相悖之处。

这里要强调的是，虽所选新闻皆为纯新闻报道，并非专题特写（feature report）、专栏特写（columnist），也非评论（review），但并不意味着其中不带有记者和报刊的主观色彩、情感、立场，所以纯新闻报道对目标新闻事件的客观性描述是相对的。但总的来说，所选文章还算是秉承了事件的客观性，在此对于从及物性角度对其进行分析论述并无妨碍。

在新闻语篇中，标题承载了举足轻重的作用，它揭示主题思想、提示线索、吸引读者。根据范代克（Van Dijk，1988）的观点，新闻标题表达了报道者认知模式的最重要的信息。也就是说，新闻标题反映了报道者怎样看待和定义新闻事件。因此，透过这样一个精简、浓缩的语言形式来揭示不同的意识形态在语篇中的不同语言选择就显得很有意思，这样对新闻语料的标题做一个及物性对比分析便有了必要性。

四、讨　论

福勒（Fowler，1991：2）认为，新闻是一种实践，它远非中性地反映社会现实，而是干预“现实的社会建构”。固然，新闻不是中性的，而新闻中的语言更加不是。在这一点上，树立批评性的观点是十分必要的。韩礼德（1978）认为，语言是一种社会事实、社会实践和社会符号，它反映的是人们的信念和价值观。那么，任何一种批评性话语分析，其目的都是要透过语言表面形式，揭示隐含于语言、权利和意识形态的关系（辛斌，2000）。从这一点出发，经验功能所对应的及物性分析便给予了广大读者、学习者和研究者这样一种有侧重地处理和分析语篇的方式，它能够透过语篇的表层意义，进而寻求蕴含于语篇背后的意识形态意义。据此，对新闻语篇，尤其是环境新闻做这样的分析解读就有了意义，以下对手头《中》《印》关于哥本哈根环境峰会的26篇新闻报道就标题部分来进行对比分析。

据统计，在我们收集到的中印新闻中，《中》共计16条，《印》共计10条。其中，就标题而言，《中》有4个物质过程（见表1）、2个心理过程（见表6）、9个言语过程（见表3）；《印》有8个物质过程（见表2）、1个关系过程（见表5）、1个言语过程（见表4）。在这里，为了使对比更加直观、明确，我们把双方皆有的过程类型两两罗列，单方所有的则紧随其后单独列出。

表 1

动作者 actor	物质过程 material process	目标 goal	环境因子 circumstance	编号
China	seeks to clear up	summit deal		1
Chinese, Indian premiers	agree to push forward	cooperation		2
Obama	heads to	high – risk, uncertain climate talks		3
India	to slow	carbon emissions growth	by 20 – 25 pct	4

表 2

动作者 Actor	物质过程 Material process	目标 Goal	环境因子 circumstance	编号
India and China	have complete	convergence	on climate issues	5
India	proposes	bilateral talks on climate change		6
India, China	create	conducive "climate"	at U. N.	7
India, China	need	nuclear energy to tackle climate change		8
India, China	to begin	climate discussions	today	9

续 表

动作者 Actor	物质过程 Material process	目标 Goal	环境因子 circumstance	编号
India, China	to hold	joint workshop on climate change		10
Jairam Ramesh	betrayed	India's stand on climate change		11
U. S.	seeks to bring	China, India on board	on climate change	12

表 3

说话者 Sayer	言语过程 Verbal process	说话内容 Verbiage	编号
Chinese premier, UN chief	discuss	climate change	13
China	vows	unswerving efforts to promote climate talks	14
Wen	says	China played constructive role	15
China	says	communication with developing countries "sufficient"	16
Developing nations	slam	US – led climate deal	17
Wen	stresses	co – op against climate change	18
Some poor nations	slam	Copenhagen climate accord	19
Wen	stresses	China's efforts	20
China	refutes	British criticism over climate talks	21

表 4

说话者 Sayer	言语过程 Verbal process	说话内容 Verbiage	编　号
Jairam Ramesh	says	No change in Indian stand on climate change	22

表 5

拥有者 possessor	关系过程 relational process	被拥有者 possessed	环境因子 circumstance	编号
U. S.	has	better understanding of India's stand on climate	now	23

表 6

感知者 senser	心理过程 mental process	现象 phenomenon	编号
China	expects	developed countries to meet commitments on emission	24
China	hopes	Copenhagen conference gets best outcome	25

（一）过程类型选择的异同

费尔克拉夫（Fairclough，1992：800）认为，选择哪种过程来表达一个在现实世界中真正发生的过程，具有重要的文化、政治或意识形态意义。因此，哪怕是针对同一个环境事件的报道，中、印两国在选择过程上的差异是必然存在的。纵观抽样的新闻标题，《中》选择了物质过程、言语过程和心理过程；《印》则有物质过程、言语过程和关系过程。当然，这样的差异某种程度上存在一定的偶然性，但从这一视角出发来做适当分析，并不会影响其可靠性和真实性。很明显，就过程类型的选择，双方存在异同。

相同点：宏观地看，双方都集结在了物质过程和言语过程的使用上，且两个过程的使用频率都不低（见图1）。显然，这是一个较为显著的相同点。

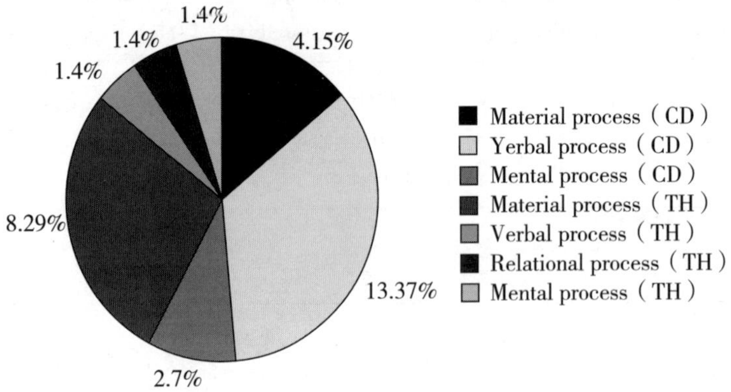

图1

一般来说，物质过程作为表示做某事的过程，它在大多数语篇当中一直占有相当的比重。然而，在新闻语篇中，言语过程的使用频率却也一直居高不下，有时候甚至超过了物质过程。原因很简单：首先，纯新闻报道关注的是新闻事件的本身，利用这一过程突出报道的真实性、客观性和权威性；其次，利用这一过程，还可以通过引用别人的话语观点来辅以对比、论证等方式得出结论。可以说，新闻语篇特定的特征造就了这样的现象。故此，在《中》《印》新闻语篇中出现这样的情况也就不足为奇了。

不同点：如表1所示，《中》物质过程和言语过程分别占到了总数的15%和37%，而《印》则为29%和4%。可以看到，《中》《印》双方在对两个相同过程类型的选择和使用频率上是存在差异的。显然，中方偏重于言语过程，而印方偏重于物质过程。我们知道，中国和印度作为两个最大的发展中国家，在这次峰会上的利益和立场应该说是基本一致的，且两个过程类型对事件都有着客观性或非主观性的表达。而当面临关于温室气体排放量超标的国际批评和国际约束性减排的时候，中印展现出了不同的姿态，这归根结底来自立场的细微差异。

在会议上，中国不接受国际约束减排目标，且对立倾向颇重，那么在报道的语言上就利用了对当事人言语的引用，也就是把知情人或权威人士作为直接引语或间接引语，用一种增强文章说服力的方式为自身辩护或驳斥外来批判。相对来说，印度则对立倾向不重，总是试图寻求国际合作来调和矛盾，希望运用一种更灵活的方式来寻得西方的理解。因此，《印》选择了物质过程这样一种在语篇中出现频率较高但更为平实的类型，这样做也符合印度在大会上的立场和姿态：不丧失话语权，但言辞不激烈、不对立。

（二）参与者选择的异同

福赛特（Fawcett，1995）认为，参与者角色就是特定的过程所要求的角色。也就是说，参与者角色是由特定的过程决定的，特定过程要求特定的参与者角色（黄国文，1999：107－108）。

1. 物质过程

相同点：第一，就动作者来说，双方都有类似的做法，即：用国名（见1、4、5、6、7、8、9、10、12）或国家元首（见2、3、11）作为动作者。当然，这样的做法不难理解：首先，作为两国较为权威的报刊，分别代表了两个国家的整体立场和声音。一方面，把国名（如：China，India）放在动作的主动发出者（即动作者）的位置上，可以说明其语言表达毫无疑问是首先基于本国立场之上，代表着大多数的国民。另一方面，用国家元首（如：

Wen, Jairam Ramesh）来充当逻辑主语（即动作者），在充分传达了对两国领导人的尊重、阐释了国家的包容性的基础上，也体现了本国对国际言论的尊重及理性对待。此外，这样用人名代替国名的做法也大大提升了文章的亲和力，拉近了与读者的距离。不论《中》《印》，这样的做法在突出了其报道的权威性和公信力以外，多少都存在一定的主观倾向性。

第二，双方都有对中印合作的报道，也都用了对方作为并列的动作者，但都将对方排列于本国之后（见2、5、7、8、9、10）。同样，这也是两国媒体在语言上基于本国主权、立场的又一表现。

不同点：第一，虽双方都把对方作为并列的动作者，但在语言表现上有差异：《中》（见2）用的是“Chinese, Indian Premier”，而《印》（见5、7、8、9、10、11）用“India, China”。这说明双方在对待整个事件上的差异是有侧重的差异，在语言表达上已可见一斑：前者更加关注目标事件的细节和事实，对事件不仅重视而且生动地还原和再现了当时的细节场景。后者在凸显整个事件报道的官方性和严肃性的基础上，强调了双方合作对其带来的重大意义和影响。

第二，在涉及美国的报道上，《中》用Obama作为动作者（见3），而《印》用U.S.（见12）。《中》直接用Obama而没有用“President Obama”“U.S. president”或“U.S.”，在展现对美国最高领导人应有的尊重、提升文章亲和力和拉近与受话者关系的前提下，略显正式和僵硬。《印》用国名，在语言表现上虽也具有严肃性和官方性，但某种程度上把印美关系诠释得更像是印度人民与美国人民共同的关系。虽然这在语言表现上与上一条近乎一致，但却揭示了不同的东西，那就是：两国与美国关系上的差异导致了语言表现上的差异。相对来说，印美关系比中美关系更为明朗。印美关系中，双方相同的意识形态、民主理念和普世价值观，决定了双方共同、互补的合作伙伴关系。而在中美关系中，双方虽然相互需要，尤其是在经济上相互依赖，但意识形态、政治制度、历史问题上的分歧外加中国崛起对美国的威胁导致双方的互信度实际上远远不够。据此，《中》中对奥巴马名字不带头衔的使用以及《印》对美国国名的使用便都可以理解了。

2. 言语过程

相同点：就说话者来说，双方存在类似做法，即：用人名（见 15、18、20、22）来充当说话者。其中，多以本国发言人为主，这在突出目标事件的客观性、权威性和真实性的基础上，代表了本国广大人民的心声，这也履行了《中》《印》作为主流报刊的职责。

不同点：虽在本次抽样中《印》的言语过程样本有限，但在对比的过程中差异性依然存在：《中》采用了一些《印》所未触及的说话者：《中》把“developing nations”（见 17）、“some poor nations”（见 19）这样的集体性概念用作说话者。这说明《中》在语言上对本国的国际形象已经有了基本定位并且处于持续维护之中。一方面，中国对贫穷国家和发展中国家有足够的关注度，这就是中国国际形象的表现之一。另一方面，表现出中国与贫穷国家、其他发展中国家之间互帮互助、求和平、谋发展的关系，为的是凸显一种“和为贵”的大国姿态。总的来说，基于世界大国、发展中国家、社会主义国家这样的一些身份，中国已是世界多极化格局中维护世界和平、促进共同发展、反对霸权主义和强权政治、维护发展中国家权益的一极。

3. 其他过程

关于其他过程，《印》有关系过程，《中》有心理过程。前者在反映事物之间关系的过程中以 U. S. 作为拥有者（见 23），在正式和官方的基础上凸显出印度与美国良好的关系。后者在表示动作主体对客观对象认识、感觉和反映的过程中以 China 为感知者（见 24、25），以“developed countries”“commits on emission”作为现象（见 24），凸显中国有效回击关于温室气体排放量超标的批评言论。会上，中国更加强调发达国家的转移排放问题的严重影响。

（三）过程动词选择的差异

1. 物质过程

在抽样物质过程中，多围绕一个主题来展开，那就是：中印应对气候变化问题上的合作。那么，有了这样一个共同的主题，做过程动词选择的分析就有了意义。其中，我们注意到：《中》用了 seek（见 1）、agree（见 2）等这样一些过程动词，《印》则用了 need（见 8）、create（见 7）、begin（见 9）、hold（见 10）、complete（见 5）等。

根据《牛津高阶英汉双解词典》，《中》的“seek”被释义为“to try to do sth”，“agree”为“to say that you will do sb wants or you will allow sth to happen”。《印》的“need”被释义为“to require sb/sth because they are essential or very important，not just because you would like to have them”，“create”为“to make sth happen or exist”，“begin”为“to start doing sth”，“hold”为“to organize and have a meeting，competition，conversation，etc”，“complete”为“to finish making or doing sth”。

其中不难发现，在这段合作关系中，印度不论是在物质动词的使用频率上还是在动词选择上都表现得更主动，反映了印度对合作的重视程度和它自身的主观需求。而反观中国，在物质动词的选择上很有意思：对中印合作依然表达了肯定的态度，不做反对或否认，但达意即止，也不表示过多迎合、示好或承诺。在这里可以看出：首先，印度在多年英语语言习惯的影响下出现“欧洲化”，表达直接、主动，而中国受到汉语传统习惯和思维的影响，当然也可能出于外交语言模糊性上的考量，进行较为委婉、含蓄和克制的表达。其次，这样一方需求、创造、开始、完成合作，而另一方同意、尝试合作的表达，也在某种程度上说明了中国在这段关系中的地位、重要性和影响力。

2. 言语过程

《中》《印》在言语过程动词选择上的差异也较为显著：中方言语过程动词的使用更多样，有 say（见 15、16）、slam（见 17、19）、refute（见 21）、stress（见 18、20）、vow（见 14）等，而印方只用了一个较为普通的言语动词 say。

根据《牛津高阶英汉双解词典》，"say" 被释义为 "to speak or tell sb sth using words"，"slam" 为 "to criticize sth/sb very strongly"，"refute" 为 "to say sth is not true or fair"，"stress" 为 "to emphasize a fact，an idea，etc"，"vow" 为 "to make a formal and serious promise to do sth or a formal statement that is true"。

这里，say 是一个较为常见和普通的言语过程动词，但我们还是能从其他动词选择上听到一些声音。（见 21）是中国以强硬的态度对外界批评的驳斥，同时也表现了中国对此的几个态度：其一，外界批评是不公正、不真实的；其二，中国不接受这样的评判并且有足够的理据推倒它。（见 14、20）是中国对促进气候峰会成功解决气候问题的决心的表达。从动词选择上不难看出：其一，中国对此的重视程度极高；其二，中国的决心是一丝不苟、不可动摇的；其三，中国愿意对此向世界做出真诚的承诺（见 17、19）。这是第三世界国家对美国和气候变化协议的不满与批判。这里说明：其一，中国与第三世界国家的友好关系；其二，中国与第三世界国家的利益是不相违背的、是一致的；其三，中国为第三世界鸣不平的同时也是在为自己说话。

总的来说，与印度相比，中国在国际舞台上的影响力和话语权在媒体报道语言上被表现得较明显。

五、结　语

从系统功能语言学的角度来看，语篇离不开文化语境和情境语境，且语言选择也要受其制约与影响。换言之，一旦语境发生变化，那么语篇体裁结构甚至是语言功能都可能随之改变（Butt *et al*，1997：11）。王宗炎先生曾指出，在我国国内出版的英文报刊中，新闻报道的标题大多是就事论事，缺少具有激发读者兴趣和具有吸引力的标题（陈瑜敏，2005）。事实上，不可否认，这是在文化语境和情境语境的共同作用下促成的。

本文从系统功能语言学经验功能的及物性分析着手，选取《中》《印》对哥本哈根气候变化峰会的纯新闻报道为研究对象，通过对其标题的及物性分析，对中印英文报纸的不同语言选择做了初步的尝试。通过分析我们知道，两个新闻报纸在过程类型和参与者的选择上都存在着异同，在过程动词的选择上存在差异性。当然，不论《中》《印》，这样的选择都是有意义的。在受语境因素制约的前提下，这样的选择必然反映了两个报刊不同的文化语境和情境语境。鉴于对功能语法的学习还不够深入，在这里只能对批评性话语分析做初步的探讨，其中必有诸多纰漏和错误之处，敬请批评指正。

参考文献

[1] Butt，D.，R. Fabey，S. Spinks，and C. Yallop. 1997. *Using Functional Grammar*：*An Explorer's*.

[2] *Guide*. Sydney：National Centre for English Language Teaching and Research，Macquarie University.

[3] Fairclough，N. 1992. *Discourse and Social Change*. London：Polity Press.

[4] Fowler，R. 1991. *Language in the News*：*Discourse and Ideology in the News*. London & New York：Routledge.

[5] Halliday，M. A. K. 1978. *Language as Social Semiotic*：*The Social Interpretation of Language and Meaning*. London：Edward Arnold.

[6] Halliday，M. A. K. 2000. *An Introduction to Functional Grammar*. Beijing：Foreign Language Teaching and Research Press.

[7] Van Dijk, T. A. 1988. *News Analysis: Case Studies of International News in the Press*. New Jersey: Lawrence Erlbaum Association, inc., Publishers.

[8] 陈瑜敏.2005. 新闻语篇的功能语言学视角——从经验功能的角度看中美英文报纸标题和导语的语言选择 [J]. 中山大学研究生学刊：社会科学版，26（1）：115－125.

[9] 黄国文.2001. 语篇《语言功能》语言教学 [M]. 广州：中山大学出版社.

[10] 辛斌.2000. 批评语言学与英语新闻语篇的批评性分析 [J]. 外语教学，21（4）：44－47.

主题结构分析法在菲律宾学术英语写作教学中的应用

尹可秀*

摘　要：本研究用主题结构分析法（TSA）对菲律宾一所综合性大学的高分作文和低分作文进行对比，考察二者在文本结构表层基本特征、话题主语使用和主题推进模式这三个方面的异同，探讨TSA能否作为一种有效的评估工具应用于ESL教学。研究结果表明，整体而言，这些差异并不明显，因此，TSA若用于作文评估，可能需要考虑作文题材等相关因素。

关键词：主题结构分析法；学术英语写作；英语为第二语言

一、引　言

Sommers（1978）研究发现，在英语母语使用者写作时，初学者大多只考虑到词汇层面的恰当性，无力顾及话语（utterance）层面；而有经验的写作者则能够合理利用各层面的语言手段，表达效果更好。根据这一发现，Connor 和 Kaplan（1987）推测，以英语为第二语言的使用者在写作时也存在类似现象。

写作的最终呈现形式——文本（text）是“由不同层次的语言单位组成的一种复杂的结构”（Connor & Kaplan，1987：2）。文

* 【作者简介】尹可秀，云南大学外国语学院副教授，博士，研究方向为应用语言学、翻译理论与实践。

本结构分为三个层次：句内结构（intrasentential structure）、句间结构（intersentential structure）和语篇结构（discourse structure）。写作者不能停留在词汇和句法层面，还得尽力将语言组织为统一而连贯的、语篇结构合理的文本。目前对语篇连贯的研究已从诸多角度展开。传统的结果写作法（product - oriented approaches）主要专注于以下四个方面：①主要观点与次要观点的组织顺序；②逻辑关系的组织形式，如因果、承接、对比等；③段落的功能组织形式，如将文章分为引言、主体和结语等部分；④话语标记语（discourse markers）的使用（Silva，1990；Matsuda，2001）。而过程写作法（process - oriented approaches）则指出，只关注文本表层语言特征具有极大局限性，因为写作是“探索式、生成式、非线性推进的过程，作者在准确表达意思的努力过程中，也在不断地重新组织观点”（Zamel，1983：165）。

在过程写作法中，主题结构分析法（topical structure analysis，以下简称 TSA）用于解决如何使文章实现连贯这一目的。这种分析法最早由 Lautamatti 于 1987 年在研究段落内各句子之间的主题组织顺序时提出：它“主要用于分析句子主题和语篇主题之间的语意关系”，考察“写作者将主题安排在句子的什么位置，这些主题如何在段落乃至整个语篇中推进，由此从语篇层面上完成意义表达”（Connor & Farmer，1990：127）。应用 TSA 这种分析法，通过对话题主语（topical subject）的出现顺序进行图表式呈现，可以清楚地看到主题在一个段落中的推进模式。Lautamatti 总结了主题推进的三种模式：并立式（parallel progression）、承接式（sequential progression）和延伸并立式（extended parallel progression）。Lautamatti 关注的主要包括文本结构的表层基本特征（physical structure）和语篇意义。

应用语言学诸多领域都在进行学术英语写作研究，TSA 也已获得广泛关注。其中，对比修辞学（contrastive rhetoric）利用 TSA 分析来自不同文化背景的写作者的行文特点。例如，Simpson

（2000）对选自英语学术期刊的20个段落和选自西班牙语学术期刊的20个段落进行了对比分析，并且提出了第四种主题推进模式：延伸承接式（extended sequential progression）。该研究发现，英语段落使用并立式和承接式的频率高于西班牙语。同时，该研究也证明了TSA既适用于分析英语文本，也适用于分析其他语言文本。

除了对比修辞学领域，TSA也应用于以英语为第二语言（ESL）和英语为外语（EFL）的写作研究（Connor & Farmer，1990；Schneider & Connor，1991；Kawaguchi，Haenouchi & Ichinose，2010），这些研究证明了主题推进与文本连贯具有紧密联系，有助于读者理解文本。例如，Schneider和Connor（1991）通过对比研究发现，高分作文和低分作文在主题推进方面存在明显差异：前者对于承接式和延伸并立式的使用明显高于后者。因而，主题推进模式能够影响文本的逻辑表达。对此，Carreon也认同这两类主题推进模式的使用，表示写作者能够清晰地表现其观点之间的逻辑关系，并使之服务于语篇主题（2006：158）。Connor和Farmer（1990）将TSA作为自我修改手段应用于中高级ESL写作教学中，发现TSA虽然不能完全替代教师评阅反馈和同学互评，但可以有效地帮助写作者提高写作能力。

菲律宾以英语为第二语言，TSA在写作教学中的应用也开始引起语言学研究者关注（Veluz，1992；Almaden，2006；Carreon；2006）。以Almaden的研究为例，她分析了60篇大学生英语作文的主题推进模式，发现使用频率从高到低依次是并立式、延伸并立式、承接式和延伸承接并立式。这一结果与Veluz（1992）的发现稍有不同。根据Veluz的研究，并立式与延伸并立式的使用频率是相同的。Almaden在解释这一差异时，采用了Malcom（1999）的观点：即使身处同一文化，由于受不同亚文化的影响，写作者也可能会呈现出不同的行文特点。

菲律宾是典型的英语为第二语言的国家，对其英语写作进行研究，可以为其他国家外语教学提供参考。通过以上研究回顾，可以发现，有必要继续使用 TSA 对菲律宾学术英语写作进行研究。一方面，现有的 TSA 教学应用研究在菲律宾数量有限，研究结果各异，难以进行深一步讨论；另一方面，现有研究尚有诸多值得加入考察的因素，例如，Almaden 和 Veluz 的研究并未采用 Schneider 和 Connor 的方法，对分析样本进行质量划分，可能这是导致二者研究结果出现差异的原因之一。但这毕竟只是一个设想，尚未获得证实。因此，本文将应用 TSA 对菲律宾高分与低分两种质量的大学生作文进行分析，以期发现二者的差异，为写作教学提供参考。本文借鉴 Schneider 和 Connor（1991）以及 Simpson（2000）的研究思路，试图回答以下三个问题：

（1）高分作文与低分作文在文本结构的表层基本特征方面是否存在差异？

（2）高分作文与低分作文在话题主语的使用方面是否存在差异？

（3）高分作文与低分作文在主题推进模式方面是否存在差异？

二、研究方法

（一）研究对象及数据采样

本文的研究对象是菲律宾 ESL 学术英语作文，最终用于数据分析的包括 15 篇高分作文和 14 篇低分作文。采样过程如下：首先，马尼拉一所私立综合性大学五个学院学术英语写作课的一年级学生及教师受邀参与此次研究，包括计算机科学学院、教育学院、理学院、商学院及人文学院。要求学生写一篇对比类英语作文，共收集到 242 份未经教师修改的作文。接着，任课教师按照该校设定的 50 分制对这些作文进行评分。这些任课教师均为该校全职教师，且拥有该课程 5 年以上的教学经验，能够保证评分的可靠性。共评出 65 份高分作文（47 分及以上）以及 28 份低分作文（35 分及以下）。然后，按照系统随机抽样法，兼顾高低分样本数量的可比性，按每 5 份高分作文抽取一份以及每 2 份低分作文抽取一份进行抽样，共获得 15 份高分作文和 14 份低分作文样本。前者平均分 48.6 分，得分区间为 47 ~ 50 分，后者平均分 32.4 分，得分区间为 29 ~ 35 分。高分作文样本按 H1 到 H15 顺序编号，低分作文样本按 L1 到 L14 顺序编号。通过进一步检查，发现这 29 份样本的写作者包括全部五个学院。采取上述取样过程，目的在于最大程度确保本研究的信度和效度。

（二）数据分析

数据分析由本文两位研究者担任，二人均为应用语言学专业的博士研究生，之前有过 TSA 研究经验，具备本研究需要的分析能力。两人分别对 29 份作文进行数据记录和语言特征划分，一致度达到 85%。数据分析主要包括两方面：文本结构的表层基本特征分析以及主题结构分析。

在文本结构的表层基本特征方面，本研究沿用 Lautamatti（1987）的分析思路，考察这 29 份作文的单词数量、分句（clause）数量以及句子（sentence）数量。由于学生作文可能会出现语法错误，因此在本研究数据分析中，凡以句号、问号和感叹号结尾的语言单位，均视为句子。同时，包含主语和谓语动词的语言单位视为分句，包括独立分句（independent clause）和从属分句（dependent clause）。简单句（simple sentence）与并列分句（coordinate clause）视为独立分句。见下例：

例（1）：Yes，these two offer different experiences and feelings，but none the less，they both offer happiness，but it will still depends with the person or people living on each of them.（L6）

例（1）存在拼写和语法错误。按照上述分析标准，此例中，句子数量划为 1，因为整个语言单位以句号结束；分句数量为 3，包括“Yes，these two offer different experiences and feelings”这一独立分句，以及“but none the less，they both offer happiness”和“but it will still depends with the person or people living on each of them”两个从属分句；单词数量视为31，尽管nonetheless误拼为三个单词这个错误颇为明显。

在主题结构方面，本研究考察话题主语的使用情况和主题推进模式。确定研究的语言单位时，考虑到连写句（run-on）等语法错误在学生习作中并不少见，因而沿用Simpson（2000）以分句为单位的做法，只研究独立分句（含简单句和并列分句）。Lautamatti（1987：92）指出，句子具有主位成分（initial sentence element，ISE）、语法主语（mood subject，MS）和话题主语（topical subject，TS）。主位成分是置于句子前面部分的任何形式或成分；语法主语即语法意义上的主语，可以是形式主语，也可以是实指主语；话题主语则是句子的所言对象。根据话题主语和其他两个句首成分是否统一，可以划分为以下五种类型：

Type 1：ISE $=$ TS $=$ MS

Type 2：ISE $\neq$ TS $=$ MS

Type 3：ISE $=$ MS $\neq$ TS

Type 4：ISE $=$ TS $\neq$ MS

Type 5：ISE $\neq$ TS $\neq$ MS

以下是这五种类型在本研究数据中的例句（主位成分以斜体标记，语法主语下划线，话题主语粗体）：

例（2）：*Outdoor games* offer a lot of health benefits and also the opportunity to have social interaction and new connections with the people of the same sport.（H9）（Type 1）

例（3）：*However*, indoor games are very limited in terms of advantages compared to outdoor games.（H9）（Type 2）

例（4）：*There* are different kinds of dresses that a woman may wear.（L8）（Type 3）

例（5）：*Although college life has been hell-like*, there *you* can experience almost everything you haven't experienced in high school.（L9）（Type 4）

例（6）：*Because of this*，it is a lot easier to screw up lead guitar.（H15）（Type 5）

本研究不仅要借由这五种类型考察话题主语的使用情况，还要考察四种主题推进模式的运用：①并立式（parallel progression，PP），指两个或两个以上分句使用相同的话题主语；②承接式（sequential progression，SP），指后一分句话题主语由前一分句的述位成分（rheme）发展而来；③延伸并立式（extended parallel progression，EPP），指两个使用相同话题主语的分句之间存在一个或多个分句；④延伸承接式（extended sequential progression，ESP），指某个分句在间隔一个或多个分句之后，将前面某个分句的述位信息用作话题主语。按照 TSA 方法，找出每篇作文中各独立分句的话题主语之后，将话题主语的推进情况用图表形式表现出来。例（7）是一篇高分作文的话题主语划分（句前序号为分析所加，话题主语以粗体显示，述位粗体加下划线，例（8）同）：

例（7）：①Expectations always happen in the midst of uncertainty. ②It is an individual's belief that is usually centered on the future that of which may or may not happen. ③In the process of such，there are 2 very different emotions that may arise once the outcome has presented itself：Disappointment due to lack of fulfillment，or Surprise due to the fruition of the aspiration. ④The two latter post - expectation emotions，however，can alter an individual's personality almost completely. ⑤Robert K. Merton explains such in the *Self - Fulfilling Prophecy*. ⑥If there is a lack of fulfillment in the middle of an expectation's peak，then the disappointment the individual will feel may present itself in extremes，thus lowering self - esteem and self - confidence in almost an instant. ⑦Vis - à - vis，if fulfillment exists，overconfidence and superego may form themselves in the individual's personality profile.（H10）

将例（7）的主题推进情况用图表表现，得到图1：

Clanse No.	Topical Depth 1	2	3	4	5	6	Topical No.
1	expectations						1
2		an individual' s belief					2
3			2 very different emotions				3
4			the two...emotions				3
5				Robert K.M			4
6					the disappointment		5
7						overconfidence...	6

图1　例（7）主题推进情况

结合例（7）和图1可以看出，在这7个独立分句中，共使用了6个主题。分句3和分句4由于使用同一个话题主语而形成1个并立式（PP）；分句6的话题主语是分句3的述位信息，因而形成1个延伸并立式（ESP）。另外两种主题推进模式见例（8）：

例（8）：①Today, the most popular social networking is face-book. ②Nowadays, facebook is compared with Friendster. ③Friend-ster, the most popular social networking site before facebook came, looks a lot like its rival now. ④May people say that the reason why frienderster was surpassed by facebook with its popularity is the simpler design: therefore making it easier for users, especially elders, to browse the site. ⑤Facebook is also child – friendly because of the free games and enjoyable applications while Friendster was purely for messa-ging, commenting, and posting on the profile. （L11）

例（8）的主题推进情况见图2：

Clause No.	Topical Depth 1	2	3	4	Topical No.
1	social networking				1
2		facebook			2
3			friendster		3
4				the reason	4
5		facebook			2

图2　例（8）主题推进情况

结合例（8）和图2可以看出，在这5个独立分句中，共使用了4个主题。分句2和分句5使用同一个话题主语而被分句3、分句4隔开，因而形成1个延伸并立式（EPP）；分句2的话题主语是分句1的述位信息，同样，分句3的话题主语是分句2的述位信息，因此它们构成2个承接式（SP）。

三、研究结果

（一）文本结构的表层基本特征

文本结构的表层基本特征包括篇句层面以及分句层面特征。篇句层面特征见表1：

表1　表层基本特征之篇句层面特征

特　征	高分作文	低分作文
单词总数量	5025	3296
篇均单词量	335	235
句子总数量	281	197
篇均句子量	18.8	14.1
句均单词量	17.9	16.7

从表1可以看出，首先，在单词总数量方面，高分作文远高于低分作文，前者篇均单词量约比后者高出30%。此外，在句子总数量方面，高分作文也比低分作文高出大约30%，每篇高分作文比低分作文大约多4个句子。而两类作文在句均单词量方面差异不大。

由于本研究样本含量小于30，总体标准差未知，比对项目涉及平均数，因此采用T检验确定上述差别是否具有统计学意义。经检验，高分作文与低分作文在单词总数量方面的差别不具有统计学意义：$t(27)=1.99$，$p=0.057>0.05$；同样，二者在句子总数量方面的差别也不具有统计学意义：$t(27)=1.75$，$p=0.09>0.05$。

虽然T检验的结果与直观判断迥异，但是本研究采信T检验结论。出现这一情况，可以归因于高分作文和低分作文两个子数据库样本个体差异过大。在单词总数量方面，高分作文SD = 159 (mean = 335，range = 135 ~ 676)，低分作文SD = 101 (mean = 235，range = 144 ~ 485)；在句子总数量方面，高分作文SD = 7.2 (mean = 18.8，range = 6 ~ 31)，低分作文SD = 7.1 (mean = 14.1，range = 7 ~ 33)。可见，无论高分作文还是低分作文，均可长可短，句多句少。因此，作文质量（高分低分）与篇均单词量和句子量没有直接关系。

文本的表层基本特征除了篇句层面，还有分句层面，包括篇均分句数量、句均分句数量以及分句均单词数量。研究结果见表2：

表2　表层基本特征之分句层面特征

特　征	高分作文	低分作文
分句总数量	564	366
篇均分句数量	37.6	26.1
句均分句数量	2.0	1.9
分句均单词数量	8.9	9.0

从表2可以看出，在分句总数量方面，高分作文比低分作文高出35%左右，因此篇均分句数量也较大。然而，在句均分句数量和分句均单词数量方面，高分作文和低分作文并未体现出明显差别。T检验发现高分作文和低分作文在分句总数量方面的差别具有统计学意义：t（27）=2.51，$p=0.018<0.05$，相应地，篇均分句数量差别也具有统计学意义；而句均分句数量和分句均单词数量的差别不具有统计学意义。据此推断，高分作文比低分作文包含的分句数量要多，而各句子包含多少分句以及各分句包含多少单词与作文质量高低没有直接关系。

综上所述，在文本结构的表层基本特征方面，除了分句数量与作文质量紧密相关以外，其他因素（作文长度、句子分句数量、句子长度、分句长度）与作文质量没有直接关系。

（二）话题主语的使用情况

本研究考察了独立分句的主位成分、语法主语和话题主语这三种句首成分是否统一，研究结果见表3：

表3　主位成分、语法主语和话题主语的使用情况

类　型	高分作文		低分作文	
	数　量	百分比（%）	数　量	百分比（%）
Type 1（ISE = TS = MS）	106	56.4	107	56.6
Type 2（ISE ≠ TS = MS）	40	21.3	42	22.2
Type 3（ISE = MS ≠ TS）	4	2.1	7	3.7
Type 4（ISE = TS ≠ MS）	3	1.6	6	3.2
Type 5（ISE ≠ TS ≠ MS）	35	18.6	27	14.3
Total	188	100	189	100

从表3可以看出，在高分作文和低分作文中，最常用的类型是Type 1，其次是Type 2和Type 5。经由百分比Z检验，在显著

性水平为0.05的条件下，证实Type 1与其他四个类型的差异具有统计学意义，同样，Type 2和Type 5这两类与Type 3和Type 4这两类的差异也具有统计学意义。从表3还可以看出，高分作文和低分作文在Type 1和Type 2的使用方面差异甚微。

由此可以推断，菲律宾获得高分和低分的学生在话题主语的使用方面具有相似性：他们在组织句子时，最常用的类型是主位成分、语法主语和话题主语三者统一的形式。位居第二的是Type 2，即语法主语和话题主语相同，而主位成分与之相异。由于语法主语在句子中占据最显眼的位置，联系type 5位居第三这种情况（三种句首成分都不相同），似乎可以推断，在最常用的三种句首成分统一的Type 1之外，菲律宾学生还喜欢使用三者都不相同的形式。

（三）主题推进模式

在四种主题推进模式方面，本研究先后考察了高分作文和低分作文的使用情况，然后进行了比较。表4是高分作文的主题推进模式：

表4　高分作文主题推进模式

样本编号	独立分句	新主题	PP	EPP	SP	ESP
H1	11	7	3	1	5	0
H2	12	13	4	4	9	0
H3	20	4	11	1	2	0
H4	26	15	3	6	9	0
H5	24	10	5	9	9	1
H6	11	6	3	1	2	0
H7	5	4	0	1	3	0
H8	14	6	4	1	7	0

续　表

样本编号	独立分句	新主题	PP	EPP	SP	ESP
H9	12	3	2	4	0	0
H10	7	6	1	0	0	1
H11	13	5	3	4	0	1
H12	9	3	3	3	0	1
H13	12	10	2	0	3	0
H14	10	5	2	2	0	0
H15	12	3	2	3	1	0
Total	207	100	48	40	50	4

从表4可以发现，每篇高分作文都大量使用了并立式（PP）和延伸并立式（EPP），或使用二者之一，说明写作者在尽可能地使用重复话题这一方式使文章达到连贯效果。此外，尽管承接式（SP）出现频率最高，但是有三分之一的高分作文并未使用这一模式。此外，延伸承接式（ESP）是使用频率最低的模式。表5是低分作文的主题推进模式：

表5　低分作文主题推进模式

样本编号	独立分句	新主题	PP	EPP	SP	ESP
L1	20	9	4	2	4	0
L2	15	7	4	4	6	0
L3	10	8	0	2	6	0
L4	14	8	2	3	1	0
L5	10	7	2	0	5	0
L6	12	6	3	2	4	0

续 表

样本编号	独立分句	新主题	PP	EPP	SP	ESP
L7	13	6	3	4	4	1
L8	14	10	0	4	2	0
L9	13	11	1	1	1	3
L10	16	7	4	4	1	2
L11	11	8	0	3	2	0
L12	10	8	1	0	0	0
L13	11	9	1	1	0	0
L14	11	8	2	2	0	2
Total	180	112	27	30	36	6

从表 5 可以看出，低分作文中出现最多的模式是并立式、延伸并立式和承接式，最不常用的是延伸承接式。这些特点与高分作文颇为相似。由此可以推断，获得低分的写作者也在尽量使用重复话题这种方式使文章实现连贯。为进一步比较，表 6 总结了高分作文和低分作文在独立分句层面引入新主题数量的情况：

表 6　高分作文与低分作文新主题引入对比

	高分作文		低分作文	
	数　量	百分比（%）	数　量	百分比（%）
独立分句	207	48.3	180	61.1
新主题	100		112	

根据表 6 的结果，低分作文中，超过 60% 的独立分句均引入了新主题，而高分作文中这一比例不到 50%。通过 Z 检验，发现这两个百分比具有统计学意义：$p = 0.012 < 0.05$。因此可以推定，

在独立分句中，低分作文比高分作文更偏向于引入新主题。

表 7 则总结了高分作文和低分作文在主题推进模式方面的使用情况：

表 7　高分作文与低分作文主题推进模式对比

主题推进模式	高分作文		低分作文	
	数　量	百分比（%）	数　量	百分比（%）
PP	48	33. 8	27	27. 2
EPP	40	28. 2	30	30. 3
SP	50	35. 2	36	36. 4
ESP	4	2. 8	6	6. 1
Total	142	100	99	100

表 7 显示，高分作文与低分作文在 PP、EPP、SP 三种模式的使用频率方面非常相似，没有明显差别。同时，ESP 是两种质量的作文中应用最少的模式。在显著性水平为 0. 05 的条件下，Z 检验证实了以上两项推断。

以上研究结果与前人研究结果存在差异。在 Almaden（2006）的研究中，她分析了 60 个对事物下定义的段落，她研究中邀请的学生和本研究的学生均来自同一所大学（马尼拉 DLSU 大学），且学生英语水平相似。她得到的四种主题推进模式比例为：PP 51. 8%，EPP 28. 5%，SP 17. 4%，ESP 2. 3%。本研究在 PP 和 ESP 的使用方面虽然与之差别不大，但是 PP 使用明显下降，仅为 30% 上下，而 SP 则提高了一倍，超过 35%。或许这个差别与作文题材类型相关：Almaden 研究布置的作文任务是对事物下定义，而本研究则要求学生写对比类的作文。

四、结 语

本研究用 TSA 对高分作文和低分作文进行了对比分析，考察二者在文本结构尤其是主题结构方面的异同，试图探讨 TSA 能否作为一种有效的评估工具应用于 ESL 教学之中。研究结果表明，在菲律宾大学生习作中，两种质量的样本在文本表层基本特征和主题结构方面的差异大多不明显。出现这种现象的原因可能在于，本次研究的题材类型是对比类作文，无论是对比两种文化，还是对比两种学科、两个物体，此类作文的布局谋篇、信息安排都具有高度的可预测性，这或许导致了高分作文和低分作文在行文方面具有诸多相似点。

假设 TSA 的研究对象不囿于连贯手法，还包含对题材的考量，那么本研究的结果似乎可以说明，在涉及对比类写作的 ESL 教学中，现有 TSA 考察项目在评定学生作文质量方面所起的作用并不大。但同时也要注意到，在此类作文中，低分样本使用的新主题明显多于高分样本，说明过多引入新主题可能会导致作文质量不佳。其原因可能在于，对比两类事物时，若引入主题过多，会加重读者的理解负担，无法准确找到重点信息。

本研究虽然得出了一些结果，但由于样本较小，因此只能反映出 ESL 写作教学的冰山一角。根据以上结果和讨论，建议今后的 TSA 研究扩大样本，并加入其他考察项目，例如，在语篇层面加入题材类型因素，甚至可以考虑将研究扩展到文化层面，如加入对价值观和传统理念的考量。

参考文献

[1] Almaden, D. O. 2006. An analysis of the topical structure of paragraphs written by Filipino students. *The Asia – Pacific Education Research*, 15: 127 – 153.

[2] Carreon, M. E. C. 2006. Unguarded patterns of thinking:

Physical and topical structure analysis of student journals. *The Asia – Pacific education research*, 15: 155 – 182.

[3] Connor, U., & Kaplan, R. B. 1987. *Writing across languages: Analysis of L2 text*. Reading, MA: Addison – Wesley.

[4] Connor, U., & Farmer, M. 1990. The teaching of TSA as a revision strategy for ESL writers. In B. Kroll (Ed.), *Second language writing: research insights for the classroom*. Cambridge: Cambridge University Press, 126 – 139.

[5] Connor, U. 1996. *Contrastive Rhetoric: Cross – cultural Aspects of Second Language Writing*. Cambridge: Cambridge University Press.

[6] Kawaguchi, K., Haenouchi, H., & Ichinose, S. 2010. Thematic structure analysis of Japanese advanced EFL college student writing. In A. M. Stoke (ed.), *JALT 2009 Conference Proceedings*. Tokyo: JALT.

[7] Lautamatti, L. 1987. Observations on the development of the topic in simplified discourse. In U. Connor & R. B. Kaplan (eds.) *Writing Across Languages: Analysis of L2 Texts*. Reading, MA: Addison – Wesley Publishing Company Inc. 87 – 114.

[8] Matsuda, P. K. 2001. On the origin of contrastive rhetoric: A response to "The Origin of Contrastive Rhetoric Revisited" by H. G. Ying (2000). *International Journal of Applied Linguistics*, 11: 257 – 260

[9] Silva, T. 1990. Second language composition instruction: developments, issues, and directions in ESL. In B. Kroll (ed.) *Second language writing: research insights for the classroom*. Cambridge: Cambridge University Press, 11 – 23.

[10] Simpson, J. M. 2000. Topical structure analysis of academic paragraphs in English and Spanish. *Journal of Second Language Writ-*

ing, 9: 293 – 309.

[11] Sommers, N. I. 1978. Revision in the composing process: A case study of experimental writers and student writer. Unpublished doctoral dissertation, Boston University. In B. Kroll (ed.) *Second language writing: research insights for the classroom.* Cambridge: Cambridge University Press, 122 – 134.

[12] Zamel, V. 1983. The composition processes of advanced ESL students: Six case studies. *TESOL Quarterly*, 17: 165 – 187.

数学思维：英语教学与研究的新尝试

王庆国*

摘　要：英语和数学分属不同学科，并不意味着二者毫不相干。本文结合笔者长期思考及近两年教学经验，探讨数学在英语教学与研究中的作用。本文认为：数学思维是英语教学与研究的新法宝，能帮助学生提高英语语言学习效率，还能帮助他们培养科学的思维方式，从而提高分析问题、解决问题的能力。此外，数学思维还利于英语教师提高教育质量，提升科研水平。

关键词：数学思维；英语；教学与研究；新尝试

一、引　言

当今，科研中越来越关注跨学科现象。研究者从人文学科、社科学科和自然学科中相互借鉴，取得累累硕果。英语和数学分属不同学科，似乎风马牛不相及。事实上，英语和数学具有一定联系。英语教学中，笔者引入数学思想、方法，化抽象为具体，变繁杂为简单，许多语言难题迎刃而解。从教学效果来看，学生较易接受。由此观之，数学思维有益于英语教学与研究。遗憾的是，这方面尝试寥寥无几。如何将数学引入英语教学与研究，网上能查到几篇文章，从数学视角研究英语教学，提出真知灼见，

*【作者简介】王庆国，云南外事外语职业学院讲师，硕士，主要研究方向为文体学、翻译、英语诗歌。

实在难能可贵。然而，大多文章雷同，内容不详，观点浅陋，甚至牵强附会。

本文结合笔者长期学习、思考及近两年教学经验，探讨数学在英语教学与研究中的作用。本文认为：数学思维是英语教学与研究的新法宝，能帮助学生提高英语语言学习效率，还能帮助他们培养科学的思维方式，从而提高分析问题、解决问题的能力。此外，数学思维还利于英语教师提高教育质量，提升科研水平。数学包罗万象，本文着重探讨以下几方面：①排列组合；②错位加减；③整体替换；④约等近似；⑤虚空非空；⑥黄金分割，并阐明这些思想如何用于英语教学与研究，能获得怎样的效果。

二、排列组合

排列组合是组合学中的基本概念，与古典概率论密切相关。本文不探讨概率计算，而要证明排列组合是语言能产之基。王星拱（2011：16）在《科学方法论》中指出："只要有少数的元素，经过联合（combination）和换合（permutation）的支配，可以生出亿万京垓不同的合物。试看英文二十个字母，可以造成千万无数的字，常见的二十几种原质，可以化成千万无数的化合物，也就可以知道天然界中异的可能了。"

元素虽有限，却能创造出无限可能的结果，是"联合"和"换合"在起支配作用。何谓"换合"和"联合"？即"排列"和"组合"。所谓排列，就是从给定个数的元素中取出指定个数的元素，进行排序；组合则是指从给定个数的元素中仅仅取出指定个数的元素，不考虑排序（郭奠宙，2012）。简而言之，排列需要考虑排序，而组合不需考虑排序。王星拱提及单词的组成，事实上，排列组合在语言的每层结构中均有体现，是语言能产之基。

（一）排列组合的体现

排列组合规律不仅适用于单词，也适用于语音、词组、句子甚至段落、篇章。先从语音谈起。

1. 语　音

英语国际音标有 48 个，20 个元音和 28 个辅音。任何一个单词的读音，都是由元音本身（如 I/ai/），或元音和辅音的组合（如 look/lu：k/）构成的。在语音教学中，可引入排列组合的思想。

例如，从 48 个音标中，选择出/æ/、/k/、/t/三个音，并对其排列组合，读音有六种可能：/ækt/、/ætk/、/kæt/、/ktæ/、/tæk/、/tkæ/。然而，有对应单词的仅为/ækt/（act）、/kæt/（cat）和/tæk/（tack）。相同个数的音，不同的组合，可以得到不同的单词。英语是拼音文字，通过读音训练，能帮助学生记住生词。

2. 单　词

和音标一样，单词仍然符合排列规律。不同的是，读音从英语国际音标中来选择，而单词是从英文字母中进行选择。例如，从 26 个字母中选出 g、o、d 三个字母，对其进行排列组合，有 6 种可能，god、gdo、ogd、odg、dog、dgo，但只有 dog 和 god 两个单词成立，学生记忆起来较为容易。

仔细观察不难发现，god 倒过来念就是 dog，这种修辞叫回文，详情参见下文。

3. 词　组

相对于音标和单词，词组排列中，成立的可能性要小得多。例如，选择 on、the、wall 三个单词，可以有 on the wall、on wall the、the wall on、the on wall、wall the on、wall on the 六种结果。然而，成立的只有 on the wall 一种。但是，有些词组，颠来倒去都成立，如 square meter 为“平方米”，而 meter square 为“见方”（用边长表正方形大小）。又如，long before 为“很久以前”，before long 为“不久以后”。教学中需仔细区分，避免混淆。

4. 句　子

句子是由词和词组排列组合组成的。例如，选择 she、is、

beautiful 三个词，排列组合后，出现 6 种结果：She is beautiful，She beautiful is，Is she beautiful，Is beautiful she，Beautiful is she，和 Beautiful she is。其中，成立的有 3 种，即“She is beautiful.”（陈述句）“Is she beautiful?”（一般疑问句）和“Beautiful is she.”（倒装句）。这能培养学生句型变换能力，对英语写作或汉英翻译奠定良好基础。

至于段落和篇章，也符合排列组合的规律，例如，叙事中，并非都按照故事发展的先后来叙述，整个故事由故事片段组成，可以用正叙，也可以倒叙或插叙。由于篇幅有限，不便举例讨论。

（二）排列组合的妙用

语言具有较强能产性，归根结底，是由于排列组合规律的作用。语言运用过程中，排列组合具有一些妙用。

1. 修辞手法——回文

上文举过一个例子，god 和 dog，两词顺序刚好颠倒，这种现象叫回文。陈望道（1997：194）认为：“回文是讲究词序有回环往复之趣的措辞手法。”具体而言，把相同的词或句子，在下文中调换位置，或颠倒顺序，产生回环的情趣，叫作回文。因此，回文是排列组合结果中的一种特殊现象。英语单词中，有许多回文单词，这样能帮助提高记单词的效率。如表 1 所示，从英语学习过程来讲，学生先学会右边一栏单词，后学左边一栏单词。仔细观察后不难发现，左、右两栏对应的单词，字母顺序刚好颠倒，属于回文单词。除以上例子外，有的回文单词更是妙趣横生，颠来倒去还是该词本身，如 deed、noon、level 等。这样能提高记忆效率，也能增添记忆乐趣。

表 1　字母顺序完全颠倒的单词举例

reed 芦苇	deer 梅花鹿
era 年代	are 动词 be 的现在时复数形式
evil 邪恶的	live 生活
raw 生的	war 战争

句子中也有回文现象。例如，许渊冲在将“不爱红装爱武装”译为“To face the powder and not to powder the face”，就用了回文这一修辞手法，颠倒“face the powder”顺序，借用“face”和“powder”分别作名词和动词的不同词义，即“face the powder”意为“面对炮火”，而“powder the face”意为“给脸涂粉”。这样的译法，真是神来之笔，令人叹为观止。

回文是一种修辞手法，是排列中的一种特殊组合，语言学习过程中，利用排列组合，能发现很多有趣的语言现象，也能培养学生在语言运用中的创造力。

2. 科学思维——辩证法

英语教学不仅仅是传授英语知识，更重要的是传授科学的思维方式。从哲学角度讲，排列组合属于辩证法中的“量变—质变”原理。数量的增减、顺序的改变是量变，会引起质变。学会这种思维方式，能提高学生分析问题、解决问题的能力。

大家熟知田忌赛马的故事，齐威王采纳了田忌的策略，用下等马对上等马，上等马对中等马，中等马对下等马，最终赢得比赛，事实上，这是交换顺序，促成量变，来实现质变。

因此，排列组合不仅利于学习英语音标、词汇、短语和句子，也利于培养学生对语言的驾驭能力。从长远来讲，还利于培养学生科学的思维方式，提高分析问题、解决问题的能力。

三、错位加减

时态和语态是英语学习中的重点，同时也是难点。然而，许多学生学了多年英语，对英语时态和语态仍一头雾水。英语时态和语态的教学中，引入数学中的错位相加减，使复杂问题得以简化。

英语时态和语态，可以归结为：3 时、2 体和 1 态。

3 时：一般现在时（v. 用原形或第三人称单形式）；一般过去式（v. 用过去式）；一般将来时（will + v. 原形）①。

2 体：进行体（be + v - ing）；完成体（have + done）。

1 态：被动语态（be + done）。

需要某一时态表达式，只需写出相应的汉字，在没有“一般”二字的时态前加上“一般”二字，根据上述概念进行分类，写出相应原始表达式，然后进行错位相加。例如：要写“过去完成进行时”的表达式。

第一步：加“一般”二字

一般过去完成进行时

第二步：区分概念（用斜杠“/”断开）

一般过去/完成/进行时

第三步：错位相加

一般过去：v. 过去式

完成：have + done

进行：be + v - ing

(一般) 过去完成进行时：had + been + v - ing

以上即为“过去完成进行时”的表达式。反过来，遇到某一时态表达式，用逐级相减的方法，可以得出对应的时态名称。例如：

would have been done

① 能体现将来时的词语很多，如 shall，be going to，be to，be about to，为让初学者更易接受，只介绍 will 表将来一种。

would + v. 原——过去将来（will 的一般过去 + v. 原形）

have + done——完成

be + done——被动

该表达式为“过去将来完成时的被动语态”。用以上方法讲授时态、语态，学生不再机械地记忆时态的概念和构成，而是在理解的基础上进行推理，这不仅仅是英语知识的传授，更是方法的传授。

四、整体替换

解数学题时，可以用与“整体”等值的数、字母来进行替换，使得计算更加简便，这种思想叫整体替换。英语教学与研究中，也可采用这一思想。代词是整体替换中的等值运用，因此先从代词说起。

（一）整体替换的等值运用

代词的英文名称为“pronoun”，前缀“pro -”的意思为“替代”，因此，代词含义为“替代名词的词”。代词和所替代部分是等值的。例如：“The man who you talked with is Lily's father.”如果使用“he”替代“The man who you talked with”，“her”代替“Lily's”，可以说成“He is her father.”句型结构得以简化。在理解长、难句时，可采用整体替换的思想，简化句型结构。

整体替换思想还可以弥补语法上的逻辑缺陷。例如：A hundred years ________ （be） a long time. 此处 be 动词用 is，大多语法书的解释为，“时间、距离等作主语，谓语动词用单数形式”。从严密的逻辑推理上讲，此处缺了一环。主谓一致中，谓语动词用单数还是复数，取决于主语。在代词用法中，“it”可以替代时间、距离。这样，可以把上面句子变换成 It ________ （be） a long time，谓语动词用 is 或 was，根据句意，表达一般情况，因此用 is 更妥。

（二）整体替换的推广运用

以上所讲的整体替换属于等值替换，如果将此思想推广，整体替换具有更大的用武之地。

1. 词形变化

在词形变化上，学生觉得不易记住。笔者在教学过程中发现一条规律，即“词形相似，词形变化常相同”，简称“同变率”。分以下情况进行讨论：

（1）名词复数。

对于不规则名词复数，如果将词形相似的单词放一起，用整体替换的思想，记起来较为容易。例如：life 的复数为 lives，如果见到 wife、knife，只要把 w 和 kn 分别看成独立的整体，去替换 l，即可得到其复数 wives 和 knives。再如，mouse 复数为 mice，同理，用整体替换的思想，louse 的复数就是 lice。① 当然，运用规律时需谨防例外，如 house，复数是 houses，而非 hice。教师可以教学生大胆猜测，并仔细查字典考证。

（2）分词。

分词有现在分词和过去分词之分。在词形变化上，仍可用整体替换的思想。例如：lie 现在分词为 lying，也就是把 ie 变为 y，再加 ing。如果学到 tie、die、vie，变为现在分词，只要 t、d、v 分别替换 l 字母，即可得到其现在分词形式，即 tying、dying 和 vying。

过去式和过去分词也是一大难点，学生记起来较为头疼。把握整体替换规律，可大大减轻记忆负担。如 break—broke—broken，用整体替换的思想，要学 speak 过去式和过去分词，用 sp－替换 br－即可得到 spoke 和 spoken。如果学会了 rise—rose—risen，

① mouse 复数有两个，当“老鼠”讲，复数为 mice，当“鼠标”讲，复数为 mouses；同理，louse 当“虱子”讲，复数为 lice，当“卑鄙家伙”讲，复数为 louses，文中着重讨论特殊变化。

同理可得 arise 的过去式和过去分词为 arose—arisen。又如，学会了 take 的过去式和过去分词，即可写出 partake—partook—partaken 和 undertake—undertook—undertaken。

（3）动词变名词。

动词变名词，也符合“同变率”。例如：动词 describe（描写）的名词形式为 description，也就是说，把动词中的 scribe 整体替换为 scription 即可。如果学到 prescribe（规定）、subscribe（订阅）、inscribe（雕刻）、ascribe（归因于）、proscribe（取缔）、transcribe（誊写）等词，变名词时，把 scribe 整体替换成 scription 即可。

当然，英语词形变化并非以上所列举的三类，但原理相似，恕不一一列举。总之，懂得了这一种思想，学到新词时，多观察和思考，更容易记住词形的各种变化。

2. 音韵格律

整体替换能帮学生记住单词，也利于学生进一步学习。到了高年级，英语专业学生会接触到谚语、文学作品。韵文中有各种押韵方式，如头韵（pride 和 prejudice）、元音韵（fleer 和 sweep）、辅音韵（first 和 last），都可用整体替换的思想进行解释。从以上例子可看出，这三种押韵现象，虽然符合整体代换规律，但不能得到充分体现。因此，重点讨论尾韵现象。

例如：bake（烘烤）、cake（蛋糕）、fake（假的）、hake（狗鳕）、lake（湖泊）、make（制造）、rake（长耙）、sake（缘故）、take（带走）、wake（醒），这些词均押尾韵。仔细观察可发现：只要保留最后三个字母 -ake，把首字母从 A 替换到 Z，去掉不存在的词，即可得到以上这些词。这样能减轻记忆负担，且能增强记忆，减少词语混淆度，对韵文学习有一定帮助。

当然，在整体代换中仍需谨慎，如 move 和 love，这两个词只是看上去押韵，但实际并非真正押韵，属于眼韵（eye rhyme），或不完全押韵（imperfect rhyme）。

总而言之，整体替换是一种重要的思想，能减轻很多记忆负担，学生较易接受，能提高学习效率。更重要的是，能培养学生的创造力，也能培养科学的精神、严谨的品质，即“大胆猜想，小心求证”。

五、近似约等

数学中，有时取精确值较难，为方便计算，而取近似值，这是约等的思想。该思想对英语教学和研究具有重大意义：①能避免传统教学法中的误区；②能改变学生思维，注意到词语之间的差异；③培养学生准确运用语言的能力。

（一）全称形式与缩写形式

很多教科书认为，缩写形式等价于全称形式，如 what's = what is，I'm = I am。事实真如此吗？尽管对英语初学者而言，不必如此细分。殊不知，这为日后的学习埋下隐患。严格地说，二者并不相等。全称属于正式用语，缩写为非正式用语。应修正为 what's ≈ what is，I'm ≈ I am。同理，有一些词，如 dorm ≈ dormitory，ad ≈ advertisement。在教学中，教师不能轻率地对学生说，缩写形式等价于全称形式，这些词在语体正式程度上有差异。

（二）英式英语和美式英语

大多教材不重视英式英语和美式英语的区别，将二者混为一谈。如 glamor = glamour，事实上，前者为美式英语，后者为英式英语。如不加以区分，会造成文体风格不一致。如《实用英语综合教程 1》（陈永捷，2012：120 - 121）中出现了这样的句子：“The glamour and publicity are worth more than any monetary benefit.”结合上下文看，整篇文章都是美式英语，例如，realize、workweek 等词语都是美式英语，对应的英式英语拼法是 realise、working week。由此可见，glamour 这一英式英语拼法有问题，应改为美式英语拼法 glamor。

当然，并非英式英语和美式英语不能同时出现。例如，一个美国人写的文章，直接引用了某个英国人说的话，或者引用某个专有名词时，可以保留英式英语的拼法，使得语言生动，符合事实。

因此，在教学过程中，教师要注意词语在文体风格上的差异，这样，学生才能准确运用语言。

有的权威词典，如牛津高阶，谈到词语的缩写形式与全称形式，或英式英语与美式英语时，都采用等号，会让人产生误解，建议将等号改为约等号，如该观点有幸被采纳，将对词典学和词典编纂学产生影响。

六、虚空非空

恩格斯（1955：78）在《自然辩证法》一书中指出："零因为是任何定量的否定，所以不是没有内容的。相反地，零是具有非常确定的内容。作为一切正数和负数之间的界线，作为能够既不是正又不负的唯一真正的中性数，零不只是一个非常确定的数，而且它本身比其他一切被它所限定的数都更重要。"确实如此，把零概念引入英语教学，思维会产生飞跃。

冠词是汉语中没有的一个词类，中国学生学习冠词，会遇到种种困难。一般而言，英语冠词可分为定冠词和不定冠词。有的语言学家在前两者的基础上，又分出了零冠词，即不使用冠词的情况。

前辈语言学家将英语的 article 译成"冠词"，颇有深意。"冠"本义是帽子，冠帽有高低贵贱之分，帽子除了有等级差异，还有职业之分，如博士帽和厨师帽。有时，从少数民族所戴的帽子也能判断出女性的婚姻状况，例如，撒尼人中，少女的帽子上有尖角，已婚妇女的没有。总而言之，冠帽具有识别身份的功能。同样的，冠词也具有识别名词的功能。从冠词可以看出，所修饰的名词是特指还是泛指，是单数还是复数，等等。从这一层意义上来讲，冠词就是“给名词戴的帽子”，放在名词前，用于识别名词的特征。①

在分类上，笔者倾向于将冠词可分三类：定冠词、不定冠词和零冠词。英语有一个定冠词 the，两个不定冠词为 a（an 仅是 a 的变体，放于元音音素开头的名词或名词短语前）和一个零冠词（即不用冠词的情况）。不用冠词和用零冠词在语言形式上是一样的，然而，其中体现的思维不同，不用冠词是根本不用 the 或 a（n）。事实上，零冠词本身也是一种冠词。如果把定冠词 the、不定冠词 a、不定冠词 an 和零冠词分别看成 A、B、C、D 四个选项，见到名词，就从这四个选项中，选出恰当的冠词即可。实际运用中，学生并非机械地去记忆各种语法规则，而是在理解的基础上，对冠词进行选择。

零概念的思想可进一步延伸，解释单复数同形现象，如 sheep、deer。事实上，可以看成其后加了个 0。这印证了数学上的一个公理，零加任何数等于任何数。形式一样，但其中的思维方式不一样。此外，省略可以替代的特殊形式，可称为零替代。凡此种种，均说明零并非没有内容，零能帮助接受语言形式中的一些问题。

七、黄金分割

黄金分割又称为黄金律或中和比，体现着事物各部分的数学比例关系。其含义为：把一个整体分为两部分，较大的部分与较小的部分之比，等于整体与较大部分之比，其比值为 1:（$\sqrt{5}-1$）/2，取约等值为 1: 0.618。这个比值具有一定审美意义，体现比例的和谐。

黄金分割用途很广，绘画、建筑等领域都有应用，但很少有

① 以上想法虽有自己加工的成分，但主要得益于与恩师徐覃荪教授探讨学问所得，尚未见成文性论述。

人关注黄金分割和诗歌艺术之间的关系。当然，并非所有诗歌都体现黄金分割率，做诗歌分析时，需要考虑两方面：①如何计算“较长部分”和“较短部分”；②是否体现和谐的主题。例如，弥尔顿《失乐园》的第一章的前二十六行，是该史诗中最著名的选段之一，主要内容是介绍这部史诗的内容和目的，即人类偷吃禁果，被逐出伊甸园，和谐、幸福的生活被打乱，但耶稣降生人世，拯救人类，诗人为此写史诗，以伸张天道正义。把每个祈使句标出来会发现，这些祈使句符合黄金分割率：

Of man's first disobedience, and the fruit
Of that forbidden tree whose mortal taste
Brought Death into the world, and all our woe
With loss of Eden, till one greater Man
Restore us and regain the blissful seat
Sing, Heavenly Muse, that on the secret top
Of Oreb, or of Sinai, didst inspire
That shepherd who first taught the chosen seed
In the beginning how the heavens and earth
Rose out of Chaos. Or if Sion hill
Delight thee more, and Siloa's brook that flowed
Fast by the oracle of God, I thence
Invoke the aid to my adventurous song
That with no middle flight intends to soar
Above the Aonian mount, while it pursues
Things unattempted yet in prose or rhyme.
And chiefly thou, O Spirit, that dost prefer
Before all temples the upright heart and pure
Instruct me, for Thou know'st, Thou from the first
Wast present and, with mighty wings outspread

Dove – like sat'st brooding on the vast abyss
And mad'st it pregnant. *What in me is dark*
Illumine, what is low raise and support
That, to the height of this great argument
I may assert Eternal Providence
And justify the ways of God to men. （PL，I. 1 – 26）

1 ~ 10 行：祈使句动词出现在第 6 行，从此处断开，比例为4∶6∶6∶10。

1 ~ 16 行：第一个祈使句为前 10 行，第二句有 6 行，比例为 6∶10∶10∶16。

11 ~ 26 行：第二个祈使句和第三个祈使句，从第 17 行断开，比例为 6∶10∶10∶16。

17 ~ 26 行：最后两个祈使句，从第 22 行断开，比例为4∶6∶6∶10。

1 ~ 26 行：从 16 行断开，前 16 行包含两个祈使句，后面 10 行有两个祈使句，比例为 10∶16∶16∶26。

以上句子，只要从祈使句断开，其比值接近 0. 618，符合黄金分割率，结合诗歌内容看，跟和谐这一主题紧密相关。

需要指出的是，诗行中体现着数学理念，但诗歌并非等同于数学，所以，以上取的是接近值。

弥尔顿研究专家 Lee M. Johnson（1989：72）曾宣称，整个《失乐园》长诗中，有 3 处黄金分割。实际上，以上分析已经发现了 5 处黄金分割。该史诗中尚有黄金分割的例子，恕不一一列举。

八、结　论

数学和英语具有一定联系，将数学思维引入英语教学与研究，不但能帮助学生提高英语语言学习效率，还能帮助他们培养科学的思维方式，从而提高他们分析问题、解决问题的能力，此外，数学思维还利于英语教师提高教学质量，提升科研水平。因此，数学思想方法是英语教学与研究的新法宝。

参考文献

[1] Birken, M. and Coon, A. C. 2008. *Discovering Patterns in Mathematics and Poetry*. New York: Amsterdam.

[2] Milton, J. 2005. *Paradise Lost*. Oxford: Oxford University Press.

[3] Quirk, R. et al. 1972. *A Comprehensive Grammar of the English Language*. London: Longman.

[4] 陈望道. 1997. 修辞学发凡 [M]. 上海: 上海教育出版社.

[5] 陈永捷，金霞，主编. 2012. 实用英语综合教程 1 [M]. 北京: 高等教育出版社.

[6] 恩格斯. 1955. 自然辩证法 [M]. 北京: 人民出版社.

[7] 郭莫宙. 2012. 数学方法论稿 [M]. 上海: 上海教育出版社.

[8] 王星拱. 2011. 科学方法论、科学概论 [M]. 北京: 商务印书馆.

[9] 许渊冲. 2003. 文学与翻译 [M]. 北京: 北京大学出版社.

[10] 章振邦. 2006. 新编英语语法教程 [M]. 上海: 上海外语教学出版社.

关于“ain’t”一词的语源学及社会语言学分析

孟　娜*

摘　要： 本文从历史根源、社会背景几方面分析了 ain’t 一词的产生和发展，从社会语言发展的角度分析了这一不被标准英语所接受的单词能够在现代英语当中被广泛使用和接受的原因与意义，描述了学习和了解 ain’t 一词功能的重要性。Ain’t 一词是早在 17~18 世纪非洲奴隶方言与英语混合的产物，后成为黑人英语特有的一个常用词，并出现在英语国家很多地区的方言和口语中。基于其历史根源，同时也由于 ain’t 一词的意义和使用不被标准英语语法所接受，它的使用常常被打上社会底层人群和受教育程度低人群的标签。而随着社会进步，及其带来的文化发展、种族平等，ain’t 一词被更多人更加没有阶级区分地使用到日常语言中。由 ain’t 的发展变化所带来的社会语言学思考，不仅对语言和社会的关系变化研究有一定意义，对二语习得教学应当如何在标准英语语法和母语使用者的语言习惯上求得平衡有分析意义。

关键词： ain’t；黑人英语；社会语言学；二语习得

---

* 【作者简介】孟娜，云南大学外国语学院讲师，硕士，研究方向为应用语言学和语言教育。

一、引　言

本文主要研究了 ain't 一词的定义、用法以及它同英语语法和英语方言之间的关系。笔者不仅着重分析了 ain't 的意义和功能，同时也从社会语言学的角度强调了研究分析这一词的意义。尽管 ain't 一词在标准英语语法中被视为语法错误，但它却普遍在英语口语和书面语中有大量使用，并且已被收录到大量常用的英语工具书和词典中，如 *Oxford Advanced English Dictionary*、*The Merriam – Webster Dictionary*、*Longman Dictionary of American English* 等，在字典中 ain't 被解释为"am/is/are not"或"have/has not"（Hornby，2009：43）。正如语言学家 Walt Wolfram 和 Ralph W. Fasold 所说 ain't 一词是"one of the best – known and most widespread nonstandard grammatical features"（Wolfram & Fasold，1974：162）——"最被人们广泛熟知和使用的不符合语法规则的词"。正因为如此，ain't 一词值得语言学家们去研究和探索。

二、历史根源

ain't 在英语口语中被广泛使用之前，它早已通过非洲奴隶使用的方言和奴隶贩子使用的英语混合形成，出现在了黑人英语口语中。早在 1620 年至 1700 年之间，非洲奴隶所使用的口头语言被用手稿或极少量印刷品的形式记录了下来。到 18 世纪晚期，黑人英语的雏形出现了（Dillard，1972）。根据 Wikipedia 维基百科这一多语言网络百科全书记载，ain't 作为英语中某些动词的缩写形式，例如：can't、don't 和 won't，出现于 17 世纪晚期。同时 ain't 的变体 an't 也在黑人英语中被使用（http：//en. wikipedia. org/wiki/Ain't，2015）。Paul Stoller 的研究表明，英语历史上的一系列语音变化使得 ain't 成为替代 am、is、are 否定形式的一个词。Stoller 的研究也指出，ain't 用于替代助动词如 have、has、do、does、did 的否定式的用法大概是由近代英语语音的改变而导致的。在一些

经常用在双重或多重否定的口语句型中。双重或多重否定句式在标准英语语法中被视为是不符合语法规则或不正确的句型。Ain't用在双重或多重句型中多出现在黑人英语或其他一些英语方言中。比如，当读到以下这样的句子时，我们会很快联想到不符合英语语法规则的英语方言使用者：

（6）他对此一无所知。

He *ain't* know *nothing* about it.

（7）我再也不会回到你身边了。

I *ain*'t *never* come back to you.

（三）Ain't 仍未被标准英语语法所接受

根据 *The Study of Social Dialects in American English* 一书，在标准英语中，关于否定句式，有三个基本语法规则：第一，我们将 not 置于句子主要动词上来进行否定。在否定句中，对谓语动词进行否定最为常见。对于动词短语的否定，我们常将 not 置于第一个助动词或情态动词后对动词短语进行否定。第二，当否定句中谓语动词前出现不明确成分时，我们将 not 从主要动词上移到这一不明确成分上（Wolfram & Fasold，1974）。根据第一和第二条规则，例句“他对此一无所知”将被翻译为“He doesn't know anything about it”。然而，英语句法规则不允许出现诸如“Anybody doesn't know anything”或者“Anybody knows nothing”之类的句子。第三，根据 Wolfram 和 Fasold 在书中的说法，在英语否定句中为表示强调，我们将 not 从谓语动词或动词短语上移动到该动词后面的某个不明确成分上（Wolfram & Fasold，1974），也就是我们所说的否定转移，此时主句谓语动词仅限于一些表示看法和感觉的动词，比如：think、believe、expect、know、imagine、appear、seem 等等。因此例句“他对此一无所知”在标准英语中应当被翻译为“He knows nothing about it”。另一些双重否定句式如“Anybody doesn't know nothing”在标准英语语法中被视为不规范的句式。

根据以上解释，ain't 一词与双重或多重否定句式的使用不被标准英语语法所接受，其功能和使用被视为不符合语法规则还有另一些原因。Ain't 作为助动词 do 的否定式使用这一功能未被记录在任何标准英语词典当中，因为这一用法仅限于早期黑人方言中而并未如它的其他两种功能被广泛使用和接受。同时，ain't 作为 do 的否定式这一功能也未被归类到黑人英语的使用范畴。所有能够找到的用“ain't + 动词 verb”等同于“didn't + 动词 verb”的范例只出现在南卡罗来纳和北卡罗来纳两个地区的英语方言中（Schneider，1989）。Wolfram 和 Christian 指出他们并没有在阿巴拉契亚英语①的实际使用中找到任何以 ain't 替代 didn't 的范例（as cited in Schneider，1989：203－204）。尽管 Stoller 和 Rickford 两位学者均认为这一用法是由英语语音变化导致的，但学者们和研究者们手中没有具体和充足的数据以及资料能够清楚地证明和解释这一用法。

此外，词典编纂学者们对于 ain't 一词的态度和接纳程度也表明这一词并未完全被标准英语所接受，仍然被视为是不符合语法规则的。在 *Oxford Advanced Learner's Dictionary*（Fourth Edition）中，ain't 被定义为一个不标准的缩写形式（Hornby，1997：30）。在 H. W. Fowler 的 *Modern English Usage* 一书中，ain't 一词被放在 be 这一单词的解释中，作为单词 be 的一种不标准形式被记录在此书中。他在书中指出，a（i）n't 仅能够被用在口语当中，且当它被用于替代 isn't 的时候，我们把这看作是因说话者未受过良好教育而导致用语选词的粗心错误，且此词及其使用并无任何有帮助的益处（Fowler，1950：45）。在英国，ain't 被认为一般只出现在工人阶级和说伦敦方言的底层人群语言中，它通常被认为是不规范的英语。查尔斯·狄更斯（Charles Dickens）就常在他的作品中

---

① 指在美国阿巴拉契亚地区所使用的英语。阿巴拉契亚地区包括南至密西西比州和阿拉巴马州边界，北至宾夕法尼亚州和纽约州，也包括部分的佐治亚州、南卡罗来纳州、北卡罗来纳州、田纳西州、弗吉尼亚州、肯塔基州、俄亥俄州、马里兰州以及整个西弗吉尼亚州。

使用 ain't 来描述特定的人物性格，如他 1838 年的小说《雾都孤儿》中写道："……see what a pride they take in their profession，my dear. *Ain't* it beautiful?"（Charles Dickens，2002：187）。*Webster's New Collegiate Dictionary* 将其定义为一个"大部分人拒绝使用而更多出现于受教育程度低的语言中"的违反语法规则的词（Bosley，1975：25）。根据以上资料，我们可以看出 ain't 这一单词没有被纳入标准英语可以使用的词汇当中，且不被大多数研究者和语言学者们接受。

尽管 ain't 一词被看作是不符合语法规则的，但研究者们却不得不承认它是英语中最被人们熟知且最被广泛使用的不合语法的一个词。在现代美国英语中，这个词"不仅很流行并且不再局限于下层社会的人们使用"（Schneider，1989：202）。各种各样的文献资料中记录了大量 ain't 在不规范美国英语中被使用的数据，其中包括黑人英语使用者，以及不同地区和阶层的白人英语使用者。从黑人英语方言起源的 ain't 一词，现在已经开始被各种肤色和民族的英语使用者接受，并成为在青少年中尤其流行的词汇。此外，现代英语中 ain't 一词的使用已不仅仅局限于过去学者们认为的贫穷和低级的社会阶层当中。而同时值得一提的是，在某些特定语境刻意地使用 ain't 一词能够成为对话双方社会成分和关系的一种标志，如在某些影视作品、文学作品中需要对人物角色背景进行刻画的情况下使用。

四、关于"ain't"的社会语言学分析

（一）"Ain't"所带有的阶级色彩及其变化

为什么一个不符合标准英语语法甚至起源上还带有一定阶级色彩的单词，能够在现代美国英语中被如此广泛地接纳和使用？这里就得提到社会语言学中社会和语言的关系、语言的使用和使用语言的社会个体之间的关系。社会语言学认为某种特定的语言会被特定的人群使用，并在使用中因带有这一人群特有的、典型

的俚语或黑话而成为这一人群典型的语言特色。这些特有的俚语或黑话只有生活在这一语言群体中的人能够懂得。如没有特殊目的，在一般情况下，人们不会刻意去使用另一个社会群体或阶层的语言，因为语言的使用能够定义一个人和他所属的群体。一旦一个人张开嘴说话，他或者她所选择的语言将把他们划分到不同的社会群体，贴上标签。

黑人英语被定义为非裔美国人使用的英语方言，在英语中我们称之为 Ebonics 或 Afro - American Vernacular English（Spolsky，1998：121）。前文我们已经解释过 ain't 一词源于非洲奴隶为了在美洲大陆能生存下去而将他们的母语和英语混合形成的方言，因此在数百年的发展中这一单词和黑人英语、非裔阶层一起，带着偏见，被打上了阶级和种族的标签。

然而，语言是一种可变的交流工具，会随着社会的发展变化而变化。在美国社会，经历了几个世纪之后，非裔美国人也在社会的各个领域取得了各种各样的成就，获得了一定的认可。而从 20 世纪中期开始，随着黑人说唱乐的流行，更促进了黑人方言成为一种流行语言，在各个阶层、各种肤色的人群中开始流行，尤其有年轻人更刻意使用黑人方言以标榜自己的时髦。使用黑人英语方言或者在语言中带有黑人英语方言的单词或短语已经不再被视为来自低等阶级或受教育程度低的标志了。黑人英语也开始影响到标准英语。而源于黑人英语的 ain't 一词也开始被吸收到美国各处使用的不标准英语方言中。来自任何阶级、任何种族的人都有可能在他们使用英语进行日常交谈的过程中用到 ain't 这个词。尽管一些学者仍认为 ain't 一词的使用人群来自较低的社会阶层和教育程度，在某些场合下人们却刻意地使用这一单词来表示尊重和平等。如在 19 世纪末的英国，中产阶级和上流社会就乐意将 ain't 使用在正式演讲以及中上层阶级的交谈中，以体现本阶级的包容性和平等性。教育语言学家 McDavid（1973）指出在美国南部某些带有明显阶级意识的社会群体中，受过教育的说话者在非正式场合使用 ain't 是一种让听话者意识到社会平等的信号（Schneider，1989：202）。

（二）“Ain't”开始被社会大众接受

以下一些实例，能够进一步证明 ain't 一词从 19 世纪以来开始被人们广泛地使用和接受。在 1851 年美国俄亥俄州阿克伦市举行的女性权利大会上，美国著名非裔废奴主义者和妇女权利的倡导者索杰娜·特鲁斯（Sojourner Truth）发表了题为“*Ain't I a Woman?*”的演讲，这一篇即席演讲是索杰娜·特鲁斯对现场一位男性发言者言论的回应。她用这一题目即兴演讲，表达了她不畏反对和嘲笑，勇敢而坚定地废奴和女权主义思想。随着时代的发展、社会的变化，ain't 一词更多地被用在流行音乐作品和畅销影视作品中。来自不同国家、不同人种的流行歌星们，毫无避讳地将 ain't 用到他们的歌曲里，如美国最著名的乐队 Gun & Roses 的 *You Ain't the First*（Use Your Illusion，I：1991）；出生于曼哈顿的意大利和牙买加混血女歌手 Alicia Keys 的歌曲 *If I Ain't Got You*（*The Diary of Alicia Keys*，2003）；来自波多黎各的拉丁裔女歌手 Jennifer Lopez 的歌曲 *Ain't It Funny*（*J To Tha L－O!：The Remixes*，2002）；等等。流行文化对 ain't 这一单词的接受程度表明它的使用已不再局限于某一肤色或种族，不再局限于某一曾被歧视的社会群体。随着社会的发展，阶级平等程度的提高，ain't 一词的被接纳也表明了语言是随着社会进步在变化的。不仅在流行文化的非正式使用中，在很多正式场合的辩论、演讲、采访等，我们也可以看到 ain't 被越来越多的人用作他们语言表达的一部分，无论阶级、身份、受教育程度。在 2008 年美国总统大选中，美国第一任黑人总统 Barack Obama 在候选人辩论环节用“That ain't right!”这句话，公开谴责其对手 George W. Bush 所提出的政策（*New York Times*，2008）。

（三）研究“ain't”一词的意义

每一位社会语言学研究者都清楚，语言和社会是紧密联系在一起，并且持续不断地发生相互作用的。同样，社会中的语言使用者和他们的社会背景、文化、教育也息息相关。所有的人与社会的因素都会对一门语言，甚至一个语言符号的发展和变化产生影响。现代社会的发展变化十分迅速，日新月异。正因为如此，我们更应该对所有的语言形式都保持宽容和接纳，时时更新我们的知识，调整我们的态度以便接纳多种不同的语言形式。而根据今天的英语使用情况来看，对于社会语言学者、二语习得研究者甚至英语教师，探究 ain't 一词的意义和功能都变得更加必要。

1. 社会语言学的研究意义

对于社会语言学家来说，ain't 一词的起源是语言和社会相互关系很好的一个例证。它被语言学家定义为“不符合语法规则”的词，却被几乎所有使用英语的人接受和使用。英语语法研究包括规定性语法和描述性语法。规定性语法考虑的问题是人们如何正确使用语言，针对标准的拼写、语法和句法制定规范与规则。描述性语法则着眼于分析人们在实际情况中如何运用一种语言，而不是规定语言应该如何被使用。单词 ain't 的功能和使用在规定性语法中不能得到合理解释，因为它被看作是不标准和不符合语法规则的。而描述性语法中的规则不足以对 ain't 的使用做出解释，因为人们对语言的实际运用背后应当有一定的合理性和原因。在英语语言的实际使用中，尤其在英语口语和方言中，有一些词和 ain't 一样，由于在功能和使用方面不符合标准语法规则，因而不被语言学家所接受。而从社会语言学的角度来看，学者们研究的不仅仅是语言本身，更要研究影响和决定语言各方面发展的一切因素，包括社会、文化发展的准则、预期和语境。对于某些非标准语法的语言现象，其复杂的功能和广泛的传播就不能够仅仅用语法规则来进行解释和规范。因此 ain't 一词的出现以及逐渐被接受同标准英语语法、社会阶层、种族之间的相互关系更适合通过社会语言学观点进行分析。

2. 二语习得教学的研究意义

作为一名二语习得研究者和教育工作者，笔者的工作不仅仅局限于教会学生如何使用一门语言，更应该负责向学生们传播除了语言技能之外的相关知识，包括这一门语言是在怎样的社会、历史、文化等环境中发展、更新和变化的。在第二语言教学中，这一点显得尤为重要，因为了解一个地区的文化历史背景，能够帮助引导英语学习者对语言的使用方式和习惯更加向以英语为母语的使用者靠拢。本文对 ain't 的词源分析使学习者更了解这一单词的意义和功能，以及在何时、何处能够恰当地使用这一单词。而使用 ain't 以及此类的非标准但却被广泛使用的词和短语，可以帮助以英语为第二语言的说话者更易被母语说话者倾听，更易被英语国家的社会群体所接受。学习和了解更多如 ain't 一类的词句能够避免英语学习者在遇到此类词句的时候因使用和理解不当而造成误解。

五、结　论

综上所述，对 ain't 一词的意义和功能进行分析是必要的。它的起源和现状，不仅是一个语言学问题，也关系社会发展、种族平等，值得社会语言学者们思考。以这一简单的单词为出发点，在标准英语、非标准英语、英语方言中还有很多具有类似历史文化背景的词和短语值得我们去研究、分析。本文把对 ain't 一词的研究作为此类语源学和社会语言学研究的一个很小的方面，除了引起学者们对更多此类语言现象的研究重视外，也启发二语习得教育者和学习者，不要局限于标准英语语法规则，不要被书面的、正式的英语使用方式束缚住手脚，同时也应当更多地去注意口语中很多非正式表达的使用，能够在标准英语语法和实际口语使用习惯之间求得平衡，能够在标准英语语法的基础之上灵活掌握和运用如 ain't 一类的口语方言词汇，这才是一位成功的语言教育者和学习者应该做到的。将一门语言学习、模仿到能够像母语说话者那样恰如其分地使用，在特定的环境、对特定的听众、使用最恰当的词汇去达到语言表达的目的，这才是学习一门语言最终需要掌握的技能。

参考文献

[1] Biber, D. and Leech, G. 2005. *Longman Student Grammar of Spoken and Written English*. China: Pearson Education Limited.

[2] Bosley, H. 1975. *Webster's New Collegiatc Dictionary*. Massa chusetts: G. & C. Merriam Company.

[3] Dickens, C. 2002. *Oliver Twist*. London: Dover Publications.

[4] Dillard, J. L. 1972. *Black English: Its History and Usage in the United States*. New York: Random House.

[5] Fowler, H. W. 1950. *Modern English Usage*. London: Oxford University Press.

[6] Gun N. Roses. 1991. *Use Your Illusion*. United States: Universal Music Enterprises.

[7] Hornby, A. S. 1997. *Oxford Advanced Learner's Dictionary: Fourth Edition*. Beijing: Oxford University Press.

[8] Keys, A. 2003. *The Diary of Alicia Keys*. United States: J Records.

[9] Lopez, J. 2002. *J To Tha L – O!: The Remixes*. United States: Epic Records.

[10] Spolsky, B. 1998. *Sociolinguistics*. China: Oxford University Press.

[11] Stoller, P. 1978. *Black American English: Its Background and Its Usage in the Schools and in Literature*. New York: Dell Publishing Co., Inc.

[12] Wikipedia. *Nonstandard English Grammar: Ain't*. http://

en. wikipedia. org/wiki/Ain't, 2015 – 02 – 19.

[13] Wolfram, W. and Fasold, R. W. 1974. *The Study of Social Dialects in American English.* New Jersey: Prentice – Hall, Inc.

[14] Zeleny, J. *Analyzing Stump Speeches: John McCain & Barack Obama*. www. nytimes. com, 2011 – 10 – 14.

中美领导人高校演讲中的词汇衔接

张　敏*

摘　要：词汇衔接对构成整个语篇的连贯功不可没。公众演说相对于文学作品而言语言较为简练，行文更为严谨。本研究结合 Halliday 和 Hasan 的衔接理论和张德禄等人所提出的隐性衔接机制，综合显性衔接机制中的词汇衔接和隐性衔接机制对比分析中美领导人高校演讲中的词汇衔接，以及英汉公众演说中词汇衔接运用的异同及其所折射出的中西文化特点。

关键词：词汇衔接；对比分析；高校演讲；文化特点

一、选题意义

衔接是一种普遍存在的语言现象，词汇衔接对构成整个语篇的连贯功不可没。作为一种正式的语体，公众演说相对于文学作品而言语言较为简练，行文严谨，句式简短有力，常用排比、重复等词汇衔接手段使演讲更具感染力和号召力，达到引起公众共鸣的目的。通过对英汉公众演说中词汇衔接的对比研究，有助于进一步了解英汉正式语体中词汇衔接运用的异同及其所折射出的中西文化的不同，因此，该研究对英汉互译、英汉写作以及跨文化交际亦有一定的指导意义。

---

* 【作者简介】张敏，云南大学外国语学院研究生，硕士，研究方向为美国黑人文学。

二、衔接理论的国内外研究

（一）国外研究

Halliday 和 Hasan 的《英语的衔接》的出版标志着衔接理论的创立，把衔接界定为存在于语篇内部的、能使全文成为语篇的各种意义关系，并划分衔接手段为语法衔接和词汇衔接，后者包括词汇重述（reiteration）、同义（synonymy）、下义（hyponymy）和搭配（collocation）等（张德禄，2006：44）。然而，很多学者都对 Halliday 和 Hasan 的理论持批评态度。H. G. Widdowson（1979）认为语篇中确实存在衔接现象，但应该根据语篇中句子或句子之间的命题发展来研究衔接，衔接与命题如何通过一些结构机制而相互联系形成语篇有关，并提出语义上连贯的语篇可以没有形式上的衔接纽带。N. E. Enkvist 也对衔接理论提出了质疑，认为即使有大量明显的衔接标记，也不能保证语篇连贯（朱永生，1995：36）。G. Brown 和 G. Yule（2010：198）虽然承认 Halliday 和 Hasan 对衔接方式的探索奠定了衔接理论研究的基础，但同时也指出衔接的形式标记和某个衔接意义之间并不存在绝对的对应关系，强调讲话者掌握的背景知识如框架（frame）、纲要（schemata）和情节（scenario）等对构成语篇衔接与连贯的重要性。

（二）国内研究

国外对衔接的研究已近有几十年的历史，而国内对此的研究则起步较晚。胡壮麟（1996：2－6）认为除了传统的词汇句法层上的衔接，其他功能范畴如主位—述位（词汇语法层），及物性系统（语义层）和已知信息—新信息（音系层）也是语篇衔接研究中不可忽视的一部分。朱永生、郑立信和苗兴伟（2005：5）从语言系统和文化传统两个方面对英汉语篇衔接手段进行对比研究，并提出语篇对比可以分为纯语言对比和综合对比，前者注重语篇内部出现的各种语言形式在意义上如何关联，而后者则注重社会、文化和心理等外在因素对语篇形成的影响。张德禄和刘汝山（2003：36）对 Halliday 和 Hasan 的五种非结构性衔接机制进行了进一步思考和扩展，把衔接的范围扩大为显性衔接机制和隐性衔接机制。显性衔接机制包括语法、词汇和音系层的衔接，而隐性信息只能由听话者或解释者根据即时的情景语境以及共知的信息和共享的文化语境推测出来。虽然 Halliday 和 Hasan 提出了作为语篇连贯的衔接标记，其他一部分国外学者也对衔接理论进行了补充完善，但是他们的研究大多只局限在对语篇内部成分的分析上，没有充分考虑到影响和支配语篇衔接和连贯的社会文化因素和情景语境等隐性衔接因素（丰玉芳，2008：116）。因此，纵观国内外学者对衔接理论的探索，本研究以习近平总书记和奥巴马总统在国外著名高校的6篇演讲为语料，在 Halliday 和 Hasan 衔接理论的指导下，结合国内学者张德禄等人所提出的隐性衔接机制，重点分析词汇衔接手段在英汉公众演说中的运用特点，以及造成英汉公众演说中词汇衔接异同的社会文化因素。

三、公众演说中的词汇衔接手段

（一）显性衔接手段

词汇衔接指“语篇中出现的一部分词汇相互之间存在语义上的联系，或重复，或由其他词语代替，或共同出现”（胡壮麟，2001：112）。Halliday 和 Hasan 把词汇衔接分为两种：一种是重述，一种是搭配。Halliday（2008）认为重复出现的语言成分可以是从形式到意义都完全一致的某个单词，也可以是一个小句或小句的一部分。

1. 重　复

原词重复的衔接手段在中英文演讲中使用频率都很高，其中原词重复奥巴马的演讲中占所有词汇衔接手段的 28.1%，而在习近平的演讲中更是高达 44.4%。据统计，奥巴马的演讲中重复出现的字词一共有 64 组，其中“America，the United States of America”和“I”出现的次数最多，分别是106次和109次。奥巴马对外国高校师生的演讲中极力塑造美国作为一个自由民主的发达国家的美好形象，2009年在上海复旦大学的演讲中他说到“The United States is a young nation，whose culture is determined by the many different immigrants who have come to our shores，and by the founding documents that guide our democracy.”此外，在谈到国家安全事务等敏感话题时，奥巴马也坚定地表明美国立场，旨在塑造美国大国形象，拉近与听众的距离，他在演讲中多次明确指出“The United States will continue to do our part—securing our own material and helping others protect theirs；The United States has no hostile intent toward your country. We are committed to peace.”习近平的讲话中一共有88组字词重复出现，其中“中国、中华民族、中国人民”和“发展”重复的频率最高，分别是105次和89次。“中国、中华民族、中国人民”这几组词在演说中重复出现，衔接全文，体现了习总书记在对国外大学师生的演讲时始终强调自己的身份和立场。

同义词的使用可以避免重复啰唆，防止单调，在衔接不同成分的同时也会增加语篇的风格特色，这一特点在英文演讲中尤为突出。在奥巴马的这三篇演讲中一共出现了51组同义词，而在习近平的演讲中只使用了27组同义词。最突出的一个现象是，奥巴马在提到美国时，一共用了5种不同的表达方式，即“we，America，the United States of America，the United States，the most powerful nation on Earth”；习近平在莫斯科国际关系学院的演讲中提到俄罗斯时也使用了不同的名称，如“最大的邻国、合作伙伴、邻居、邻邦、好朋友、好伙伴”。此外，出现在不同段落内的同义词不仅能把它们所在句子从意义上联系起来，还能使两个段落彼此衔接（朱永生，2005：139）。奥巴马在韩国外国语大学和上海复旦大学的演讲中在提到美韩和中美关系时分别使用了“relationship，ties，bond，connections”等词语表达两国间日益紧密的联系。习近平在韩国国立首尔大学的演讲中谈到中韩两国发展规划时强调“交流、对话、了解”对维持两国友好关系的重要性。

反义词的使用使两个不同的语言成分在意义上形成鲜明对比，从正反两个方面对某个事物或现象进行描写，从而使所在的句子或语篇上下衔接（朱永生，2005：149）。反义词的使用在中英两类演讲中使用的差异比较大，据统计，习近平的国外高校演讲中只出现了9组反义词，而奥巴马的演讲中反义词一共出现了30组。习近平在首尔大学演讲中回答中国将作一个什么样的国家时用了“虚心—骄傲、进步—落后、自豪—自满、和而不同”等反义词生动形象地展现了中华民族坚忍不拔、不骄不躁、兼容并蓄的精神。在仰光大学的演讲中，奥巴马提到缅甸时使用了三组反义词“different - common，diversity - same，strength - weakness”，体现了缅甸文化的多元性和广阔的发展前景，巧妙地拉近了美国与缅甸的关系。此外，奥巴马在韩国外国语大学演讲中呼吁美韩在核能开发与利用以及反恐等方面加强合作交流，并连续用了三组反义词“cooperation - tension，impossible - possible，separated - reunited”表达对这一美好愿景的实现充满了信心。

上下义关系词的使用一般不受题材和体裁的限制，常用于对某个概念或物体性质的界定，起到一种归类、概括的作用。相比其他词汇衔接手段而言，在中美领导人的高校演讲中上下义关系词的衔接运用并不是很常见。据统计，奥巴马的演讲中一共有23组上下义关系词，而习近平的演讲中共有16组上下义关系词。奥巴马演讲中上下义关系词主要用于归类和概括某个具体的概念，比如，在复旦大学演讲中奥巴马首先提出美国一直以来所奉行的核心原则，而后又进一步对这些核心原则做出具体解释：“Those documents put forward a simple vision of human affairs，and they enshrine several core principles—that all men and women are created equal，and possess certain fundamental rights；”下义词的使用进一步说明了core principles，使语义更加明确连贯。习近平的演讲在演讲中使用了“中国梦—韩国梦—亚洲梦”这一组上下义关系词描绘了中国、韩国和亚洲共同进步和发展的美好蓝图。

2. 搭　配

20 世纪 50 年代 Firth 首先提出了“搭配”这一概念，强调对单个词项习惯性共现的研究，进而对相关的语义关系做出更为明晰透彻的分析（朱永生，2005：187）。中美领导人的高校演讲对搭配的词汇衔接手段的运用情况是比较相似的，其中，奥巴马的演讲中一共使用了 60 组词汇搭配，而习近平在演讲中用到了 58 组词汇搭配。习近平的演讲中有大量的古诗词、成语以及习语表达，比如“方兴未艾；登高望远；多下功夫；远亲不如近邻；‘开绿灯’；相濡以沫；同仇敌忾；生灵涂炭；冰冻三尺，非一日之寒”等。由于英语词根和词缀的多样性，因此，英语的词汇搭配非常丰富，奥巴马的演讲中也体现了英语词汇搭配的丰富多样性，比如：“I’ve come to keep my promise and extend the hand of friendship；We will extend a hand if you are willing to unclench your fist；You gave us hope and we bore witness to your courage；we’re trying to keep away from terrorists”等。

（二）隐性衔接手段

词汇上的衔接是语篇表层结构上的，是形式上的连贯（左岩，1995：42）。这种表层的、形式上的衔接是语篇显性衔接的一部分，而由交际者的共有知识、共有文化背景和现有情景语境等引起的隐含意义虽然不能在形式上表现出来，并在语言形式上留下许多空缺（missing links），但却构成语篇的隐性衔接，这些隐性信息具有衔接作用，是因为通过交际者的共有知识、文化背景和现有情景语境等可以推测出衔接形式上的空缺，从而使语篇连贯，没有考虑隐性衔接的影响就不可能全面地分析语篇的衔接特点（张德禄，1999：27）。习近平的演讲多处提到了中华传统文化，如用唐诗形容中韩关系和中俄关系的发展前景：“欲穷千里目，更上一层楼”；“长风破浪会有时，直挂云帆济沧海”。还提到了“以和为贵”“天下太平”“天下大同”等自古以来世代相传的理念和文化传统。此外，习总书记在演讲中也多次提到了中国与出访国的相关文化和历史渊源，在韩国首尔大学演讲时他指出："在抗日战争如火如荼的岁月中，我们两国人民生死相依、倾力相援"；在纳扎尔巴耶夫大学的演讲时习近平引用了哈萨克斯坦伟大诗人、思想家阿拜·库南巴耶夫的名言："世界有如海洋，时代有如劲风，前浪如兄长，后浪是兄弟，风拥后浪推前浪，亘古及今皆如此。"此外，奥巴马在演讲中也十分注意隐性衔接手段对语篇衔接的影响，经常提到一些有关美国与出访国相关的历史事件，如在复旦大学演讲中他开篇就提到了《上海公报》和中美的"乒乓外交"，并且还以中国的一句谚语贯穿演讲的始终，他提道"37 years ago，that the Shanghai Communique opened the door to a new chapter of engagement between our governments and among our 5 people. There is a Chinese proverb： 'Consider the past，and you shall know the future.'"两位领导人的讲话中都体现了各国的社会文化特点，同时演讲中也提及另一国的文化传统，不仅使整个语篇衔接连贯，也拉近了讲话人与听众的距离，为本国树立了良好的大国形象，促进了两国友谊的进一步加深。

表1　中英文高校演讲中的词汇衔接情况

词汇衔接手段	重复				搭配
	原词重复	同义词	反义词	上下义	
中文演说	88	27	9	16	58
所占比例	44.4%	13.6%	4.5%	8.1%	29.3%
英文演说	64	51	30	23	60
所占比例	28.1%	22.4%	13.2%	10.1%	26.3%

四、关于英汉公众演说中词汇衔接手段异同的几点思考

通过对比中美领导人在国外高校的演讲，笔者发现重复的词

汇衔接方式在中英文演讲中的使用频率都远远高于搭配的词汇衔接方式，其中，习近平的演讲中重复的词汇衔接方式占整个词汇衔接的70.7%，而奥巴马的演讲中重复的衔接方式更是占到了73.7%。据统计，中英文的演讲中重复比例较高的词分别是“中国、中华民族、中国人民；America，the United States of America”。此外，两国领导人都非常重视隐性衔接手段的使用，其中，奥巴马的演讲中用到了32次隐性衔接手段，习近平的演讲中一共也出现了26次隐性衔接手段，两位领导人在各篇演讲中都多次提及传统文化和本国与出访国的历史渊源，隐性衔接手段的合理使用不仅能够使段落和语篇衔接成为一个意义完整、上下连贯的整体，还能有效地塑造一个良好的国家形象并拉近与听众的距离。

词汇的直接重复在英语和汉语中都有，它既可衔接语篇，又可以起到突出主题，加深印象的修辞效果（冯丽妍，2008：94）。但相比而言，汉语的演讲中多用原词重复的衔接手段（44.4%），而英语的演讲中则多使用同义词、近义词和上下义词等方式（45.7%）来体现衔接关系。如习近平的演讲中“中国、中华民族”等词一共出现了105次，而奥巴马在提到美国时，一共用了5种不同的表达方式，即“we，America，the United States of America，the United States，the most powerful nation on Earth”。此外，奥巴马的演讲中重复比较多的词还有“I”，一共出现了94次，而习近平的演讲中只用了35次“我”，更多的是以“我们”（55次）做主语。英汉词汇的衔接与其各自的语言文化有密切联系。英语的形合与汉语的意合形成对比，从而折射出了英汉语言文化的不同（张殿恩，2013：115）。与英语比较，汉语作为一种意合语言在词汇衔接方面不那么注重形式，而英语的词汇衔接则体现在语言的形式上，因此汉语通过相同词汇的重复获得语篇的衔接，而英语则通过词汇形态的转换和近义词、反义词等衔接手段使语篇衔接和连贯。每一种语言都体现着使用该语言民族的思维特征，不同的民族，不仅有着彼此不同的民族文化，还有着各自不同的思维方式（张全，2010：69）。英美等英语国家崇尚个人主义（individualism），十分强调“自我意识”，而中国文化里更注重的是集体主义意识（collectivism），强调应当以大局为重，个人利益应该服从集体利益。因此，奥巴马的演讲经常以“I”为主语，而习近平的演讲则多以“我们、中国（人民）”等为主语，这些细微的差别体现了汉民族和英美等英语国家的人之间文化与民族思维模式的差异（朱永生，2005：193）。

五、结　语

作为一种特殊的文体类型，国家领导人的公众演说要求在比较短的时间内达到拉近与听众的距离、树立国家形象及促进不同国家以及文化之间交流的效果，因此，这类演说中运用丰富的词汇衔接手段使语篇通顺流畅，连贯自如，引起共鸣。本研究结合 Halliday 和 Hasan 的衔接理论和张德禄等人所提出的隐性衔接机制、综合显性衔接机制中的词汇衔接手段和隐性衔接机制分析中美领导人高校演说中衔接手段的运用特点，以及造成英汉公众演说中词汇衔接异同的社会文化因素。对中美领导人高校演说中词汇衔接的对比研究，目的不是要证明哪种语言更优越，而是要加深对英美文化和语言的了解，在相互比较中求同存异，取长补短（郑立信、顾嘉祖，1994：8）。因此，该研究对外语教育、翻译工作以及跨文化交际都有一定的指导意义，比如，在英汉互译的实践过程中我们需要根据语篇的原文和译文的特点来确定每一种衔接手段的翻译方式，以便在译文中尽量体现和保持原文的表达模式和意义特点。

参考文献

[1] Brown, G & Yule, G. 2010. *Discourse Analysis*. Oxford/Beijing: Oxford University Press/Foreign Language Teaching and Research Press.

[2] Halliday, M. A. K. 2008. *An Introduction to Functional*

Grammar. Beijing: Foreign Language Teaching and Research Press.

[3] Widdowson, H. G. 1979. *Explorations in Applied Linguistics.* Oxford: Oxford University Press.

[4] 冯丽妍，王显志. 2008. 英汉语篇词汇衔接的对比 [J]. 河北理工大学学报，(8): 94-96.

[5] 丰玉芳. 2008. 论英语语篇的显性与隐性衔接 [J]. 扬州大学学报：人文社会科学版，(4): 114-118.

[6] 胡壮麟. 1996. 有关语篇衔接理论多层次模式的思考 [J]. 外国语，(1): 1-8.

[7] 胡壮麟. 2001. 语篇的衔接与连贯 [M]. 上海：上海外语教育出版社.

[8] 张德禄. 1999. 语篇连贯研究纵横谈 [J]. 外国语，(6): 24-31.

[9] 张德禄，刘汝山. 2003. 语篇连贯与衔接理论的发展及应用 [M]. 上海：上海外语教育出版社.

[10] 张德禄，张爱杰. 2006. 情景语境与语篇的衔接与连贯 [J]. 中国海洋大学学报：社会科学版，(1): 44-47.

[11] 张殿恩. 2013. 汉英衔接文化性研究 [M]. 北京：中央民族大学出版社.

[12] 张全. 2010. 全球化语境下的跨文化翻译研究 [M]. 昆明：云南大学出版社.

[13] 郑立信，顾嘉祖. 1994. 美国英语与美国文化 [M]. 长沙：湖南教育出版社.

[14] 朱永生. 1995. 衔接理论的发展与完善 [J]. 外国语，(3): 36-41.

[15] 朱永生，郑立信，苗兴伟. 2005. 英汉语篇衔接手段对比研究 [M]. 上海：上海外语教育出版社.

[16] 左岩. 1995. 汉英部分语篇衔接手段的差异 [J]. 外语教学与研究，(3): 37-42.

现代日语中的几种变则语音现象与教学

张丽花*

摘　要： 元音插入、辅音脱落、元音脱落和元音融合、辅音插入、连声、有声辅音化、元音交替等是现代日语在音节组合、复合词构词过程中发生的语音变化现象。这些现象在表达形式上是变则的，但皆可从日语的基本语音特点找到理据。这些变则语音现象是教学的难点和重点，从语音学角度进行理据分析，可更有效、迅速地让学生掌握规则，准确记忆单词读音。

关键词： 现代日语；变则语音现象；语音教学

现代日语包含三个词汇层：汉语、和语和外来语抑或片假名词。各词汇层具有相同和不同的语音规律。符合一般语音规律的词汇的发音容易理解、记忆，变则读音词汇则有碍记忆，给教学带来难度，给学生的学习造成很大困惑。因此，本文从语音学角度，结合教学需要，对现代日语中的变则语音现象做分类整理，并就其规律和理据进行分析，旨在对日语语音教学和学习有所裨益。

* 【作者简介】张丽花，云南大学外国语学院副教授，硕士，研究方向为日语语言学、社会学。

一、现代日语的基本语音特征

现代日语的基本语音特征可总结为以下四点：①音素较少，只有24个。5个元音：/a/、/i/、/ɯ/、/e/、/o/；16个辅音：/j/、/w/、/k/、/s/、/c/、/t/、/n/、/h/、/m/、/r/、/g/、/ŋ/、/z/、/d/、/b/、/p/；3个特殊音素：/N/、/Q/、/R/。而汉语有32个，英语有44个之多。其中，/j/和/w/一般称为半元音，作辅音使用。/N/、/Q/、/R/分别指拨音、促音和长音。②音节较少，共112个。汉语为412个，英语的音节多至无法计数。因此，日语语音容易书写和记忆，但同音异义词较多，易产生歧义或误解。如生花業、製菓業、青果業、製靴業皆为同一发音。而且，除促音节和拨音节外皆为开音节。音节基本模式为：V、CV、VC、CVC。③有连元音，但没有复合元音。如高い/takai/中的/a/、/i/是两个独立的元音音素，而不是由两个元音组合成的独立音素/ai/。因此，长音被视为特殊音节。历史上尤其是奈良时代，日语一直严守连元音规避原则。由此，衍生出一些相关的特殊语音现象。④除促音和拨音外，不允许辅音丛存在。因此，促音和拨音被视为特殊音节。⑤除促音和拨音外，不允许词尾辅音存在（金田一，1988：56）。比如，英语借用语中的元音插入就是基于“不允许辅音丛”的特点。而语音变音现象中的元音融合则起因于“连元音规避”原则。现代日语中的很多变则语音现象可从上述基本语音特征找到理据，得到解释。但也有的不在此例；也有语音现象仍停留在“知其然，不知其所以然”的状态。下面就迄今所收集的大量词例，对这些现象进行分类、分析和解释。

二、基于辅音丛规避原则的语音现象

辅音丛规避即除促音和拨音外，不允许辅音丛存在；不允许词尾辅音存在。促音的音素标记为/Q/，如学校/gaQkoɯ/、買っ

た/kaQta/；音声标记为后续音节的辅音重叠［pp，tt，kk，ss，çç］，如学校［gakko：］、買った［katta］。拨音的音素标记为/N/，如のん気/noNki/、混入/koNnjɯ/；音声标记为のん気［noŋki］、混入［konnjɯ：］①。从形态上看，拨音和促音表记为辅音丛。

现代日语中，最具代表的规避辅音丛现象是英语借词的元音插入。

日语中有大量的英语借词。这些借词的特点是：以片假名标注的表音词，保证其发音尽量接近原词。但鉴于日语和外语之间的语音差异，不得不做某些调整。与日语相比，英语最明显的特征是：有闭音节；允许辅音丛存在；允许词尾辅音。这与日语的语音基本特点相矛盾。故以日语语音进行标记、发音时需解决上述问题。其方法是插入元音。如test［test］→テスト［tesɯto］/keep［ki：p］→キープ［ki：pɯ］/milk［milk］→ミルク［mirɯkɯ］。

插入元音时的规则如下：

（1）φ→ɯ/C_ # or C_ C：词尾辅音后或辅音间一般插入［ɯ］，如keep［kiːp］→キープ［kiːpɯ］

（2）φ→i/ʧ，ʤ _ #：［ʧ］［ʤ］之后插入［i］，如peach［piːʧ］→ピーチ［piːtɕi］

（3）φ→o/t，d_ #or t，d，h_ C：词尾辅音［t］［d］后或［t］［d］［h］与其他辅音间插入［o］，如try［trai］→トライ［torai］/dry［drai］→ドライ［dorai］/white［hwaɪt］→ホワイト［howaito］

作为插入元音的出现频度顺序为［ɯ］≫［i］≫［o］，［a］［e］几乎不出现。［ɯ］元音频度最高，原因是在五个元音中，

① ［ŋ］、［N］是拨音的异音。/p/、/b/、/m/前为［m］；/t/、/d/、/ts/、/N/前为［N］；/k/、/g/前为［ŋ］。不辨别词义。

内在时间长最短；响度最低；最容易发生无声化现象。从发音时的舌位高低和前后位置看，［ɯ］属后舌高元音，发音时开口度小，舌位高，靠后舌，内在时间最短，响度最低。五元音的响度和内在时间长的顺序一致为：［a］≫［e］≫［o］≫［i］≫［ɯ］。响度与元音性成正比，响度越低，元音性越低（殷治纲，2011：1；大滝靖司，2012：35）。因此，［ɯ］存在感最弱，可使借词发音最大限度地接近原词。

原词中的/ʧ/、/ʤ/和日语中的/ʨ/、/ʥ/都属于口盖化辅音。口盖化辅音发音时伴随有类似［i］元音发音时的舌位运动。而且，［i］元音的响度和内在时间长排序仅高于［ɯ］。因此，选择［i］元音是生理学上的省力原则和［i］元音自身特点共同作用的结果。

在日语中，タ行・ダ行・ハ行的辅音在高元音（［i］［ɯ］）前是异音。即，/t，d，h/→［ʦ，ʣ，ɸ］/_ ɯ or［ʨ，ʥ，ç］/_ i。也就是说，つ・づ・ふ［tɯ］［dɯ］［hɯ］实际发音为［ʦɯ］［ʣɯ］［ɸɯ］，ち・ぢ・ひ［ti］［di］［hi］实际发音为［ʨi］［ʥi］［çi］。所以，如果插入［ɯ］或者［i］，原词中辅音的区别性特征就会被改变（大滝靖司，2012：40）。因此，为保持原词辅音的区别性特征，排除［ɯ］、［i］，选择第三位的［o］。

另外，优先选择［ɯ］、［i］还有另一个元音，即这两个音夹在无声辅音或出现在词尾无声辅音后时很容易被无声化（蔡全胜，2007：121）。如クラス［kɯ̥rasɯ̥］、デスク［desɯ̥kɯ̥］、ピーチ［piːʨi̥］、チフス［ʨi̥ɸɯ̥sɯ̥］等中的［ɯ］、［i］在发音时只作口型不发音。这是日语中较普遍的语音现象。时间短、响度低、易被无声化这三个特点既可解决辅音丛问题，也可保证发音接近原词。了解这一规律可提高相关教学的效率，有利于具备英语基础的日语学习者尽快掌握外来语。

三、基于连元音规避原则的语音现象

日语中比邻出现的两个元音叫连元音，分属两个独立的音节。如愛［ai］、杖［tɯe］等。不属于双元音。历史上尤其是奈良时代，日语一直严守连元音规避原则。规避方法有：元音融合、辅音插入（［harɯ］＋［ame］→［harɯsame］）、元音脱落（［wagaimoko］→［wagimoko］）等（山口仲美，2006：139）。

元音融合是连元音规避的主要手段，类例最多。元音融合即两个相邻的不同元音融合为一个元音的音变现象（小野浩司，2004：26）。窪園晴夫（1999：98－99）对元音融合做了详细分类：

表1　日语元音融合分类表

(1)	［ai］→［eː］	［dekai］でかい→［dekeː］でけぇ
(2)	［aɯ］→［oː］	［aɯta］会うた→［oː ta］おうた
(3)	［eɯ］→［oː］	［teɯ］てう→［ʧjoː］
(4)	［ea］→［aː］	［－teagerɯ］－てあげる→［－tagerɯ］－たげる
(5)	［eo］→［o（o）］	［miteokɯ］見ておく→［mitokɯ］見とく
(6)	［oe］→［eː］	［sokoe］そこへ→［sokeː］そけえ
(7)	［ei］→［eː］	［rei］礼→［reː］れえ
(8)	［oɯ］→［oː］	［koɯta］乞うた→［koː ta］こうた
(9)	［iɯ］→［ɯɯ］	［iɯ］言う→［jɯɯ］ゆう
(10)	［ɯi］→［iː］	［samɯi］寒い→［samiː］さみい
(11)	［oi］→［eː］	［sɯgoi］凄い→［sɯgeː］すげえ
(12)	［ae］→［eː］	［omae］お前→［omː］おめえ
(13)	［ao］→［o］	［hataori］機織→［hattori］服部

元音融合在现代日语中主要发生于形容词、少数人称代词和名词的词尾及少部分词汇的第一音节中，属于语音变异现象。音变后，绝大多数词汇明显具有粗俗、有失大雅、非规范等俗语性特征。小野浩司（2004：109－115）从元音的响度就其规律性进行了分析，即元音融合的条件是：响度呈降序排列的两个元音（元音响度顺序为［a］≫［o，e］≫［ɯ，i］）。其原因是，音响度前强后弱，形成一个音高点，在听觉上很容易感知为一个发音整体，便于发生融合。

另外，从历史来看，此现象曾普遍见于江户时代町人（商人和手艺人）阶层中。当时，受身份制度、幕府—天皇二元化权力体系的影响，以江户为中心的关东地区和以京都、大阪为中心的关西地区之间，在诸多方面出现明显的对立。在语言方面表现为上方语（京都、大阪）和江户语的对立。平安时代至室町时代，京都一直是日本政治文化的中心，上方语理所当然地成为规范语言。但是，随着江户幕府的建立和权力增强，江户方言亦因此获得标准语的地位。两者间的对立随之激化。对上方人而言，上述语音现象无疑是下里巴人不堪入耳的低俗语言（山口，2006：154）。但是，这种现象却在现代年轻人中间广为流行，成为流行语标记之一。

辅音插入多见于由非拨音音节结尾的词与元音开头的词结合为复合词的情况。辅音插入多出现在“—雨”“—稲”结构复合词中，且插入的辅音都是［s］及其异音［ʃ］。常见用例有：春雨［harɯsame］/氷雨［çisame］/秋雨［akisame］/霧雨［kirisame］/小雨［kosame］/白雨［ʃirasame］/長雨［nagasame］/速雨［hajasame］/横雨［yokosame］/夜雨［josame］/荒稲［araʃine］/粳稲［ɯrɯʃine］/搗稲［katʃiʃine］/稲種［taneʃine］/束稲［tabaʃine］/税稲［tʃikaraʃine］/新稲［niiʃine］/野稲［noʃine］/花稲［hanaʃine］/御稲［miʃine］/三朝［misasa］/真青

［massao］等。

连元音所引起的元音脱落仅有数用例：我妹子［wagaimoko］→［wagimoko］/手洗い［tearai］→たらい［tarai］/油揚げ［abɯraage］→あぶらげ［abɯrage］。

辅音插入和元音脱落因缺乏理据解释且涉及词汇不多，可进行完全统计和记忆。

四、元音无声化所引发的变则语音现象

元音无声化的基本条件是：高元音（［i］［ɯ］）夹在两个无声辅音之间或位于词尾无声辅音音节中（三松国宏，1999：74）。无声辅音即カ・サ・タ・ハ・パ行的辅音［k］［s］［t］［h］［p］。它属于一种语音变异现象，在语音表记中并无表现。窪園晴夫（1999：47）研究表明，促音化是元音无声化进一步发展至元音脱落阶段的结果，促音化的发生环境与元音无声化具有一致性。例如，熟语「作家」的语音过程可以描述为：作［sakɯ］+家［ka］→［sakɯka］→夹在无声辅音之间的元音［ɯ］无声化→［ɯ］脱落→さっか［sakka］→［saQka］。据此，可将相关复合词结合部的发音规律总结如下：

（1）C_1VC_2（C_1 = 无声辅音 k・s・ʃ・ʧ・ts，V =［i］or［ɯ］，C_2 = 无声辅音）结构在词中出现时，前一音节发生促音化。［s］［t］后续［i］［ɯ］时产生条件异音［ʃ］［ʧ］［ts］，故 C_1 范围可限定为［k・s・ʃ・ʧ・ts］。如学［gakɯ］+会［kai］→［ɯ］脱落→［gakkai］→［gaQkai］八［haʧi］+階［kai］→［i］脱落→［hakai］→［haQkai］。

但须注意，［k－］V［h－］结构不受此规则限制。如国宝［kokɯhoɯ］/速報［sokɯhoɯ］/告白［kokɯhakɯ］/直筆［dʒikihitɯ］等。

（2）C_1VC_2（C_1 = ʧ・ts，V =［i］or［ɯ］，C_2 = h・ç・ɸ）出现时，前一音节促音化，ハ行音半浊音化。如烈［retsɯ］+風

［hɯː］→元音［ɯ］脱落→［retshɯː］→［reQpɯː］鉄［tetsɯ］+片［hen］→元音［ɯ］脱落→［tetshen］→［te-Qpen］。

（1）分类为了规避辅音丛，前面辅音发生促音化，满足日语基本语音条件：除促音和拨音外，不允许辅音丛存在。

（2）分类除上述促音化，后项的ハ行音同时发生了半浊音化。可从发声器官的发音机制进行解释。以「作家」为例，发さ［sa］音时，肺部呼气从中舌和上齿龈间穿出，紧接其后发く［kɯ］音，那股气息就会被软口盖封锁。「家［ka］」的音素/k/属闭锁音和无声辅音。闭锁音是通过调音器官将呼气完全阻断进行发声。被阻断的气息不断聚集，最后爆发而出。而后续无声摩擦辅音［h］时，聚集的气息爆发，在发生促音化的同时，摩擦音变为破擦音，［h］变为［p］，发生半浊音化。如発［hatsɯ］+表［hjoɯ］→［haQpjoɯ］（蔡全胜，2007：111－113）。

另外，需要注意的是，元音无声化属于语音变异，为非辨别因素。因为日语中元音的有声和无声不是辨别音素。而促音化具有词义辨别作用，例如，如果将学会［gaQkai］读成［gakɯai］，或写成「がくかい」便属误用。因为［Q］和［kɯ］是完全不同的两个辨别音素。

五、由同化作用引起的语音变化

语音同化是原本不同的语音在语流中因相互影响变得相同或相近的音变现象（杨诎人，2007：211）。具体到音素层次，即某音素受相邻音素影响变化为与相邻音素具有共同特征的音素的音韵过程。日语中有顺同化和逆同化两种情况。后项音素发生变化的称为顺同化。反之，前项音素发生变化的叫作逆同化。如在死んだ［ʃiNda］的音韵形成过程中，助动词た［ta］前面的音素是辅音词干的有声辅音［n］，受此音素的影响，无声辅音［t］被同化为有声辅音［d］。下面就现代日语中两种较普遍的变则语音现象进行考察。

（一）拨音音节逆同化现象

这种现象亦称为连声，是平安至室町时代普遍存在的语音现象，现代日语某些二字汉语熟语中仍有残留。这是由于后项ア·ヤ·ワ行元音或半元音受前一音节的辅音［n（m）］［tʃ］［ts］的影响添加相同辅音，发生辅音逆同化的现象。其规则可分类描述为：

（1）［-N］+［a，i，ɯ，e，o］→［-Nn（a，i，ɯ，e，o）］，如：

反応［haN］+［oɯ］→［haNnoɯ］

観音［kaN］+［on］→［kaNnon］

三位［saN（m）］+［i］→［saNmi］①

［-N］后的元音音素受［n］的影响，都发生了逆同化，添加了辅音［n］或［m］。

（2）［t-］（［ʧ-］［ts-］）+［a，i，ɯ，e，o］→［-Qt（a，i，ɯ，e，o）］，如：

雪隠［setsɯ］+［in］→［setsɯtin］→［setstin］→［seQtin］

［ts］音节后的元音音素受［ts］音素的影响，发生逆同化，添加了辅音［t］。同时，夹在无声辅音［ts］和［t］之间的高元音［ɯ］脱落，形成辅音丛。为规避辅音丛，发生促音化。

（3）［-N］+［ja，jɯ，jo］→［-Nn（ja，jɯ，jo）］，如：

陰陽［oN（m）］+［joɯ］→［oNmjoɯ］

（4）［-N］+［wa，wi，wɯ，we，wo］→［-Nn（a，i，ɯ，e，o）］，［w］元音音素受［n］音素影响，被同化为［n］。

輪廻［rin］+［we］→>［riNne］

连声产生的历史原因是［N］［tsɯ］［to］在中世以前仍未成

① ［m］是拨音［N］的一个异音，不辨别词义。

为独立的音节，只能与后续元音结合组成音节（山口仲美，2006：164）。现代日语中相关词汇不多，在教学中可以做完全整理，进行记忆。

江户时代［N］［tsɯ］［to］成为独立音节出现后，连声现象消失了，但在日常会话中仍残留了很多类似的语音现象：タ・ダ、マ、ナ、ラ行音节中的元音或半元音脱落后，辅音与后续元音组合，产生连声。如：これは［korewa］→こりゃ［korja］等。

（二）拨音音节顺同化现象

即拨音音节后辅音音素受拨音的影响而发生顺同化的变则语音现象。现代日语中较普遍的是拨音音节后［h］辅音的半有声化（半浊音化）和［t］辅音的有声化。

（1）拨音节后续ハ行音时，ハ行无声辅音［h］变化为有声辅音［p］，如：心［siN］+配［hai］→［siNpai］。

（2）动词+［t］辅音类功能语时的两种活用类型。寺村秀夫（1984：40－52）从形态论出发将日语动词分解为因素层次的话，动词可分类为元音词干动词（一段）、辅音词干动词（五段）和不规则动词（カ变、サ变）。如一段动词寝る可分解为［ne+rɯ］，词干末为元音。而五段动词書く可分解为［kak+（k）ɯ］，词干末为辅音。动词后续［t］辅音助词时发生的语音变化对学习者而言是一个难点。比如，后续て［－te］时标记为词干+［－ite］，然后，根据［i］前面音素的特点进一步发生音变。与拨音音节顺同化现象有关的是下面两种情况：

①［w，t，r］辅音节词尾动词可描述为：

買う［kaw+ɯ］+［－ite］→［kawite］→［i］脱落→［kawte］→顺同化→［katte］

待つ［mats+ɯ］+［－ite］→［matsite］→［i］脱落→［matste］→顺同化→［matte］

売る［ɯr+ɯ］+［－ite］→［ɯrite］→［i］脱落→［ɯrte］→顺同同化→［ɯtte］

②［n，m，b］辅音节词尾动词可描述为：

死ぬ［sin + ɯ］+［- ite］→［sinite］→［i］脱落→［sinte］→顺同化为有声辅音→［sinde］

読む［jom + ɯ］+［- ite］→［jomite］→［i］脱落→［jomte］→顺同化为有声辅音→［jonde］

飛ぶ［tob + ɯ］+［- ite］→［tobite］→［i］脱落→［tobte］→顺同化为有声辅音→［tonde］①

此语音现象涉及的词汇量大、面广，有利于提高、巩固学生的语音基础，且可迅速加大学生词汇量。

六、元音交替

即同一词根中的元音随语法功能和词性变化而与其他元音发生交替的现象（小野，2011：103）。这是造成学生日语复合词发音混乱的一个因素。日语的元音交替迄今无法诠释其发生的原因和规律。从用例分类看，［a］代替［e］的情况较多，一般是响度高的元音代替响度低的元音，多为偏正结构词（小野浩司2004：113）。具体分类如下：

（1）［o］→［a］ʃiro -→ʃira -：白川/白木/白む/白ける/白子/白たき/白ける。

（2）［e］→［a］ame -→ama -：雨傘/風上/目の当たり/上着/酒屋/爪先/金具/声色/舟歌。

（3）［e］→［o］se -→so -：背く。

（4）［ɯ］→［a］yasɯ→yasa -：やさしい。

（5）［ɯ］→［o］marɯ→maro -：円やか。

（6）［i］→［a］haʃi→hasa -：はさむ/石和いさわ。

（7）［i］→［o］ki→ko -：木の葉/木陰/木の実/木漏れ日/

① ［m］是/N/音素的一个异音，而［b］为有声破裂音，发音时可以听到在其前面添加了短促的鼻音［n］（蔡全胜，2007：45），故发生鼻音融合。

木っ端/火口/火影。

(8) [i] → [ɯ] kɯtʃi→kɯtɯ -：くつわ/夕月夜ゆうづくよ。

(9) [i] → [e] ki→ke -：気色ばむ/気だるい/気高い/気振り。

从数量上看，除（1）（2）（7）外，其他分类数量极少，可做完全整理记忆。但在（1）（2）（7）分类中，与主要词素相关的词中，一般只有偏正结构词发生元音交替现象。例如，在雨靴[amagɯtsɯ] -雨降り[amehɯri]一组词中，后者属主谓结构词，不发生元音交替。同样，白木[ʃiraki] -白黒[ʃirokɯro]中，后者属联合结构，也不发生元音交替。

七、结　语

我们从语音教学和方便学生理解、记忆角度出发，对现代日语中存在的几种变则语音现象产生的理据进行了例解分析。现代日语辅音从规避规则引起元音插入、辅音脱落等语音现象；而辅音插入、元音脱落和元音融合则是连元音规避原则所引起的语音现象。连声、半浊音化等是构词过程中语音同化的结果。这些现象在表达形式上是变则的，但皆可从日语的语音基本特点找到理据。这些变则语音现象是教学的难点和重点，从语音学角度进行理据分析，可更有效、迅速地让学生掌握规则，从而自主扩大词汇记忆量。

参考文献

[1] 窪園晴夫. 1999. 日本語の音声 [M]. 東京：岩波書店.

[2] 大滝靖司. 2012. 借用語における母音挿入の音韻論的解釈 [J]. 音韻研究，(15)：35 -42.

[3] 金田一春彦. 1993. 日本語 [M]. 東京：岩波新書.

[4] 桑本裕二. 2010. 音節末端部における子音連続の回避と

保持の条件［C］. 東北大学言語学論集, 33–45.

［5］寺村秀夫.1984. 日本語のシンタクスと意味Ⅱ［M］. 東京: くろしお出版.

［6］山口仲美.2006. 日本語の歴史［M］. 東京: 岩波新書.

［7］小林泰秀.2006. 日本語複合名詞の母音交替［J］. 広島女学院大学論集第56集06: 1–18.

［8］小野浩司.2000. 日本語の母音融合について［C］. 意味とインターフェイス下巻. 中右実教授記念論文集. くろしお出版, 107–115.

［9］小野浩司.2004. 母音融合と母音交替［C］. 佐賀大学文化教育学部研究論文集, 9 (1): 107–115.

［10］小野浩司.2011. 日本語の二重子音について［J］. 佐賀大学研究紀要, 16号No.1: 103–109.

［11］中田祝夫, 林史典.2000. 日本の漢字［M］. 東京: 中公文庫, 287–289连声.

［12］蔡全胜.2007. 日语语音学［M］. 大连: 大连出版社.

［13］杨诎人.2007. 日语语音语调［M］. 北京: 世界图书出版公司.

日语复合动词的形态及使用方法

刘　一*

摘　要：“日语入门容易，可学起来难”；“日语敬语的用法怎么也用不太好”，像这样的话经常会听得到。这是否会同日语的复合动词有关呢？在外国人学习日语或教日语的过程中，复合动词经常会被看作是一个难题，这在平时上课时从被提问当中也能感觉得到。即使是单纯的动词也会有各种各样的“格”变化，若作为复合动词使用的话，可以想象会更难。所以本文就「V1（连用形）+V2（动词）」型进行分析研究，分析研究时按复合动词的构成方式以及使用频度最高的动词态及敬语，还有格助词的变化和复合动词的构成范围的顺序进行。

关键词：日语；复合动词；形态；方法

一、复合动词的使用频度

复合动词大的分类可分为直接型和テ接続型两种，其构成是各种各样的。就复合动词一般在文章当中是怎样使用的进行了调查。调查采用的是日本中学语文教科书「新編新しい國語」的一、二、三（林巨樹，1989）为对象。调查是选教科书上具有代表性的作品将其出现的单纯动词和复合动词分别用记录、圈起的

*【作者简介】刘一，云南大学外国语学院副教授，硕士，研究方向为日语语言、日本社会与文化研究。

方法进行的。其结果是：单纯动词对复合动词的比是29.30%，在动词总数里复合动词所占的比例是22.8%，也就是说复合动词占有相当大的比例，可以看出对复合动词的理解和使用方法的熟悉是非常重要的。

二、复合动词的构成方式

复合动词在广义上分为V1（连用形）+V2（动词）型，及V1（连用形）+て（で）+V2（补助动词）型。在这里为了探讨上的方便，分别称其为直接型和テ接続型。下面举例来看其构成方式：

（一）直接型

这类的复合动词形式是动词V1和V2直接连接，V1和V2之间不能加入任何词，即结合的动词变为一个词语来使用，其使用方法如同一个单词一样使用，动词的变化是用V2进行的。如：

（1）人間の脳は、不連続のものから連続したものを導き出す寛容性を持っている。

（2）機械が動き始まる。

（3）いつでもすぐ取り出すことができる。

（4）いつでもすぐ取り出させるができる。

（1）的「導き出す」和（2）的「動き始まる」因为是直接型的复合动词，「き」和「出」、「き」和「始」的之间禁止加入任何词。(3）的「取り出す」和（4）的「取り出させる」也是直接型的复合动词，其意思不同的是「出す」的变化。直接型几乎都是这样使用。

（二）テ接続型

テ接続型是一个动词和补助动词构成的，在て（で）和V2之间可以加入副助词等这种情况，比直接型更为复杂。如：

（5）太郎はよく頑張ってくれた。

(6) 頭が痛くて三日間も本を読んではいない。

像这样（5）的「頑張ってくれた」和（6）的「読んではいない」是属于テ接続型在（6）的「で」和「いない」之间加入了「は」的副助词。

（三）扩大型

把在 a 和 b 中表示的复合动词扩张来看的话就像例（7）那样。

(7) 決斷力は勉強を積み上げていく中で身につくものだ。

（7）的「積み上げていく」是复合动词，「積み上げて」是直接型，用「て」连接的部分变成了テ接続型。

像这样直接型和テ接続型的连用是作为两者的应用例来考虑是最好的，所以在下面不做特别的分析。

三、关于动词态的复合动词

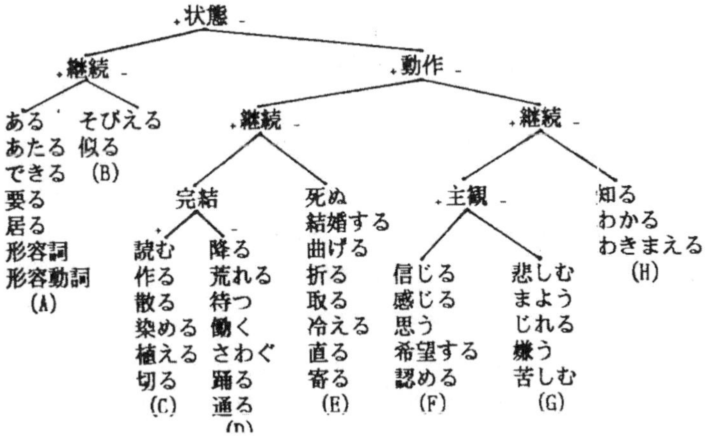

图 1

图 1 是由井上（井上和子，1976）整理的动词态的表现方式，

像这样状态、动作等的表现形式有各种各样的存在，其大部分是把「~ている」、「~てしまう」作为开始的复合动词的形式，即用直接型的「V1 + V2」或是テ接続型的「V1 + て（で） + V2」构成的。为了更好地表现动词的态，熟悉复合动词和其使用方法是不可缺少的，因此，在这里具体地就动词态表现的复合动词举一些例子来进行考察。

（一）直接型

作为直接型，在动词连用形后加「~終わる」、「~始める」、「~始まる」、「~つづける」、「~かける」、「~上げる」等，就变成了具有特点的动词的连接和动词态表现的复合动词（益岡隆志等，1992；西藤洋一等，2004）。

（8）太郎は夕食を食べ終わったあと、友達と遊びに行きました。

（9）彼は本を読み始めるとなかなかやめない。

（10）電車が動き始まった。

（11）太郎は一日中テレビゲームを遊びつづけている。

（12）彼はもうちょっとで警にみつかりかけるところであった。

（13）太郎は高々と自分の作文を読み上げた。

例句（8）的「食べ終わった」是吃饭的动作已经完了的意思。（9）的「読み始める」是读书动作开始的意思，（10）的「動き始まった」和（11）的「遊びつづけて」分别是表示电车开始动了和玩电视游戏的持续特征。（12）的「見つかりかける」和「~始める」是同意，表示瞬间动作。（13）的「読み上げた」和（8）的「~終わる」类似是表示某种动作结束的动词态形式。

像以上那样作为直接型复合动词表示的动词态是V2，并且已清楚了具有几个特征的词语。

（二）テ接続型

刚才用「~ている」和「~てしまう」表示动词态的已经说

了许多，在这里看一下几个例子和其使用方法。

「~ている」是由于动词态的形式表示进行形的结果、状态，还具有形容词的作用和回忆（东京外国语大学附属日本语学校 1982）。

（14）池にたくさんの人魚が泳いでいる。

（15）池にたくさんの落葉が漂っている。

另一方面，「~てしまう」是表示结束和实现的动词态（王曰和 1981）。

（16）子供が泣いてしまった。

（17）花が散ってしまった。

再有表示动词态和方向性的同时经常会使用「~ていく」和「~てくる」。

知道了像以上那样用テ接続型表示动词态的非常多。

四、关于敬语复合动词

具有体系的敬语使用是其他语言所没有的，是日语独特的东西，这样说不过分吧。在汉语里没有像日语那样具有体系的敬语存在的理由是：好像有过但已经丢失了和从来就没有过的说法，不论怎么说，在现代汉语里是不存在的。其构造的复杂和使用方法的多样化经常是中国从事日语教育人员的烦恼之一。对此想探讨一下关于敬语复合动词，首先来看一下敬语的体系吧。

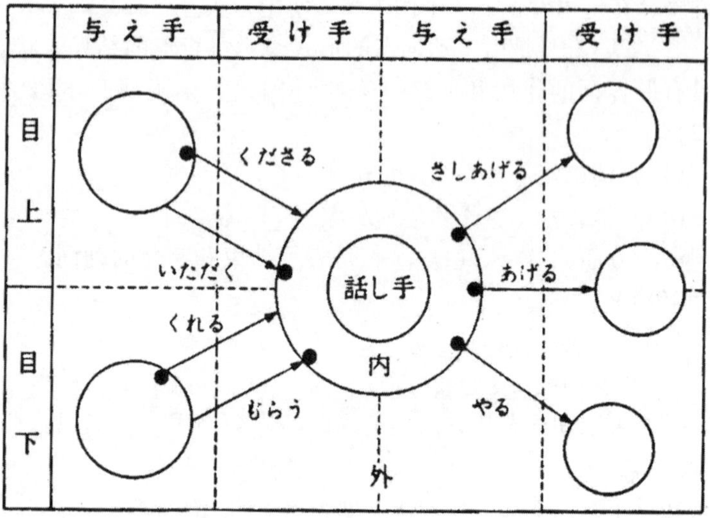

图 2　敬语授受动词体系

图 2 是井上和子（1989）归纳的授受动词的体系，这个图从广义上看，在从「話し手」到「受け手」的地方我想是否可以加入「お＋V（连用形）＋致す（する）」。如能这样的话，表现敬语的复合动词的作用就会相当高，下面分别具体地看一下复合动词的直接型和テ接続型。

（一）直接型

（18）皆さんにお伝えください。

（19）昨日の事件について申しあげます。

（20）先生、もう召し上がりましたか。

（21）先生、この資料を差し上げます。

（22）木村さん、この部屋の電気をよろしくお願いします。

（23）先生、この本をお返しします。

例（18 是「お＋V（连用形）＋ください」型。例（19）、（20）、（21）是使用复合动词「申しあげる」、「召し上がる」、

「差し上げる」是特别的使用方法。例（22）和（23）是「お＋V（连用形）＋する（致す）」型的使用。

从以上的分析明白了像这样表示直接型的复合动词的敬语有三种或三种以上的形式存在。

（二）テ接続型

（24）論文を来週水曜日に提出してください。

（25）田中君、一緒に図書館に行ってくれない。

（26）先生、論文の書き方を一度教えていただきたいですが。

（27）山田君、この文を読んでもらいたいが。

（24）～（27）的例句分别可以归纳为以下的句型，即：「V（連用形）＋て（で）＋ください」；「V（連用形）＋て（で）＋くれる」；「V（連用形）＋て（で）＋いただく」；「V（連用形）＋て（で）＋もらう」。

像这样跟着直接型的后面，テ接続型也有四种使用方法的存在，明确了通过复合动词直接型和テ接続型的使用方法是为了更好地理解敬语的重要部分。

五、伴随着复合动词的格助词变化

对动词来说要使用「を」、「に」、「が」等的格（东京外国语大学附属日本语学校，1982；上海外国语学院，1987）。使用哪个格由动词所决定，一般来说他动词时是使用「を」格，自动词时是使用「が」、「に」等格（柴谷方良，1978；华东师范大学，1990）。可是复合动词的话格助词有什么变化吗?

（一）直接型

如：

（28）部屋の中から誰かはしり出てきた。

（29）旅行計画を立て始めた。

（28）是自动词+自动词的类型，（29）是他动词+他动词的类型。像这样V1和V2，自动词和他动词因为是一致的，所以格助词没有变化。

自动词和他动词不是一样的时候会怎么样呢？首先我们来看一下「他动词+自动词」的类型。

如：

（30）会社の金を使い込んで逮捕された。

（31）一時間後に頂上に辿りついた。

（30）的格助词「を」、（31）的格助词「に」分别因他动词的「辿る」、自动词的「つく」而变化的。可以考虑这是由于文章的重点放到哪里所决定的。即：例（30）「込む」是重点，例(31)「つく」是重点。

下面看一下「自动词+他动词」的类型：

如：

（32）桜の花が咲き始めた。

（33）彼は家を出始めた。

（32）是由前项动词的「咲く」取用的格，若是前项动词取用「を」格的话像（33）所表示的那样复合的词也可取用「を」格。这两个例子不论哪个都是前项动词重要。

从以上的分析明白了取用哪个格助词，是由意思的重点在哪里所决定的。若重点是前项动词的话，就应该取用前项动词应取的格助词，若后项动词是重点的话，就应该取用后项动词应取的格助词。若那样的话，后项动词作为独立词是他动词或是自动词同其他的动词复合的话，随着前项动词的自或他，其复合动词也变成了自动词、他动词。

（二）テ接続型

テ接続型的「~てある」也有格助词的变化。

如：

（34）果物を買う。

（35）果物が買ってある。

可以考虑这是因为「ある」状态性的动作性强。除了「～てある」以外，在テ接続型里没有是由于补助动词使格助词发生变化的，如：

（36）胸をどきどきさせながら行って（自）みた（他）。

六、复合动词的构成范围

复合动词是怎样能够自由结合的呢？有多大的构成范围呢？下面探讨一下这个问题。

（一）直接型

如：

（37）落ちかかる。（〇）結果

（38）死にかかる。（〇）結果

（39）話せかかる。（×）評価

（40）ありかかる。（×）存在

（41）食べかかる。（×）継続

（42）そびえかかる。（×）形狀

看以上的例子同「～かかる」这个后项动词复合时，有自然的例子，也有不自然的例子，这是为什么？

（37）和（38）是自然的，因为其前项动词「落ちると死ぬ」是「结果动词」。可是（39）的前项动词是「评价动词」、「話せる」，（40）的前项动词是「存在动词」、「ある」，（41）の前项动词是「食べる」、「継続动词」，（42）的前项动词是「そびえる」、「形状动词」，因此是不自然的。即：「～かかる」因其是无意志的、瞬间的自动词表示「始动」的意思时，容易同无意志的、自动的瞬间动词相结合，而不容易同意志的、他动词的継続动词相结合（北京大学日语教研室，1982）。所以明确了（39）、（40）、（41）、（42）是不自然的。

对此清楚了动词态的意义是成为构成复合动词的基础，还有存在动词和形状动词等的造语力低。

（二）テ接続型

在 V1 的后面 + 補助動詞的话变成了同直接型一样增加了各种各样的意思，所以这类词也仍然有什么规则吧。如：「～ている」是「存在動詞」一般是不能和「評価動詞」接续的。

（43）×張さんはタイプライターがあっている。

（44）×お菓子が要っている。

（45）×この小説なら子供でも読めている。

「ある」是存在动词表示存在的，「要る」和「読める」是評価動詞，「要る」是表示需要的評価，「読める」是表示读的可能評価。这些动词不接受「～ている」。

「～てある」是受自動詞和他動詞或意志動詞和非意志動詞的限制。自動詞还有非意志動詞的时候，一般是不能使用「～てある」（西藤洋一等，2004）。可是有的时候也用自動詞。

如：

（46）○十分に寝てあるので、二日間寝なくてもいいよ。

「寝る」是自動詞，也是意志動詞。此时，不是叙述自然的状态，因为是强调意识的动作、行为结果的存在，即使是自動詞也能够使用「～てある」。这个说到底也是个特例，一般情况「～てある」只能同他動詞连接。

如：

（47）×雪が降ってある。

（48）○壁に絵が書いてある。

因为「降る」是自動詞并且也是非意志動詞，不接受「～ある」。

「～ていく」、「～てくる」有意思的限制。

「～てしまう」仍然有同动词态的相关限制。

「～ておく」、「～てみる」、「～てみせる」好像也有意志性的限制。

在表示授受关系的「~てあげる」、「~てやる」、「~てくれる」、「~てくださる」、「~てもらう」、「~ていただく」除了有意志性的限制外，关于授受的「うち」和「そと」的问题，还有什么意思上的限制吧。

七、汉语和日语复合动词的比较

到此已分析了复合动词的构成方式和主要的使用方法，在这里想就同汉语的相同点和不同点做个比较。

（一）相同点

关于相同点「V1＋V2」和「V1＋て（で）＋V2」的句型在汉语里也同样存在。

如：在直結型有（49）和（50）那样的用法。

（49）说笑。

訳：しゃべって笑う。

（50）弹唱。

訳：弾いて歌う。

（49）是一边说一边笑的意思，（50）是一边弹一边唱的意思。

另外，举テ接続型例子的话。

（51）人们唱着。

訳：人々は歌っている。

（52）我买了一本书。

訳：私は一冊本を買ってしまった。

（53）我从学校走来。

訳：私は学校から歩いてくる。

（54）我从学校走去。

訳：私は学校から歩いていく。

（51）~（54）的「V＋着」、「V＋了」、「V＋来」、「V＋去」是分别具有与「~ている」、「~てしまう」、「~てくる」、

「～ていく」同样的意思。

（二）不同点

从以上的例子可以看出，汉语同日语的复合动词的形态相当类似，可是，就像日语的敬语在汉语里没有的一样，汉语的复合动词也有在日语里没有的。

如：汉语的「V1＋V1」和「V1＋一（イチ）＋V1」在日语里没有吧。

「V1＋V1」是相同动词重复使用的意思。「V1＋一（イチ）＋V1」是在相同动词之间加入「一」使用。两者都是表示在短时间进行的轻微的尝试动作。下面举四个例子来看一下：

（55）商谈商谈。

訳：ちょっと相談する。

（56）复习复习。

訳：ちょっと復習する。

（57）看一看。

訳：見てみる。

（58）问一问。

訳：聞いてみる。

像这样的用法在汉语里有很多，显示了汉语的复合动词和日语的复合动词之间有很大的差异存在。

八、结　语

以上通过对复合动词的「直接型」和「テ接続型」就其形态以及使用方法进行了研究分析，得出了以下结论：

（1）复合动词的使用频率相当高，其具有代表性的用法是动词态和敬语的表现。

（2）直接型的复合动词时，因前项动词和后项动词、格项词有变化，其变化是由想强调的部分所决定的。

（3）复合动词的构成有限制，就此在某种程度上已明确了。

（4）关于复合动词在汉语和日语之间有相当大的差异，对此若能够进一步研究分析的话，应该会出现很多有趣味的东西。

参考文献

［1］柴谷方良．1978．日本語の分析［M］．東京：大修館．

［2］东京外国语大学附属日本语学校．1982．日语［M］．（一）（二）（三）东京：东京外国语大学．

［3］井上和子．1976．变形文法と日本語（下）［M］．東京：大修館．

［4］井上和子．1989．日本文法小事典［Z］．東京：大修館．

［5］林巨樹．1989．新編新しい国語（一）（二）（三）［M］．東京：東京書籍株式会社．

［6］益岡隆志等．1992．基礎日本語文法［M］．東京：くろしお出版．

［7］北京大学日语教研室，编．1982．基础日语（一）（二）（三）（四）［M］．北京：商务印书馆．

［8］华东师范大学，编．1990．日语［M］．上海：华东师范大学出版社．

［9］上海外国语学院，编．1987．日语（一）（二）（三）（四）［M］．上海：上海訳文出版社．

［10］王曰和．1981．日本语文法［M］．北京：商务印书馆．

［11］西藤洋一，等．2004．现代日本语文法［M］．上海：学林出版社．

《综合日语》修订版中谈话的文体管理

李月婷*

摘　要：日语文体在实际运用中，不仅可以表达敬意，还可以表示谈话双方的距离。本文通过符号对《综合日语》四册书中出现的王宇翔和高桥美惠的对话进行标注，从基本文体的设定和再设定两个方面考察两人怎样通过文体管理逐渐拉近与对方的距离，分析他们从陌生到成为朋友的过程，借此明确蕴含在两人会话中的关于礼貌体和普通体的作用。

关键词：文体；礼貌体；普通体；中途结束

一、引　言

在日语的会话中，根据和对方的关系和场合，双方会设定相应的文体进行交谈。关于日语文体的研究有很多学者从文体形式的分类和日语文体的作用两方面进行过研究。例如，关于日语文体形式的分类，三牧（1989）分为ございます体、礼貌体、普通体、中途结束四种文体，其中把礼貌体和普通体又分别划分为断言形式和非断言形式。佐藤（2000）根据礼貌体和普通体后是否接ね/よ把日语的文体形式分为四种。伊集院（2004）把日语的文体分为礼貌体、普通体和中途结束三种形式，但对礼貌体和普通

* 【作者简介】李月婷，云南大学外国语学院讲师，硕士，研究方向为日语语言学。

体分别进行了三次下位分类。

二、研究对象

本文研究的对象是《综合日语》修订版中的主人公，在校大学生王宇翔和高桥美惠的对话。两者年纪相差不多，会话中没有出现表示特别敬意的ございます体的可能，所以不对ございます体进行单独分类。佐藤（2000）没有对中途结束的句子进行单独分类，但笔者认为中途结束的句子在文中具有礼貌体和普通体没有的作用，有必要对其单独分类。而关于伊集院（2004）的分类，笔者认为过于烦琐，不利于实际操作。在总结各位学者的分类和结合本文的实际研究需要的基础上，把日语文体形式进行如下分类，详见表1。

表1　日语文体形式

分　类	符　号	例			
礼貌体	（+）	京都に行きましたか?	行きました。	そうです。	そうでしょう。
	（+'）	京都に行きました? 京都に行きましたね?	行きましたよ。 行きましたけど。	そうですよ。 そうですけど。	そうでしょうね。 そうでしょ。
普通体	（0）	京都に行った?	行った。	そうだ。 そう。	そうだろう。
	（0'）	京都に行ったの?	行ったよ。 行ったけど。	そうだよ。 そうね。 そうだけど。	そうだろうね。

续　表

分　类	符　号	例			
中途结束	（＊）	京　都　に? 京都…			

关于文体的作用，Ikuta（1983）指出礼貌体一般会被认为是礼貌和正式的文体，但与这两个作用相比，表示社会、心理和对双方产生约束的距离才是其基本作用。在社会距离一定的谈话者之间，“+距离”的礼貌体向“-距离”的普通体的转换，可以缩短与对方的心理距离。宇佐美（1995）把文体从礼貌体向普通体转换称为文体下降，普通体向礼貌体转换称为文体上升，文体下降的作用是：拉近与对方的距离，表达共鸣，把话语权交给对方等，文体上升则有提示话题转换或者保持与对方相同的文体等的作用。

《综合日语》修订版于2011年出版，是在2006年出版的《综合日语》基础上修订完成的。该书由北京大学出版社出版，编辑和顾问由国内日语教学届的权威和众多日本大学的日语学专家组成。与同被列为普通高校“十一五”国家规划教材的《新大学日语》和《新大学日语简明教程》相比，《综合日语》修订版（以下简称《综合日语》）的内容更加丰富，难度也更适合专业学习日语的学生。自出版之后，《综合日语》受到很多从事日语专业教学老师的欢迎，使用的高校在逐年增加。在这本书中，贯穿始终的是日语专业学生王宇翔和日本留学生高桥美惠之间的对话。

本文将用符号对《综合日语》四册书中出现的王宇翔和高桥美惠的对话进行标注，然后从基本文体的设定和再设定两个方面考察两人怎样通过文体管理逐渐拉近与对方的距离，分析他们从陌生到成为朋友的过程，借此明确《综合日语》通过两人的会话想要传达的关于礼貌体和普通体的作用。

三、基本文体的设定

在使用日语进行交谈时，会话参与者会从几种可能的言语形式中，选择适合谈话场合和符合谈话者对双方人际关系判断的语言形式展开交谈，把这种反映谈话者对场合和人际关系判断的语言形式称为文体。基本文体是在特定的谈话中，谈话双方并不是恣意地选择文体，而是根据场合和人际关系选择某一文体，然后在接下来的谈话中大量运用，我们把这种在谈话中出现频率最高的文体称为基本文体。在初次见面时，由于双方是第一次见面，心理距离较远，加上关于对方的信息处于一无所知的状态，使用礼貌体作为基本文体展开谈话是最稳妥的选择。在《综合日语》中，王宇翔和高桥美惠在初次见面时就把基本文体设定为礼貌体。

第5课

（清晨7：50。高桥美惠疾步走在校园里。她约好与铃木见面，眼看就要迟到了，不巧又差一点撞上骑自行车的王宇翔。）

1. 王：啊——！（眼看就要撞上了，他一个急刹车停下。道歉）对不起！

2. 高：すみません。（+）

3. 王：（听了她的话）あ、日本の方ですか。（+）

（又看了看高桥）こちらこそ、すみません。（+）

4. 高：ああ、日本語学科の方ですか。（+）

5. 王：ええ、そうです。（+）

6. （嫣然一笑）じゃあ、また。（+）

在第五课王宇翔和高桥初次见面的谈话中，无一例外，使用的全部都是断言形式的礼貌体，这除了跟课文中的语法相关之外，还跟两人之间的距离有关。因为两人是第一次见面，并且王宇翔是中国人，高桥是日本人，外国人之间的心理距离大于本国人，这样的特殊情况决定了对话采用礼貌体作为基本文体。在第 6 课中，基本文体全部都是断言形式的礼貌体，但是在课文中出现了中途结束的形式。

第 6 课

7. 高：…中国の大学の1 時間目は何時からですか。
（+）

8. 王：朝 8 時からです。午後はだいたい5 時 50 分までです。（+）（+）

9. 高：そうですか。きょうも?（+）（*）

10. 王：いいえ、きょうは7 時 50 分までです。
（+）

除了中途结束的形式，随着两人关系的发展，对话中出现非断言的礼貌体形式和少量的文体转换。

第 15 课

11. 高：王さんは何をもらいました?（+）

12. 王：私は携帯のストラップをもらいました。高橋さんは?（+）（*）

13. 高：私は小さいぬいぐるみをもらいました。かわいいですよ、ほら。（+）（+）

14. 王：あ、それは私が買ったプレゼントです。
（+）

15. 高：本当? じゃ、王さんがくれたぬいぐるみ、大切にしますね。(0)（+）

16. 王：うれしいです。高橋さんはいつもどんなクリスマスを過ごすんですか。（+）（+）

17. 高：ケーキを買って家族で過ごすこともありますが、だいたい友達とパーティーをします。家族が全員集まるのは正月が多いです。王さんは?（+）（*）

18. 王：中国では、家族と過ごすいちばん大切な休みは春節です。 （+）

19. 高：ああ、旧暦のお正月ですね。 （+）

20. 王：ええ、そうです。そうだ。高橋さん、今度の春節にうちに帰るつもりなんですが、高橋さんも遊びに来ませんか。 （+）（0）（+）

21. 高：ええ？いいんですか。 （+）

22. 王：もちろん。両親も喜びます。 （0）（+）

23. 高：うれしい。ありがとうございます。楽しみにしています。 （0）（+）（+）

与第5课、第6课单一的文体相比，第15课中的文体显得更为丰富，断言形式的礼貌体出现11次，非断言形式的礼貌体是4次，中途结束2次，普通体4次，虽然基本文体还是礼貌体，但普通体和中途结束形式的运用，让两人的会话与之前相比更加随意。特别是15、20、22、23中的普通体，因为是自言自语，不存在听话人，所以文体出现了下降。Ikuta（1983）指出礼貌体向普通体的转换可以拉近与对方的心理距离。宇佐美（1995）也认为文体下降可以缩短双方的距离，找到谈话中的共鸣。15、22、23是通过自言自语的形式把自己的心情传达给对方，20则是突然想起某事时的自言自语。不管怎样，在基本文体为礼貌体的对话中，巧妙地使用自言自语不仅避免了因为普通体的使用让自己的行为陷入失礼的风险，还拉近了与对方的距离。在《综合日语》中，正是因为有了这些铺垫，让基本文体从礼貌体向普通体的转换显得自然、不突兀，也符合实际日语对话中基本文体转换的过程。

四、基本文体的再设定

在日语中，基本文体的再设定除了有礼貌体向普通体的转换之外，还有普通体向礼貌体的转换。如果谈话双方年龄、身份、地位相差不多，随着交往时间的增加，双方关系逐渐从陌生到熟悉，投射在基本文体上就是放弃礼貌体使用普通体。如果一直关系很好的两个人中，有一个被提拔重用，地位明显高于另一人，那么一直使用普通体的谈话可能会因为其中一人的升迁，让未获得升迁的一方放弃普通体而使用礼貌体。

《综合日语》中王宇翔和高桥属于从陌生到熟悉的情况，表现在文体当中就是礼貌体向普通体的转变。在第 2 册书中，两人之间还是基本文体为礼貌体的对话，但跟第一册书 15 课相比表现出了一些不同。

第 24 课

24. 高：もしもし、高橋ですが、王さんですか。 （＋）

25. 王：あ、高橋さん。 (0)

26. 高：昨日の面接、どうだったかなと思って… （＊）

27. 王：ええ、まあ。準備はして行ったんですが… （＊）（＋）

28. 高：それで? （＊）

29. 王：順番が来て、名前を呼ばれたら、すっかりあがってしまったんです。前の日に、隣の部屋の人に騒がれて、よく眠れなかったし… （＋）（＊）

30. 高：面接のときは誰でも緊張しますよ。 （＋）

31. 王：そうですか。でも、いろいろなことを聞かれて、頑張って説明したんですが、先生方がわかってくださったかどうか、自信がありません。 （＋）（＋）

32. 高：きっと大丈夫ですよ。 （＋）

33. 王：でも、敬語あまりうまく使えなかったし… （＊）

34. 高：敬語は、日本人でも難しいって言われている。

から、そんなに心配しなくても…　（＊）

35. 王：そうですか。　（＋）

36. 高：元気出して。明後日の相互学習、よろしくね。　（＊）（＊）

37. 王：こちらこそ。電話ありがとう。（＊）(0)

38. 高：じゃあ、またあさって　（＊）

虽然在这个对话中，基本文体仍为礼貌体，与 15 课相比，礼貌体的比重明显下降，中途结束的比重显著上升。断言和非断言的出现次数为 8 次，普通体为 2 次，中途结束形式为 10 次，超过了礼貌体的数量。这种数量的变化，显示出谈话双方关系变得更加亲密，为基本文体从礼貌体向普通体转换打好了基础。

在《综合日语》第 3 册中，出现了促使基本文体重新设定的关键句子。

第 4 课（第三册）

39. 王：北京のみんなは元気ですか。　（＋）

40. 高：ええ、みんな元気よ。李さんも来日を楽しみにしてるし…。ね、王さん、実際に東京に来てみて、どう？　(0′)（＊）(0)

41. 王：うーん、そうだなあ、町が清潔だっていうことと、地下鉄が発達してるってことに、…　（＊）

42. 高：驚いた。　(0)

43. 王：うん。　(0)

44. 高：確かにそうね。　(0′)

（中间省略）

45. 高橋の母：そういえば、前に比べてたくましくなったわね。　(0′)

46. 王：いえ、やっと基本の立ち方がいくつかでき

るようになった程度です。 （+）

47. 高：王さん、母の前だからって、そんなに堅苦しい話し方をしなくてもいいんじゃない？ (0)

48. 王：えっ、そう？（高橋の母のほうに向いて）すみません。いつも空手部の先輩に対して敬語を使っているものですから、つい… (0)（+）（*）

在这个对话中，王宇翔受邀拜访高桥家，王宇翔在与高桥的谈话中还是使用礼貌体，而高桥则使用了普通体。三牧阳子(2013年）通过收集初次见面的谈话，指出在年龄、身份、地位相差不多的情况下，谈话双方使用的基本文体是对称的，即双方要么使用礼貌体，要么使用普通体。按照这个理论，虽然王宇翔和高桥不是初次见面，但两人年龄相差不多，还是一个学校的学生，应该使用相同的文体，却出现了一方用礼貌体而另一方用普通体的情况。产生这种情况的原因，王宇翔在48中进行了解释，因为在跟空手道俱乐部的前辈说话总是要使用敬语，就养成了不分场合使用的习惯。这种不对称的文体，王宇翔在47中被高桥指出说话过于拘谨之后，双方文体不对称的情况得到修复。以高桥47的这句话为契机，两人之间谈话的基本文体得到重新设定，之后的基本文体从礼貌体下降为普通体。

第5课（第三册）

49. 王：ああ、これが鑑真和上が建てた唐招提寺か… (0)

50. 高：鑑真って、何度も遭難しそうになって、失明までして日本にたどり着かれたのよね。 (0')

51. 王：うん。ほんとに立派な方だなあ。 (0) (0')

52. 高：そうよね。仏教や薬学、建築技術などを伝えてくださって…日本人は感謝しないと。 (0')（*）（*）

53. 王：ね、あの人に頼んで、ここで一緒に写真を撮ってもらおうか？ (0)

54. 高：そうね。 (0)

在经过第一册、第二册书的铺垫，在第三册的第5课中，王宇翔和高桥之间的基本文体终于得到了重新设定，从之前的礼貌体下降为普通体，两人的关系也由陌生逐渐发展成了朋友。

五、结　论

汉语是没有文体区别的语言，不管是上司与下属的谈话，还是初次见面的陌生人之间的谈话，抑或好朋友之间的谈话，都采用相同的文体，我们没有办法从文体中判断出谈话双方的地位差距，两人关系的远近亲疏。受母语的影响，学生在学习日语的时候，虽然通过老师的讲解可以明白日语中不同的文体表达不同的关系，但在实际操作中，怎样通过文体的上升或者下降去拉开或者拉近与对方的距离，特别是当结识到日本人时，如何通过文体的变化逐步拉近与对方的距离，是日语学习者在实际运用日语时遇到的难题。

《综合日语》通过王宇翔和高桥的例子，很好地展示了从陌生到熟悉的日语文体变化。如果在文体出现变化时，教师能够有适当的讲解，可以帮助学生明白日语基本文体的再设定并不是一蹴而就的事，它需要有前期的铺垫才能完成质的飞越。通过上面的分析可以看出，到达基本文体再设定，经历了中途结束、非断言形式礼貌体的增加、自言自语等形式的使用。这些形式的使用引导谈话的基本文体进行了重新设定。关于礼貌体和普通体的作用，虽然在《综合日语》中并没有相关理论说明，但它的作用在谈话中得到了非常详细的诠释。笔者认为，把理论融入谈话是非常好的方法，但如果在谈话之外能有对日语文体——礼貌体和普通体的说明会帮助学生更为透彻地理解相关问题。在本文中，笔者从文体管理的角度分析了《综合日语》中的谈话，那么以《综合日语》为教材的日语学习者，在实际运用中对文体的掌握情况如何，将是今后想要考察的问题。

参考文献

[1] Ikuta，S. 1983. Speech Level Shift and Conversational Strategy in Japanese Discourse. *Language Sciences*，(5)：37 –53.

[2] 三牧陽子 . 1989. 待遇レベル・シフトの談話分析 [J]. AKP 紀要，(3)：34 –50.

[3] 三牧陽子 . 2013. ポライトネスの談話分析 [M]. 东京：くろしお出版 .

[4] 伊集院郁子 . 2004. 母語話者による場面に応じたスピーチスタイルの使い分け—母語場面と接触場面の相違— [J]. 社会言語学科，(第 6 巻第 2 号)，12 –26.

[5] 宇佐美まゆみ. 1993. 談話レベルから見た敬語使用—スピーチレベル生起の条件と機能 [J]. 学苑，(662)：27 –42.

[6] 佐藤勢紀子 . 1999. 日本語の談話におけるスピーチレベルシフトの機構 [J]. 東北大学留学生センター紀要，(4)：31 –40.

[7] 彭广陆，守屋三千代 . 2009. 综合日语修订版（第一册—第四册）[M]. 北京：北京大学出版社 .

关于教学中中日同形异义词的思考

张　蔚*

摘　要： 关于中日同形异义词的对比研究已经不是一个新的课题，很多研究者对中日同形异义词的分类、意思的对比等都已做过较为完整的阐述，甚至已经出版了《日汉同形异义词辞典》(2004)，但以往的研究多数都是停留在词汇本身的对比研究，对于在实际教学中学生屡屡出现错用误用的现象并没有系统的归纳，也没有提出具体有效的解决方法。所以，这还是一个值得继续研究的课题。本文主要想探讨一下究竟应该怎样才能在教学中让学生意识到这个容易被忽略的学习上的难点，避免错用误用中日同形异义词。

关键词： 中日同形异义词；对比；教学

一、中日同形异义词的界定及相关调查

（一）同形异义词的界定

在教学的过程中，时常会看到这样的误用例：

（1）意見を提出する。（提出意见。）

（2）彼は留守だ。（他留守在家。）

（3）携帯電話の信号がありません。（手机没有信号。）

汉语和日语同属于汉字圈语言，因此，母语是汉语的我们在

*【作者简介】张蔚，云南大学外国语学院东语系助教，硕士，研究方向为日本语言。

学习日语的时候，难免会产生日语很简单、和汉语大同小异的错觉，外语学习很难摆脱母语的影响，对很多汉字词汇容易望文生义，这就是造成出现以上误用例的根源。而以上误用例中的「提出」、「留守」、「信号」这样的词汇就是本文的研究对象——中日同形异义词。

本文所指的“中日同形异义词”就是，「同じ漢字で書かれているが、それぞれ異なる意味をもつ語を指す、その際、特に音読みか訓読みかを問わず、新旧字体の相違をかまわず、字面で同じであれば、「同形語」と認める」（薛豹，2000）。另外，语言还有时代范围、方言等一系列问题，但本文讨论的是现代汉语和现代日语中两国所使用的通用语。

（二）关于同形异义词的调查

为了了解学习日语的学生对中日同形异义词的掌握情况，对这一类词语有多少关注，笔者以20名日语专业大四的学生为对象做了一项调查。笔者收集整理了一些在学生学习中遇到的中日同形异义词，让参与调查的学生从中选出他所认为的同形异义词，然后笔者根据调查结果，将收集整理的同形异义词进行了相应的划分。结果如表1：

表1　初中级日语学习中常见的中日同形异义词

人数百分比	中日同形异义词
100%	切手、我慢、大丈夫、皮肉、真面目
90%以上	下手、一番、本当、愛人、大家、行事、丈夫、大変、手紙、夢中、留守
70%～89%	恰好、看病、喧嘩、元気、研究生、心地、邪魔、主人、上手、心中、是非、先生、人間、不自由、勉強、娘、無理、迷惑、文句、冷蔵庫、一体、急用、高校、告訴、新聞、大事、手袋、人参、野菜、湯、用意

续　表

人数百分比	中日同形异义词
50% ~69%	外人、学長、下流、汽車、検討、妻子、作業、披露、本、理屈、暗記、該当、他、架空、覚悟、監督、工夫、工作、趣味、小心、顔色、同居、非難、約束、養成、来日
30% ~49%	姑、餓鬼、春雨、番号、意味、漢語、関心、記事、靴、自覚、試験、質問、正月、親友、先輩、単位、提出、饅頭、土産、模様、嫁、愛情、一部、一定、依頼、結局、取材、情報、生理、専攻、対応、入手、発表、放心
10% ~29%	舅、階段、学院、機関、柔軟、深刻、卒業、当年、百姓、翻訳、様子、料理、往復、回転、確実、課題、活動、貴重、駆使、原稿、交渉、自愛、充分、招待、承認、信号、多少、注意、把握、派遣
10% 以下	意見、鬼、会見、犠牲、期待、警戒、呼吸、最近、就職、親切、提供、徹底、答案、難点、非常、批判、訪問、広場、普通、了解
0	運動員、安心、仮設、活躍、完全、教室、議論、将来、立場、表情

从表中不难看出，被调查的学生当中没有人认为「運動員」、「安心」、「仮設」、「活躍」、「完全」、「教室」、「議論」、「将来」、「立場」、「表情」这十个单词是同形异义词。

二、中日同形异义词的分类及具体事例分析

（一）中日同形异义词的分类

中日同形异义词大体上可以分为四类，即：①在日语和汉语中，意思完全不同的词语；②在日语和汉语中，意思有重叠的部分也有各自不同的部分的词语；③在日语中的意思比在汉语中的意思广的词语；④在汉语中的意思比在日语中的意思广的词语。

笔者按照以上分类方法将所收集整理的同形异义词进行了分类，结果如表2：

表2　初中级日语学习中常见的中日同形异义词的分类

①在日语和汉语中，意思完全不同的词语	切手、我慢、大丈夫、皮肉、真面目、下手、一番、本当、大家、行事、丈夫、大変、手紙、留守、恰好、看病、喧嘩、研究生、心地、邪魔、上手、是非、先生、人間、勉強、娘、迷惑、文句、冷蔵庫、一体、急用、高校、告訴、新聞、大事、手袋、人参、野菜、湯、用意、学長、汽車、本、理屈、暗記、該当、他、工夫、顔色、約束、来日、姑、餓鬼、番号、意味、靴、試験、質問、正月、運動員、提出、饅頭、土産、嫁、取材、入手、舅、階段、鬼、就職
②在日语和汉语中，意思有重叠的部分也有各自不同的部分的词语	愛人、主人、不自由、無理、外人、作業、披露、架空、覚悟、監督、工作、小心、同居、非難、養成、関心、記事、自覚、先輩、単位、模様、依頼、生理、専攻、対応、発表、柔軟、深刻、様子、料理、往復、回転、確実、課題、貴重、駆使、充分、信号、多少、把握、派遣、会見、仮設、活躍、議論、警戒、期待、親切、提供、答案、訪問、普通、了解、立場

续　表

③在日语中的意思比在汉语中的意思广的词语	夢中、元気、妻子、趣味、心中、春雨、漢語、愛情、一部、結局、情報、放心、卒業、百姓、交渉、自愛、招待、承認、注意、完全、教室、将来、表情、犠牲、呼吸、徹底、難点、非常
④在汉语中的意思比在日语中的意思广的词语	下流、検討、親友、一定、学院、機関、当年、翻訳、活動、原稿、意見、最近、安心、批判、広場

表1显示，100%的学生认为「切手」、「我慢」、「大丈夫」、「皮肉」、「真面目」这五个词语是同形异义词，而90%以上的学生认为「下手」、「一番」、「本当」、「愛人」、「大家」、「行事」、「丈夫」、「大変」、「手紙」、「夢中」、「留守」这十一个词语是同形异义词；而表2显示，「切手」、「我慢」、「大丈夫」、「皮肉」、「真面目」、「下手」、「一番」、「本当」、「愛人」、「大家」、「行事」、「丈夫」、「大変」、「手紙」、「夢中」、「留守」这十六个词语中有十四个都是属于“①在日语和汉语中意思完全不同的词语”。因此，能看出学生基本上是可以准确辨别在日语和汉语中有着完全不同意思的同形异义词的。对于学生来说难以辨别的是后三类，也就是在日语和汉语中意思有交集但也有各自不同的意思的同形异义词；日语意思比汉语意思广的同形异义词；汉语意思比日语意思广的同形异义词。

但是，文章开头所列举出的误用例（1）（2）（3）中的误用词语「提出」「留守」「信号」中有两个，即「提出」和「留守」都属于第一类在日语和汉语中意思完全不同的同形异义词，所以，这说明学生能够辨别同形异义词不等同于能够很好地运用同形异义词。在教学中，不仅要让学生辨别同形异义词，更主要的是要让学生接触大量的语料，掌握词语正确的用法。

（二）具体事例分析

在诸多的同形异义词中，笔者想就调查中学生没有意识到是同形异义词的「運動員」、「安心」、「仮設」、「活躍」、「完全」、「教室」、「議論」、「将来」、「立場」、「表情」这十个词语做一下具体的分析，以探究同形异义词的具体有效的教学法。

按照之前文中提到的同形异义词的分类法，可以将这十个词语分类如下：

1. 運動員

在日语中「運動員」的解释为：ある目的を達するために活動する人。而在汉语中，其解释为："参加体育运动竞赛的人。"汉语的"运动员"对应的日语应该是「スポーツ選手」。

2. 仮設、活躍、議論、立場

仮設

「仮設」的解释为：①必要な時期だけ、仮に作り設けること。②実際にないことを仮にありとすること。③ある推理の出発点として設定される命題。而"假设"的解释为：①姑且认定。②虚构。③科学研究上对客观事物的假定的说明，假设要根据事实提出，经过实践证明是正确的，就成为理论。

从以上摘自词典的解释可以看出，日语解释的②③和汉语解释的②③是相对应的，也就是在汉语和日语里意思重叠的部分，而"暂时、临时"的意思为日语所特有，"姑且认定"的意思为汉语所特有。

日语中常出现「避難所を仮設する。（临时搭建避难所。）」、「仮設舞台（临时舞台）」等的用法，这时的「仮設」和汉语的"临时、临时搭建、临时设置"等意思相当。而《现代汉语词典》中给出的例句："这本书印了十万册，假设每册只有一个读者，那也就有十万个读者。"这时的"假设"则和日语中「仮に～とする」意思相当。

活躍

「活躍」的解释为：めざましく活動すること。大いに手腕をふるうこと。“活跃”的解释则为：①行动活泼而积极；气氛活泼而热烈。②使活跃。

日语的「活躍」和汉语的“活跃”在意思上重叠的部分是“行动积极”；而“大显身手”这一意思为日语所特有，“气氛热烈”及“使活跃”又是汉语所特有的意思。

日本人常说的「今後のご活躍をお祈りしております。」这一句子翻译成中文用“活跃”一词就显得不恰当，贴切的说法应该为：“我期待着你今后大显身手。”而汉语里的“学习讨论会开得很活跃”用日语的「活躍」显然不合适，这里应该是「活発」的意思。“活跃农村经济”这一例句中的“活跃”又应该和日语的「活性化させる」相对。

議論

「議論」的解释为：互いに自分の説を述べあい、論じあうこと。意見を戦わせること。また、その内容。而“议论”的解释为：①（动）对人或事物的好坏、是非等表示意见。②（名）对人或事物的好坏、是非等所表示的意见。

由此可以看出，「議論」和“议论”在“表示意见、发表观点”这一意思上是重叠的，但日语的「議論」有“互相、双方（表示）”的意思，而汉语中没有，在这一层意思上更接近汉语中的“讨论”一词。汉语中“议论”有“针对人或事物的好坏、是非”的意思，而日语中却没有。所以在翻译汉语中诸如“大家都在议论这件事”这种表达的时候，用「議論」就不恰当，应该选用「取りざたする」。

立場

「立場」的解释为：①立っているところ。②その人が置かれている地位や状況。また、その人の面目。立つ瀬。③見地。観点。考え方。④葬式。また、葬式の出立。⑤「立場の膳」の

略。而“立场”的解释为：①认识和处理问题时所处的地位和所抱的态度。②特指政治立场。

从以上解释可见，在“所处的地位，所抱的态度”这一含义上，日语和汉语是重叠的，但日语的「立場」还有“站的地方；观点、想法；葬礼；葬礼上供参加仪式者的用餐”等意思，而汉语的“立场”还特指“政治立场”。因此，在使用过程中应该要注意其各自特有的意思。

3. 完全、教室、将来、表情

完全

「完全」的解释为：すべて備わっていて、足りないところのないこと。欠点のないこと。すべてに及ぶこと。“完全”的解释则为：齐全，不缺少什么；全部，全然。

「完全」和“完全”都包含了“齐全，不缺少，全部”的意思，但“没有缺点”这一含义为日语的「完全」所特有。因此，日文中「完全を期する。」「まだまだ完全ではない。」这样的表达翻译成中文就要用“完美”“完善”与之相对应。

教室

「教室」的解释为：①学校で、授業・学習を行う部屋。②大学で、専攻科目ごとの研究室。また、教科別の教官の組織。③技芸などを教える所。而“教室”的解释为：学校里进行教学的房间。

一目了然，日语中「教室」的意思②③都是汉语中“教室”所没有的。日语中「教室会議」的「教室」和汉语中“研究室”“研究组”等词语意思相当。而「料理教室」中的「教室」和“培训班”相对应。

将来

「将来」的解释为：①これから来ようとする時。未来。ゆくさき。前途。（多くは「未来」よりも現在に近いところを指す。）②持ってくること。③ある状態をもたらすこと。招来。而

汉语中的“将来”的解释为：时间词。现在以后的时间（区别于过去、现在）。

「将来」的意思②③是汉语中“将来”所没有的，包括①当中的“前途”这一意思也是日语所特有的。「将来」除了“将来”的意思，还有汉语中“前途”“拿来”“招致、导致”等含义，所以在表达“他很有前途。（彼には将来がある。）”“带来危机（危機を将来する）”等意思的时候，都可以用日语的「将来」一词。

表情

「表情」的解释为：①心中の感情・情緒を、顔つきや身振りに出しあらわすこと。また、そのあらわれたもの。②比喩的に、社会のある面が持つ様相。“表情”的解释则为：①（动）从面部或姿态的变化上表达内心的思想感情。②（名）表现在面部或姿态上的思想感情。

日语的「表情」和汉语的“表情”在“从面部或姿态上表达内心的感情”这一意思上是重叠的，但日语的「表情」还有“比喻社会的某个侧面的情况”之意，因此日语中会出现诸如「そのニュースをめぐる各国の表情は様々だった。（围绕那条新闻，各国的反应各式各样。）」、「大みそかの全国各地の表情をお伝えします。（我来介绍一下跨年夜全国各地的情况。）」等的用法，在这种句子当中就应该用汉语的“反应”“情况”等与之相对应。

4. 安　心

「安心」在日语里的解释为：心配・不安がなくて、心が安らぐこと。また、安らかなこと。而汉语里的“安心”解释为：①心情安定。②存心，居心。

在汉语里“存心，居心”之意是汉语的“安心”所特有而日语的「安心」所没有的。所以，汉语里“安心不善”“谁知道他安的什么心？”类似这样的用法，就与日语的「下心」、「了見」等词语相对应。

（三）对具体事例分析的总结

上文提到的「運動員」这样的同形异义词，意思上在日语和汉语中并没有交集，属于在日语和汉语中意思完全不同的词语。学生对于这样的词语无法辨别或者误用的话，可以推断是对日语中这个词语的意思完全不了解，看到「漢語」的汉字之后联想到母语汉语里的意思从而产生的错误理解。对于这类同形异义词，在教学中应该向学生强调其在日语里的意思，引起学生的重视，让学生正确地区分记忆在日语和汉语里的意思，避免误用。根据以往的教学经验，强调而引起学生注意对这一类同形异义词的学习是有帮助的。如「手紙」一词，在日语里是“信”的意思，在刚接触这一单词的时候笔者在教学时就会多次提醒学生尤其注意其日语意思，所以很少会出现这一单词的误用现象。

而后三类同形异义词（即②在日语和汉语中，意思有重叠的部分也有各自不同的部分的词语；③在日语中的意思比在汉语中的意思广的词语；④在汉语中的意思比在日语中的意思广的词语。），学生对于这几种同形异义词无法辨别或出现误用就可能是出于以下三个原因：第一，对日文中的这一词语完全不了解。第二，只知其一，不知其二。在学习过程中只了解这些词语意思上和中文重叠的部分，而不知道其他的意思，因此受母语影响根据汉字臆想出一些用法。第三，在学习过程中，知道了意思上的差别，但却不知道一些习惯、地道的用法，所以在词语运用中选词不当。

针对出现错误的原因，在教学中我们就可以拿出相应的办法和对策。笔者认为，在同形异义词的教学中，除了提醒学生注意，让学生发挥自己的主观能动性之外，还可以有两个具体的方法：第一，在日语教学中，同形异义词的教学几乎都是融入平时的词汇教学中的，并没有专门专项地讲解，这样一来，学生在学习过程中对同形异义词就没有一个集中的总体的印象，都是遇到一个记一个，并没有形成系统。因此，可以在教学过程中进行专门的学习训练和讲座，把这些词汇都汇总起来，根据相关的分类、用法的差别等让学生有一个系统的学习。当然，汇总词汇、进行分类等这些都可以让学生自己去做，这样更能加深学生对同形异义词的理解。第二，在具体的教学中，不能仅仅停留在给学生讲解意思上，应该给出大量的对译语料，这是学习同形异义词很直接有效的方法。例如，文中开头给出的误用例（1）中的「提出」，在教学中不仅要告诉学生「提出」和“提出”在意思上的差别，应该给出具体的对译例子。如：レポートを提出する。/提交报告；宿題を提出する。/交作业。提出问题/問題を出します；提出意见/意見を持ち出す。这样就能很直观地让学生感受到两个词语在使用上的区别。

三、结　语

在词汇研究中，已经有大量关于中日同形异义词的研究，许多研究者已经对同形异义词的分类、意思的区别对比等做了较为完整的阐述，但是以往的大多数研究都只在研究层面，这依然还是一个教学中的难点，依然还是学习日语的中国学生常常容易犯错的地方，这就需要进一步将讨论扩展到实际的教学中，需要能够拿出具体的行之有效的方法来避免学生在同形异义词的使用上犯错。本文通过一些具体例子的分析，谈了几点对策，但在同形异义词的问题上，依然还有值得深究的地方。例如，即使是同样的意思，因为词性的不同而引起的不同的用法；或是多音字造成的不同的意思，从而产生的不同的用法；等等。这些都将是笔者今后继续研究和探讨的问题。

参考文献

［1］新村出 . 2005. 広辞苑［Z］. 東京：岩波書店 .

［2］新村出 . 1987. 日中辞典［Z］. 北京：小学館・北京商務印書館 .

[3] 新村出. 1992. 中日辞典 [Z]. 北京：小学館・北京商務印書館.

[4] 黄力游，林翠芳. 2004. 日汉同形异义词辞典 [Z]. 北京：外语教学与研究出版社.

[5] 薛豹. 2000. 日中対立構造語の研究——日中同形語を中心として [A]. 日本学研究论丛：3 [C]. 北京：外语教学与研究出版社.

[6] 徐堅. 2001. 日本の漢語と中国の同形語意味の比較研究 [A]. 日本学研究論文集 [C]. 西安：陕西人民出版社.

[7] 楊暁鐘. 2001. 中国式日本語の原因を探る——日本語教育における問題を中心に [A]. 日本学研究論文集 [C]. 西安：陕西人民出版社.

[8] 杨晓钟，曹珺红. 2003. 有关中日同形词研究的几个基本问题 [A]. 日语教学论文集 [C]. 西安：陕西人民出版社.

[9] 中国社会科学院语言研究所词典编辑室. 2012. 现代汉语词典 [Z]. 北京：商务印书馆.

浅探法语在中世纪英国的使用

——以国王及法律的语言之名

解 婷*

摘　要：法语在历史上曾一度享有贵族的语言这一光环。为何它会在中世纪的英国以国王和法律的语言之名前后存活了400年？通过对这一时期语言历史文献的研究，我们可以了解到法语在中世纪的英国从兴起到衰落的大致脉络，进而发现使用不同语言的新统治者入主、政治力量改变以及神职人员变化能够使当地语言倾向改变并给本土语留下深远影响。

关键词：法语；英国；中世纪；国王；法律

一、引　言

我们都知道，在法国，中世纪时期的法语曾经是当时的国王们以及法律上的用语。与拉丁语相竞争，它从1360年起被司法部选中。且是在1539年，国王弗朗索瓦一世颁布维雷·戈特莱敕令后，法语才成为皇家统治下的唯一用语。语史学家和语言学家们常常支持的观点是：皇家统治中法语使用的增加对于皇族在中世纪末期的统一是有决定性影响的（Lusignan，2004：69）。

然而我们常常会忽略的是，在中世纪的英国，法语同样是几任国王以及法律上的用语。事实上，法语曾是英国国王在长达一

*【作者简介】解婷，云南大学外国语学院助教，硕士，研究方向为法语区相关问题。

个半世纪过程中的书写用语之一。它曾与拉丁语共同扮演着表达君主意愿的角色。直到二者纷纷被英语取代——前者于15世纪上半叶，后者于16世纪初。但在该变化结束前，“英国国王爱德华三世与查理二世使用法语的频繁程度大概不亚于同一时期的法国君主菲利普六世、查理五世或查理六世”（Picoche & Marchello-Nizia，1998：142）。

这一现象在中世纪是如何发生的？法语是何时以国王和法律用语之名扎根到英国的？英语何时取代了法语？法语给英语留下了哪些影响？这些疑问正是此篇文章要探索的内容。

二、英国法语

当然，英国法语并非当今人们在法国使用的法语。它同时具有着诺曼底方言、庇卡底方言和安茹法语的特点。由于依附于纪尧姆的骑士们并非都是诺曼人，还有安茹人、庇卡底人和法国人，而他们不学当地方言，相互间讲的是一种大杂烩法语。而这种法语又尤其和诺曼底语有着相似的特点，人们称之“盎格鲁—诺曼底语”。但从13世纪起，英国丢掉了诺曼底地区以及对卢瓦尔河地区的所有权，大不列颠群岛与这些地区间的居民迁移随之停止。所以专家们更喜欢使用“盎格鲁—法语”这一字眼来指代中世纪末期英国国王所使用的法语。

那么，如果我们提出“英国法语更应该说是法语的一种方言还是流到国外的法语？”这一问题，得到的答案肯定会大不相同。Gaston Paris（Lusignan，2004：156）写道：“确切地说盎格鲁—诺曼底语并非一种方言：它不过是曾经的一种说法语的不完善方式。”而Ferdinand Brunot（1905：320）则推崇把盎格鲁—诺曼底语归入到国外法语史而不是法语方言史。在他看来，那是一种“出口”了的语言，词汇“相对祖国”还保留着“早期的特点”。

再者，英国使用的语言结合了法语在荷兰、比利时弗拉芒地区、德国、意大利或者东方天主教王国的一些用法。因此，在19

世纪末，从罗曼语史学在法国的复兴开始，盎格鲁—诺曼底语便被归为法语的一种边缘形式。

三、法语在英国的发展

（一）植　入

最后一位盎格鲁—撒克逊国王爱德华去世的时候没有继承人，盎格鲁—撒克逊王国与诺曼底保持着组织上的联系。诺曼底的纪尧姆公爵于是利用爱德华缺乏继承者这一困难带着一支舰队和一支军队登上了英国大陆。通过将其同伴指派到各主要封地，且将盎格鲁—撒克逊的高级神职人员替换成诺曼底人，他制服了这片土地。1066 年对英国的占领，同样撼动了这片土地上的语言格局。

（二）准　备

第一，在这一时期，政治力量建立在对土地的所有权上。当时的情况是诺曼底人以及一小部分法国贵族完全统治了英国。我们可以看到几乎整个英国的不动产财产清单。该清单编录在 1086 年出版的 *Domesday Book*（《末日审判书》）一书中。

以下是王国的不动产收入分配，总额是 73000 英镑。

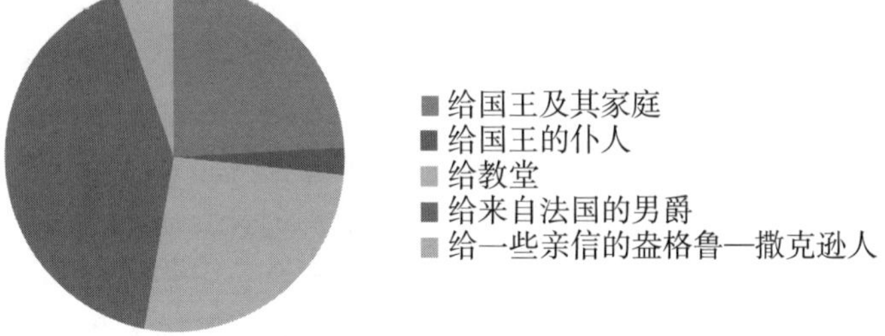

图 1　不动产收入（除了城市和北部的四个郡）

需要指出的是大部分主教辖区和修道院在此次占领后也交到了诺曼底人手中。从这一点我们也可以看出讲着另一门语言的新到来之人的力量。12 世纪末，所有的地主都进入说法语的皇家宫廷。这一现象使得法语一直传播到了乡下。

第二，安茹王朝统治下，海上交通将法语发展为水手的语言。很多大陆人定居到伦敦做生意，使得直到 13 世纪，“当人们不借助于拉丁语的时候，法语就是商业、公共法规、商人行会的用语”（Picoche & Marchello－Nizia，1998：160）。

第三，法语具有世俗文化用语的魅力。在成为国王的语言之前，法语就已经作为文学语言绽放。法国文学在英国拥有过长时间的开花期，持续了整个 12、13 世纪。它也催生了一系列丰富的作品：根据近期对盎格鲁—诺曼底语文章的盘点，多达 986 篇。《罗兰之歌》最古老版本的手稿保存在牛津，追溯到 1098 年，带有着盎格鲁—诺曼底语的色彩；还存在着丰富的与布道有关的诗歌和散文文学；从 Geoffroi Gaimar 写作的 *Estoire des Engeleis*（《英国人的历史》）起，重要的编年史也用盎格鲁—诺曼底语编写，上至 1140 年，下至 14 世纪初 Pierre Langtoft 写的编年史；同样还有大量的小说作品；Arthur 国王和他骑士的传奇也在 Brut 写于 1155 年的小说中第一次出现了法语版本。

总之，为了成为国王和法律的用语，法语开始具备政治、经济以及文化基础。

（三）英语化

然而，法语并非一直都是贵族的语言。

在皇族家庭中，从纪尧姆一世到理查德二世，法语一直是统治者的母语，直到 1399 年被摒弃。在这一时期，法语的特点得到逐步加强：在金雀花王朝统治下，德安茹和曼恩伯爵亨利（Henri）因为与埃利耶诺尔（Aliénor）的联姻得到了阿基坦地区。亨利能够听懂英语，但是他只说法语。他的儿子理查德一世本人的统治期当中很重要的一部分是在法国度过的。随后，英国和法国皇室家庭成员间的多次联姻也为保持统治者说法语这一特点做出了贡献。

在这之后，当母语是英语的亨利四世继位并于 1399 年建立了新的兰卡斯特王朝，上述现象便终止了。此外，跟随征服者纪尧姆一起从法国而来的贵族大多是男性，最后往往娶了盎格鲁—撒克逊的女子为妻。这些婚姻都加速了法语的英语化。人们认为英语在 12 世纪下半叶就以贵族的母语之名取代了法语。

但可以确定的是这一变化并未触及当时说英语的民众。因为对于他们来说，法语始终是带着更大魔力光环的国王的语言。

（四）盛放：以国王和法律的语言之名

13 世纪末期，法语成为契据、立法以及英国行政管理中司法机关和法庭审判的用语。

在英国如同在法国，法语和拉丁语之间一直存在着竞争关系。诺曼底国王在行政管理上以及金雀花王朝的第一批统治者只用拉丁语，然而在 1086 年的 *Domesday Book* 一书中，好几个拉丁措辞看起来像是法语的翻版。1170 年，第一份私人契约用法语签署。12 世纪结束前，伦敦的居民用盎格鲁—诺曼底语书写了几份市政决议。正如众所周知的《大宪章》——构成英国中世纪政治史最重要的资料之一，自它的编写之日起，便有相应法文版本在传播。且该立法拉丁语版的草稿是用法语编辑。在 1250—1260 年间，《普通法》前三部的法文版问世，分别是：le *Casus Placitorum*、le *Fet Asaver* 以及 le *Brevia Placitata*.

再后来，将近 1290 年的时候，《普通法》第一主要条约的法文版面世，以 *Britton* 这个名字为世人所知。就这样，盎格鲁—法语于 13 世纪末开始被使用，且从此以后，对于语言的选择主要取决于契约的签订方式。

面对掌玺大臣公署，国王们对自主权的渴望也导致了印章增加。掌玺大臣公署独自持有大印章，国王们相继谋得私人印章、秘密印章，以及最后变成了一个图章戒指。正是这些新的印章为盎格鲁—法语的出现创造了有利条件：第一批法文证书就是在私人印章效力下撰写于 13 世纪和 14 世纪交替之际（Lusignan,

2004：166）。掌玺大臣公署极少使用盎格鲁—法语，除非是在涉及硬币铸造和森林的契约中。书记员是掌玺大臣公署里唯一用法语大量书写的官员。法语在整个 14 世纪，甚至直到 15 世纪后期都是该机构的惯用语。

至于英国国王方面，他们寄给法国国王的信往往都用法语书写。就连写给苏格兰国王或者涉及盎格鲁—诺曼底群岛的也同样用法语写。至于其他印章下，也更多用法语。爱德华一世执政时（1217—1307 年），官方文书上使用最多的是私人印章，已经成了日常惯用。印有该印章的文书先是用拉丁语书写，随后在其统治期的最后几年用法语书写。爱德华二世执政时（1307—1327 年），用法语书写的文书数量与用拉丁语写的相当。甚至连印章上的字样也是法语的。爱德华三世（1327—1377 年）及查理二世（1377—1399 年）执政时，盖有私人印章的给加斯科涅发的文书同样用盎格鲁—法语撰写。按照爱德华二世保留一个属于他自己的印章的意愿，另一个被称为秘密印章的官印从 1312—1313 年间开始使用。从一开始，盖该印章的文书就常用法语写就。在英国，从爱德华一世起，君主不能直接命令掌玺大臣公署编写皇家大宪章。必须通过以私人印章、秘密印章或戒指图章之一封缄过的确认信传达指令。这一要求意在确保是国王本人下命令出具文书。14 世纪时，确认信往往用法语书写。国王甚至常常附上所要出具文书的盎格鲁—法语版本的第一稿。从这里，我们便能发现很多拉丁语版的皇家宪章实际上不过是预先用法语编写的文书的译稿。用法语书写以私人印章封缄的确认信这一现象持续到将近 1437 年（Lusignan，2004：168）。在这一点上，还应该补充说明，拥有自己掌玺大臣公署的爱德华三世也给了法语优先权。并且通常情况下，13、14 世纪的英国皇室家庭成员相互之间通信或者给他们的下属官员发文时用的也是法语。

除此之外，每次召开国会，臣民都会呈递很多请愿书给国王。从 13 世纪最后几个十年起，这些请愿书便开始用盎格鲁—法语书写，且这一情况一直持续到 14 世纪。

现在，让我们来讨论一下法庭方面。在皇家法庭上追踪一个案件有可能要求用到三种语言（Lusignan，2004：173）。律师用法语为案件辩护；而当原告、原告代理人或者证人发言时则多使用英语。有时，律师用英语援引一些特定的术语或格言，或者与法官进行非正式的一些交流。一旦商议结束，法官会用法语口头宣布他的判决。随后，人们用拉丁语将其记录在法庭卷宗当中。

最近，保罗·布朗以让人信服的方式展示了在亨利二世统治下，自从中央第一法庭出现之后，盎格鲁—法语曾是口头交流的用语，而拉丁语则是书写用语。自从爱德华一世统治起，法语在司法领域的地位也因为司法相关职业越来越专业化而得到加强。

有人对案件结果进行概述。每年在皇家法庭上打官司的重要案件由贵族们牵头编著纪要。通过甄选出来编写纪要的案件性质，我们可以懂得如何着手诉讼程序、观察双方论据以及判决动机。这些纪要构成了一份珍贵的汇编，对法学起到了启发作用。案件纪要的写作始于亨利三世统治末期。需要注意到的是，从 1268 年到 1272 年这一时期给我们留下了 11 篇报告，其中有 6 篇是用拉丁语写的，5 篇用盎格鲁—法语写的；我们得知与爱德华一世统治期相关的文献有 1870 篇，其中用拉丁文写作的不超过十篇，其余的均用盎格鲁—诺曼底语写作；资料的数量一直在增长，时至今日，已经出版的不少于 20000 篇，覆盖的时期直到 1535 年（Lusignan，2004：174）。

法语在法院的使用证明了他既是国王的语言又是法庭的语言。

（五）衰　落

通过观察皇族机构内部我们可以发现，法语力量的减退同英语开始在以图章戒指、私人印章及秘密印章封缄的皇家文件中被强势使用是同时发生的。第一份用英语写作、以图章戒指封印的文件追述到 1417 年。随后，英语的使用成为规范。在私人印章封印下的文件中，法语衰退英语崛起的现象始于亨利四世统治初期。

亨利四世于 1422 年成为国王。此外，用英文写的请愿书数量在 1440 年间开始占上风，也是在同一时期，法语逐渐消失。至于法庭方面，中世纪末期，法语的使用缩小到仅用于正式陈述辩护词。随后，1731 年颁布的一道法令彻底将法语驱逐出了司法领域（Lusignan，2004：164）。

另外，要求重新重视古盎格鲁—撒克逊价值以及回归英语的呼声越来越频繁地响起。整个 14 世纪，人们持续听到支持英语的要求。因此亨利四世支持英语文学的发展，以便在其篡夺王位后能够赢得英国民众的心。在那之后，在亨利五世的统治下，英语成为国王的语言。而其子亨利六世在其位期间（1422—1471 年）同样保持了该选择。15 世纪中期，英语已经在宫廷写作中大面积取代了法语。

四、法语对英语的影响

随着诺曼底人的到来，尽管法语先后扮演了国王的语言、法庭的语言、法律和行政的语言等角色，但它从来未成为整个英国的语言。英国的语言始终是英语。只不过在那一时期的社会，少数人的语言曾因为它的光环而压倒多数人的语言。若将盎格鲁—撒克逊语与 15 世纪的普通英语做对比，我们会发现法语对英语的演变产生了影响。英语在句法、词汇以及拼写上都发生了深刻的变化。然而最显著的影响表现在词汇上。不计其数的法语词汇被英语吸收。常常发生的情况是一个源于罗曼语的词汇替代了某个已经存在的盎格鲁—撒克逊语词汇。在有的情况下，一个法语单词与一个盎格鲁—撒克逊语单词并列使用来表达出一种新的意义上的细微区别。例如：OX 源于盎格鲁—撒克逊语，意思是牛这种动物；而 beef 源于法语，则指的是牛肉这种食物。最后，在某些情况下，法语单词被采用来命名新的事物。其中，我们注意到在贵族词汇中有 count、duke 或 peer 等单词；在司法词汇中有 court、crime 或 judge 等词；还有在政治用语中有 chancellor、government 或 nation 等。估计中世纪末期的普通英语中有22%的词汇来自于法语。

此外，在文学方面英语似乎是一门“贫穷”的语言，甚至没有诗歌样本。而法语则享有文化和文学的光环。英语作者想要将英文变成一门文学的语言以跟法语比肩。而他们的灵感又是从法语作品中找到的。于是我们很容易注意到在14、15世纪交替之际很多作家的英文作品都深深打上了法语的印记，无论在词汇上还是在诗歌表现形式上。

总而言之，历经了这样一个时期，英语确实成为日耳曼语族中“最拉丁”的一门语言。

五、结　论

来自诺曼底的纪尧姆占领英国之后便将法语强加给了这片土地。法语于13世纪末开始在宫廷行政管理中被使用，但它从未使拉丁语彻底消失。15世纪上半叶，法语渐渐从皇家书写中淡出。但在法庭中，它一直存活到了18世纪初期。此外，民众讲英语这一事实使得语言情况更加复杂。从1417年起，英语开始在宫廷文件中出现。此后，随着法语的衰退，英语的使用更加广泛。从1066年攻克英国到15世纪上半叶逐步停滞，盎格鲁—法语在英国经历了四百年。在中世纪，它无疑是法语最重要的一个分支。从英国的情况可见，通过君主带入一门语言，即使这门语言属于另一语族，也能够引发本土语言深刻的转变。

参考文献

［1］ Lusignan，S. 2004. *La langue des rois au Moyen Age*，Paris：Presses Universitaires de France.

［2］ Perret，M. 2001. *Introduction à l' histoire de la langue française*，Paris：Armand Colin/HER.

［3］ Picoche，J. & Marchello – Nizia，C. 1998. *Histoire de la langue française*，Tours：Nathan.

缅语和哈尼语名量词来源比较初探

李堂英*

摘　要：量词丰富是汉藏语系语言的特点之一，而名量词是量词中数量最多、最具特点的一个类别。在亲属语言之间，量词有其共同点和不同点。同属藏缅语族的缅语和哈尼语是名量词较丰富的语言，其来源也丰富多样。本文通过对缅语和哈尼语名量词的来源进行比较分析，进而分析两种语言在文化上的异同。

关键词：缅语；哈尼语；名量词；比较

一、引　言

在缅语①和哈尼语②中，就像其他词类一样，量词是不可或缺的一类。它的重要性体现在对事物单位和对动作行为的称量上。如果没有量词，没有指出所要表达事物的类别，就不能准确地把信息表达出来。量词分为名量词（物量词）和动量词两大类。“名量词是量词中数量最多、产生最早、特点最丰富的一个类别。汉藏语量词的特别之处也主要体现在名量词上”（蒋颖，2006：1）。缅语和哈尼语都是汉藏语系语言中的一员，在汉藏语系亲属语言之间，量词有其共同点和不同点。对缅语和哈尼语名量词的

*【作者简介】李堂英，云南大学外国语学院讲师，硕士，研究方向为缅甸语言与文化。

① 本文的缅语语音为仰光标准音。

② 本文的哈尼语均为云南省新平县哈尼族糯比支系语言。

来源进行探析，将有助于我们了解缅族和哈尼族人对事物的不同认知及亲属语言之间的异同。“哈尼语量词与汉语、壮侗语族诸语言相比较，属不发达的一类，但与藏缅语族的其他语言相比则较发达。它的基本特点是：在来源上与名词、动词、形容词有密切的关系”（李批然，1992：22）。缅语名量词的发达程度在藏缅语族中也是比较高的，在来源上和哈尼语有着很多相似之处。

二、缅语和哈尼语名量词的来源

名量词是量词中数量最多的一类，也是最具特点的一类。从现有的名量词情况来看，缅语和哈尼语的名量词有来源于名词的，也有来源于动词、形容词、数词及借词的，下面将逐一举例进行分析。

（一）来源于名词的名量词

汉藏语系语言的量词大多都来源于名词，缅语和哈尼语都属于汉藏语系语言，因而，也存在这一共同点。名量词与名词有着同源关系，这些名量词从名词中分化而来之后有的演变成兼类词，而有的名量词由于社会的发展和语言自身的发展彻底变成了量词。

1. 缅甸语中

（1）lu^{11} tə. ou$^{?44}$（vlwpftkyf）→一群人
人 一 群

（2）jɛ^{55}bɔ^{11} hnə. phɔ^{11}（&JabmfESpfazmf）→两位同志
同志 两 位

（3）pou$^{?44}$go^{11} le^{55} u^{55}（yk＊3/4dKvfav；OD;）→四位人士
人士 四 位

（4）pho ũ^{55}dʑi^{55} tə. pa^{55}（bkef；BuD；wpfyg;）→一位僧侣
僧侣 一 位

（5）də. ga^{55} tə. jwɛ$^{?44}$（wHcg；wpf&Guf）→一扇门
门 一 扇

其中的名量词 ou^{ʔ44}（tkyf）“群”、phɔ^{11}（azmf）“位、个”、u^{55}（OD;）“位、个”、pa^{55}（yg;）“位”、jwɛ^{ʔ44}（&Guf）“片、扇”等都来自名词。名量词 phɔ^{11}（azmf）来自名词 ə. phɔ^{11}（tazmf）“伙伴、同行人”；ou^{ʔ44}（tkyf）“群”来自名词 ou^{ʔ44}（tkyf）“成群的人或动物”；u^{55}（OD;）“位、个”来自名词 u^{55}（OD;）“先生”，在缅语中表示对有身份地位的人的尊称时用 u^{55}（OD;）来称量；pa^{55}（yg;）“位”来自名词“脸颊、腮”；jwɛ^{ʔ44}（&Guf）来自名词 jwɛ^{ʔ44}“叶子”，如：tθi^{ʔ44}jwɛ^{ʔ44}（opf&Guf）树叶、sa^{11} jwɛ^{ʔ44}（pm&Guf）书页。

2. 哈尼语中

（6）æ^{55}zɯ^{55}　tɕhi^{55}　pau^{53}→一棵树
树　一　棵

（7）æ^{53}phe^{53}　tɕhi^{55}　si^{31}→一个梨
梨　一　个

（8）a^{55}za^{31}　tɕhi^{55}　khã^{31}→一根柴
柴　一　根

（9）ɕɛ^{31}　tɕhi^{55}　hlo^{31}→一块田
田　一　块

名量词 pau^{53}“棵”来自名词 æ^{55}pau^{55}“植物”，可泛指所有植物，如：a^{33} ke^{33} ke^{55} pau^{55}“樱桃树”，æ^{55} phe^{53} phe^{55} pau^{55}“梨树”；si^{31}“个”来自名词 a^{55}si^{31}“果子”，可称量一切果子、天体名词，如：nɯ^{33}ma^{33}“太阳”，还可称量部分人体器官，如：me^{33} zu^{33} tɕhi^{55} si^{31}“一张嘴”等；khã^{31}“根”来自名词 jau^{31} khã^{53}“杆”，如：phã^{55}tɕhy^{53} tɕhi^{55} khã^{31}“一根甘蔗”；hlo^{31}“块”来自名词 ɯ^{31} hlo^{53}“槽、船”。

（二）来源于动词的名量词

来源于动词的名量词也是缅语和哈尼语两种语言中都有的，我们从以下例子中来具体了解。

1. 缅语中

（10）sɛ^{ʔ44}ku^{11}　tə.　le^{ʔ44}（puúLwpfvdyf）→一卷纸
纸　一　卷

（11）th ɪ̃^{55}　tə.　si^{55}（xif；wpfpnf;）→一捆柴
柴　一　捆

（12）k ũ^{55}ja^{11}　tə.　thã^{55}（uGrf;，mwpfxrf;）→一担槟榔
槟榔　一　担

（13）thə. m ɪ̃^{55}　hnə.　thou^{ʔ44}（xrif；ESpfxkyf）→两包饭
饭　两　包

上例中名量词 le^{ʔ44}（vdyf）来自动词 le^{ʔ44} “卷”；si^{55}（pnf;）来自动词 si^{55} “捆”；thã^{55}（xrf;）来自动词 thã^{55} “扛、担”；thou^{ʔ44}（xkyf）来自动词 thou^{ʔ44} “包、裹、捆”。

2. 哈尼语中

（14）t ʂ̧he^{55}phu^{55}　tɕhi^{31}　thu^{31}→一把米
米　一　把

（15）æ^{55}khe^{53}　tɕhi^{55}　pæ^{31}→一担水
水　一　担

（16）a^{55}tsa^{31}　ø^{55}　tsɯ^{31}→四捆柴
柴　四　捆

（17）ho^{55}　ŋa^{55}　tɕhu^{31}→五包饭
饭　五　包

名量词 thu^{31} “把” 来自动词 thu^{31} “抓”；pæ^{31} “担” 来自动词 pæ^{55} “挑”；tsɯ^{31} “捆” 来自动词 tsɯ^{53} “捆”；tɕhu^{31} “包” 来自动词 kã^{31}tɕhu^{53} “包、裹”。

（三）来源于数词的名量词

在缅语和哈尼语的名量词中，有一部分来源于数词，其中最具特点的是“双、对”的表述，在缅语中“双、对”的表示法有很多种，且这些表示法所要表量的对象也有所不同。相对来说，

哈尼语中名量词来源于数词的较单一化，只有一个词。我们从下面的例子中来具体了解。

1. 缅甸语中

（18）tçhi^{ʔ44}tθu^{11} so ũ^{11}twɛ^{55}（cspfolpHkwGJ）→一对情侣
情侣 成双

（19）phə. na^{ʔ44} hnə. jã^{11}（zdeyfESpf&H）→两双鞋
鞋 两 双

（20）tu^{11} tθo ũ^{55} so ũ^{11}（wloHk；pHk）→三双筷子
筷子 三 双

（21）tçwɛ^{55} tə. ç ɪ̃^{55}（uRJwpf&SOf;）→一对水牛
水牛 一 对

以上的名量词都来自数词“二”，其中的名量词 so ũ^{11} twɛ^{55}（pHkwGJ）“双、对”，称量对立的两种事物或由男性和女性组成的一对；jã^{11}（&H）“双”称量成双的鞋和袜子，也可称量成双的饰品，如耳环、手镯等；so ũ^{11}（pHk）“双、对、套、副”可泛指衣物、手套等用品；ç ɪ̃^{55}（&SOf;）“对、双”，仅指套上农具或车子的一对牛（耕牛或牛车）（缅甸语言文字委员会，2008：323）。

2. 哈尼语中

相对来说，哈尼语中名量词来源于数词的比较单一，只有一个词，即 tsɿm^{53}“双、对”，所有成双成对的名词都由它来称量。

（22）se^{33}nau^{33} tçhi^{55} tsɿm^{53}→一双鞋
鞋 一 双

（23）næ^{55}ko^{31} tçi^{55} tsɿm^{53}→一对耳环
耳环 一 对

（24）mi^{55} za^{53} tçi^{55} tsɿm^{53}→一对儿女
女儿 儿子 一 对

（四）来源于形容词的名量词

1. 缅语中

（25）pj ɪ̃^{ʔ11}　tə.　pja^{55}（ysOfwjym;）→一块木板
　　　木板　一　块

（26）mji^{ʔ44}　tə.　twɛ^{11}（jrpfwoG，f）→一条河
　　　河　一　条

上例中名量词 pja^{55}（jym;）“块”来自形容词 pja^{55}“平的、扁平的”；twɛ^{11}（oG，f）“条”来自形容词 twɛ^{11}“细长”。缅语中来自形容词的名量词非常少。

2. 哈尼语中

（27）tshau^{55}tshu^{55}　tɕhi^{55}　tshu^{53}→一个胖子
　　　胖子　一　胖

（28）khɯ^{53}næ^{31}　tɕhi^{31}　næ^{11}→一条黑狗
　　　黑狗　一　黑

（29）hlau^{55}phɯ^{55}　tɕi^{55}　phɯ^{53}→一条灰蛇
　　　灰蛇　一　灰

上例中名量词 tshu^{53}“个”来源于形容词 tshu^{31}“胖”；næ^{31}“条”来源于形容词 næ^{31}“黑”；phɯ^{53}“条”来源于形容词 phɯ^{31}“灰”。

从上述例子可看出，缅语中来自形容词的名量词主要是描述事物形状的，哈尼语中来自形容词的名量词不仅有描述事物形状的，还有描述事物性状的。

（五）借自其他语言的名量词

“语言接触对汉藏语不同语言的影响是不同的”（蒋颖，2007：99）。缅语和哈尼语的名量词都有一部分是从其他语言中借用过来的，只是所借用的语言对象不同。缅语的名量词大多借自英语，而哈尼语的名量词则大多借自汉语。这与使用这两种语言的民族所生活的文化背景息息相关。缅甸曾不幸被沦为英殖民地

长达一百多年，而这一时期的缅甸教育以英语为主，在这样的文化背景下，加之缅甸国内一直盛行的“英语热”，使得英语无可厚非地成为缅语借词的主要来源。我国的哈尼族人民主要生活在汉文化圈的大背景之下，并且哈尼族绝大部分成员生活在中国云南境内，虽然新平哈尼族的糯比支系长期生活在多民族杂居区，但这些民族中大部分为中国的主体民族——汉族，因而哈尼语中借自其他语言的名量词主要来自汉语。随着时代的发展与进步，许多新词汇层出不穷，哈尼族人民需要随着时代的发展容纳新的词汇来丰富自己的语言，为交流带来方便，而这时它便会向主体民族借词。

1. 缅语中

（30） lɛ^{11}mje^{11} tə. e^{11}ka^{53} （v，fajrwpf {u）→一英亩土地
耕地 一 英亩

（31） je^{11} tθo ũ^{55} tã^{11} （a&oHk；wef）→三吨水
水 三 吨

（32） ə. mj ɪ̃^{53} hnə. mi^{11}ta^{11} （tjrifhESpfrDwm）→两米高
高度 两 米

缅语名量词中的借词 e^{11}ka^{53}（ {u）借自英语的“acre”；tã^{11}（wef）借自英语的“ton”；mi^{11}ta^{11}（rDwm）借自英语的“meter”。

2. 哈尼语中

（33） tæ^{55}xã^{55} ji^{55} m̩^{31}→一亩土地
耕地 一 亩

（34） æ^{55}khe^{53} tɕi^{55} th õ^{31}→一桶水
水 一 桶

（35） su^{55}ka^{31} tɕi^{55} p ẽ^{31}→一本书
书 一 本

（36） t ʂhi^{33} ʂɿ^{33} ji^{55} thiau^{53}→一条烟
烟 一 条

哈尼语名量词中的借词m̩^{31}借自汉语“亩”；thõ^{53}1 借自汉语“桶”；p ẽ^{53}1 借自汉语“本”；thiau^{53}借自汉语“条”。

从上述例子来看，缅语中外借的量词主要局限在度量衡量词方面；哈尼语中外借的量词并不局限在度量衡量词中，借用范围比缅语的外借量词要丰富得多。

三、缅语和哈尼语名量词的异同点

从以上的名量词来源分析中可知，缅语和哈尼语的名量词来源总体上呈相同而内部有异的特点。

（一）相同点

第一，两种语言的名量词大多都来源于名词，其次来自动词、数词和借词。

第二，两种语言中名量词的构词形式相同，都是“名词 + 数词 + 名量词”的词序。

（二）不同点

第一，从两种语言各自的历史纵向性来看，在来自名词的名量词来源中，缅语中对“人”的单位的称量法有很多种，根据身份地位的不同而分不同种称量法。如对僧侣及古代国王的称量用 pa^{55}（yg;）“位”，对一般的有身份地位的人称量时用 u^{55}（OD;）“位”，对普通人称量时用 $\text{jau}^{ʔ44}$（a，muf）“个、位”。还有另外一种称量“人”的量词，这个量词一般只用于在同一工作岗位上的战友、同事及一般的伙伴的称量，即上文提到的 phɔ^{11}（azmf）“位、个”，它来自 ə. phɔ^{11}（tazmf）“同伴”。这种对不同社会等级的人的称量，与缅甸长期处于封建社会及信仰佛教的文化背景是分不开的。而在哈尼语中不论身份地位尊卑，对“人”的称量法只有一种，这可能与哈尼族长期处于被统治、被领导的地位有关。在哈尼族生活圈里，大家都是平民百姓，尽管也有少数地方领导者，但这些领导也是在其他民族的统治之下。因此，在哈尼族人心里形成了一种“人人平等，不分尊卑”的观念。

第二，哈尼语中来自形容词的名量词不仅有描述事物形状的，还有描述事物性状的，而缅语中来自形容词的名量词主要是描述事物形状。

第三，两种语言中都有来自数词的名量词，但缅语中表述“双、对”的量词较丰富，而哈尼语中就很单一。

第四，由于两个民族所接触的文化不同（缅语接触的是西方文化，哈尼语接触的是汉文化），致使向外借用的名量词有所不同，缅语主要借自英语，哈尼语主要借自汉语。

第五，哈尼语中外借的量词并不局限在度量衡量词中，借用范围比缅语的外借量词要丰富得多，而缅语中外借的量词主要局限在度量衡量词方面。说明从构词的角度来看，缅语要比哈尼语丰富。

四、结　语

通过上述的比较分析，加深了我们对缅语和哈尼语名量词的了解，也说明作为亲属语言的缅语和哈尼语在许多方面存在着共性的同时也有各自语言的特点。这些特点除了与各自语言本身的内在因素有关外，还与两种民族的不同历史文化背景、认知等方面有着密切的关系。

参考文献

［1］北京大学东方语言文学系缅甸语教研室 . 2000. 缅汉词典［G］. 北京：商务印书馆 .

［2］蒋颖 . 2006. 汉藏语系名量词研究［D］. 北京：中央民族大学 .

［3］蒋颖 . 2007. 汉藏语名量词起源的类型学分析［J］. 中央民族大学学报：哲学社会科学版，（2）：94－100.

［4］李批然 . 1992. 哈尼语量词研究［J］. 民族语文，（5）：

22－27.

[5] 缅甸文字委员会 . 2008. 缅语词典 [Z]. 仰光：南林出版社 .

[6] 汪大年 . 1997. 缅甸语概论 [M]. 北京：北京大学出版社 .

[7] 汪大年 . 2008. 缅甸语与汉藏语系比较研究 [M]. 北京：昆仑出版社 .

越南外语教育的历史和现状*

施黎辉**

摘　要： 越南悠久而复杂的历史使华语、法语和俄语对越南的教育和文化产生了巨大的影响。汉字在很长时期都是越南官方文字，法语教育形成于法国殖民统治时期，南北分裂时期英语和俄语分别成为南方和北方最重要的外语。越南改革开放后，英语地位远远超过其他外语。进入新世纪，英语教育成为最重要的外语教育，华语教育发展良好。

关键词： 越南外语教育；华语教育；法语教育；英语教育

越南拥有悠久的历史文化，公元前3世纪晚期到10世纪前期一直处于中国统治下，独立后其封建王朝也采用中国封建体制，文化上融合了儒、佛、道三教。19世纪中晚期，越南被法国逐渐吞并，自此长期处于法国殖民统治之下。二战以后，越南独立。经过南北分裂时期，1975年北越统一全国，并于第二年改名为越南社会主义共和国。越南有54个民族，100多种语言，是个多民族、多种语言和多元文化并存的国家。

---

* 【基金项目】云南省教育厅科学研究基金项目“东盟国家双语教育研究及对中国高校双语教育的启示”（2013Y129）。

** 【作者简介】施黎辉，西南林业大学讲师，硕士，研究方向为二语习得。

一、语言教育历史概况

汉字是越南最早正式使用的官方文字，汉文化的传播使越南在中国统治期间尊崇儒学，但在汉字的使用中，受越南语发音的影响，形成了“汉越读法”的现象，即用越南语读汉字。10 世纪时，随着越南民族意识的增强，越南人把汉字的“形”和越南语的“音”结合，发展出越南自己的语言文字——喃字，到 18 世纪时喃字系统基本形成，但因为喃字书写记忆上比较难，多用于官方文件和文学创作使用，在民间流传不广（罗文青，2007）。

17 世纪时，西欧传教士将拉丁文带到越南，使用拉丁语做拼音标记。1615 年，葡萄牙传教士创造了越南国语字。1651 年，在很多越南汉学家的协助下，传教士罗德出版了词典《越南—葡萄牙—拉丁语》，标志着越南国语字的系统化和标准化。但汉字的统治地位使越南国语字在 19 世纪前仅仅具备了宗教传播工具的职能。19 世纪中期，法国入侵越南。早期时，为割断越南与中华文化的联系，殖民当局取缔或改造了儒学教育，大力推行国语字。20 世纪初期，殖民者对越南教育开始集权管理（陈立、刘华，2010），科举制的彻底废除标志着越南旧式教育制度的结束，殖民者逐渐建立较完整的法越教育体系，汉字、国语字和法语在各个阶层中得到不同范围的使用。

1945 年 8 月，胡志明宣布越南独立，提出采用越南语和越南罗马字为官方的口语与书面语。从共和国成立后的第一个学年开始，越南中小学上课的教学语言为越南语（黎巧萍，2005）。南北越时期，虽然北越鼓励俄语和华语的学习，而南越的教育体系中包含了法语和英语的学习，国语字的推行是双方教育和语言政策的重点。越南统一后，逐渐摆脱外交困境并积极参与国际社会，英语作为全球通用语成为最重要的外国语，同时，中国国际地位的提高也促进了华语教育的发展。

二、法国统治时期的外语教育

殖民者占领南圻后就取缔了当地的儒学学校和科举制度，在取得对越南全境的统治地位后，殖民政府开始摧毁中圻和北圻原有的教育制度，学校课程上增加了法语、越南罗马字和法国历史等，并组织了法国人为主体的教育巡视团监控儒学学校（Kelly，1998：77）。到1919年科举制度被完全废除，标志着儒学教育在越南终结。

与此同时，殖民政府为培养服务于殖民统治的职员，引进西方思想来控制越南民众的意识，建立了一些简易的新学校，主要推广越南罗马字，聘请法语翻译来教授越南罗马字的阅读书写，课程设置简单，称为越南罗马字学校，以小学为主。为了满足法国移民教育的需要，殖民政府还开办了法国学校，包括小学和中学，小学只招收法国学生，教学语言为法语；中学也招收殖民政府部门工作的越南人或其他越南上层阶级的子女。

这个时期在河内还出现了一所旅日爱国学者建立的自由学校，"东京义塾"，设有汉语、越南语和法语课程，很多资料也有多种语言版本，但主要倾向还是国语字的推广。尽管从1907年到1908年学校仅开了一年就被殖民政府强行关闭了，但其影响甚广。

总的来说，越南在19世纪晚期到20世纪初一度存在着儒学学校、殖民新学校、法国学校和本土新式学校，不同地区都并存多种教育制度，影响了越南整体教育的发展。意识到教育对殖民统治的重要性，殖民政府开始实施教育集权化，建立了一个殖民政府控制下的教育体系，称为"法越教育"。法越教育体系包括五年初级小学教育、五年高级小学教育和三年中学教育。高等教育主要是印度支那大学，但在殖民者控制下，"仅仅是作为一所高等小学而存在"（Kelly，1998：28）。各级学校都注重语言学习，小学阶段学生同时学习法语、越南语和华语，以法语为主，教学语言为法语和越南语。中学以后学生只学法语，教学语言也只有法语（陈立，2005）。这些都清楚地显示了，法越教育的目的就是意识形态上同化越南人、压制民族教育并防止越南民众受外来先进思想的影响，从而巩固殖民统治。

法越教育一定程度上将现代教育制度引入越南，比儒学教育更规范，更具有现代性和实用性。但是，这种教育体系在一开始建立时的动机决定了其有限的规模和对越南学生人数的严格控制。因此，法国殖民统治时期的教育只是针对法国移民和少数越南人的。1925 年时，整个印度支那范围内，只有 10% 的当地儿童在学校接受教育（Ngo，1973：74）。这样的教育直接导致殖民地人口普遍文盲化，法国殖民统治以前，约 80% ~85% 的越南人拥有读写能力，而 1954 年，这个数字仅为 15% ~20%（Naughton，1979）。

三、越南独立后的外语教育

1945 年 8 月革命胜利后，胡志明用越南语宣读了越南国语字撰写的《越南独立宣言》，宣布越南民主共和国的成立，也标志着国语字正式成为越南国语的书面文字。1946 年法国殖民势力卷土重来，1954 年法军签订了退出印度支那的协定，美国势力入侵，越南形成北越南越分割局面。双方的政治体制和外交政策也决定了当时不同的语言教育状况。

在北越（越南民主共和国），政府仍大力推广国语，20 世纪 60 年代开展了各种保持越语纯洁性的活动，同时还出版了一系列越语词典。与共产主义国家的密切关系决定了北越在外语教育方面倾向俄语和华语。南越（越南共和国）与美国为盟国，教育体系仿照美国建立。美国势力的渗透和物资援助使英语成为重要的外语，并逐渐取代了法语的地位。20 世纪 50 年代末，中学里学习法语的学生接近 3.5 万人，学习英语的学生约为 1.8 万人，人数相差几乎一倍，然而十年后，1968—1969 学年，学习英语的中学生达到了 11 万人，比学习法语的多出了将近 3 万人（Wright，

2002）。中学和大学里的情况也一样，英语是主要的外语，还出现了各种民办英语培训学校。全国境内，当时的华语教育已经具有一定规模，北方华语学校有 45 所，学生 5000 人左右，南方华语学校到 1956 年时达到 228 所，学生超过 5.4 万人（李白茵，1990：41）。

1975 年，越南民主共和国统一全国，为了增强国家凝聚力和发展教育，逐渐统一了南部和北部的教育体系，强调了国语的普及和规范化。同时，为了消除殖民者的影响，灌输国家主义和社会主义意识，将英语和法语视为资本主义的语言而大力压制，华语教育也因为越南与苏联的密切关系以及中越战争的爆发而受到极大的破坏，大部分华校被解散，剩下的被改造成国语小学。当时相关教育研究机构设定学校外语教育目标时是 60% 学习俄语，25% 学习英语，以及 15% 学习法语（Denham，2006）。即使是英语一度得到较广普及的南部，只有有限的一些中学开设英语和法语课程，这还主要是因为学校有英语老师而缺乏俄语老师（Do，2006）。作为殖民文化衰落的象征，英语在全国范围内完全退出了人民的日常生活（Wright，2002）。

1986 年越南实行改革开放，重视经济的发展和国际关系的改善，语言政策也逐渐放宽。随着学校教育改革的推行，1987 年，越南还开办了语文、数学、物理、化学和外语等科目的专科中学（黎巧萍，2005）。英语成为改革后大部分越南人想学的语言（Wright，2002），成为越南人与外国人，以及外国人之间最常用的语言。到 20 世纪 90 年代时学习语言的人有 85% 都选择英语（Denham，2006）。但随着对英语教育的需求上升，教育资源的短缺使公立学校的英语教育发展滞后，各种英语培训中心的教学质量参差不齐。1993 年，政府发布了《各级教育外语教学的国家战略》，制定了相关的语言政策，总理还发布了命令要求政府官员学习外语，主要是英语（Do，2006）。到 1996 年，越南小学开设英语选修课程，中学英语课程根据当地英语教师情况来设置，只有高中才将英语规定为必修课程，每周三课时（Nunan，2003）。根据一项1995年至1996年的调查，绝大部分大学生想要提高英语能力，希望有更多的英语教材和资料（Do，2006）。

伴随着英语地位的提升，俄语和法语教育逐渐没落，尽管在20世纪90年代时学校仍建议优秀学生学习俄语，全国范围内也还存在一些越南语与法语的双语学校，但经济全球化加大了越南对懂英语人才的需求，直接导致了学生更多选择学习英语，使公立学校中俄语和法语课程规模缩小，各种相关培训班也大幅度减少。另外，政府对民族语言教育的宽容、中越关系的改善和中越贸易的增加，使越南华人积极推动华语教育的发展。1995年，附属于普通中小学的华语中心仅在胡志明市就达到15个，到2004年增至25个，学生2.5万人（黄宗鼎，2006：173）；除此之外，还建立了一些越华双语学校，开办了华语培训班。

四、越南外语教育现状

1996年越南“八大”确定了参与全球化进程的发展方向，进入21世纪，越南经济呈现快速增长的趋势，2006年加入世界贸易组织，加快了迈向全球化的步伐。2001年“九大”召开，再一次明确地将经济全球化作为战略目标。国家对综合性高素质人才的需要使这次全国代表大会通过了《2001—2010年的教育发展战略》，计划通过权力下放的教育管理模式，加强教育管理和提高教育质量。到2005年，越南教育已形成了包括幼儿教育和学前教育、普通基础教育、中等职业技术教育和普通高等教育的完整的教育体系。外语教育方面，英语的政治经济价值使政府加强了公立学校的英语教育。华语作为民族语言和中国国语的双重性也推动了华语教育。另外，俄语和法语仍是中学外语选修之一，在大学也开设有专业或课程，但俄语教育和法语教育的地位也基本上只与其他外语一样。

英语在科学领域占据霸权地位，迅速成为新世纪技术领域的通用语（Wright，2004：106），因此越南大力发展英语教育，培养懂英语的综合人才。在公立学校，英语学习从小学六年级或是中学一年级开始，一周四个学时。2007 年，政府在胡志明市和河内等几个地方开设试点，将英语设置为必修课，到 2009 年，胡志明市的 20 所小学都开设了剑桥大学的英语教学课程，授课教师为英国人。但是，因为课程对教学内容、材料设备和教师的严格要求，2014 年，胡志明市教育培训部决定不再使用该课程，而与英国教育部合作，开设其他英语课程。同时，政府高度关注高等教育中的英语教育，从 1996 年开始就将英语列为大学入学考试科目之一，在更多高校中开设了高级英语课程。另外，1998 年教育与培训部修改了公立学校的英语教学大纲，2000 年时，针对原有英语教材的低质量以及与时代脱节的问题，也为了配合新教学大纲的实施，所有中学都更换了英语教材。2008 年，越南发表了《越南公民外语教学计划 2008—2020》，其中提到高校毕业生应掌握足够流利的英语以满足国家现代化建设和国际交流的需要，因此政府与美国教育考试服务中心合作，制定了新的英语水平评价体系。由于英语教师严重缺少，政府积极与国际机构合作培训英语教师、开办学校或建立英语学习中心。2005 年，牛津大学出版社开设课程，培训了 8000 名小学英语教师。2007 年，岘港大学与澳大利亚昆士兰大学合作，在岘港建立了英语语言中心。

中国国际地位的提高和越南政府对民族语言教育的宽松政策使越南华语教育蒸蒸日上。目前，越南华语教育分为民族语文性质的华语教育和外语性质的华语教育。前者是在华人集中的地区公立小学和中学开设华语课，并在当地开设华语培训班和华语中心，以满足华族学生需要。另外，还有一些民办的华语学校和越华学校，但教材质量低，师资短缺，经费不足，学生人数也有限。外语性质的华语教育中的学习者主要是成年人，可以就读大学的中文系或参加外语中学的华语科课程学习，还可以考取国家颁发的等级证书。2005 年颁布的《普通教育课程：中国语课程大纲》

确保了华语作为中学教育主要外语之一。2007 年，越南开设中文专业的大学共 40 所，还有四所大学开设了以华语为重要学习内容的东方学或汉喃学，没有中文专业的也都开设了华语选修课。中国、越南之间的文化交流也促进了越南的华语教育。2014 年，在中国驻越南大使馆的支持下，越南北方几所高校举办了华语交流活动和演讲比赛。华语教育的双重性质使华语地位超过了俄语和法语，具有良好的发展前景。

五、小 结

语言的民族性决定了语言教育政策对国家稳定、民族融合、经济发展和现代化进程都有着重大作用（江健，2011）。越南是一个有悠久历史、多种族的国家，其特定的历史发展使越南文化和越南教育受到了多个国家的影响。与中国文化的深厚渊源使汉字在古代长期为越南官方书写文字。法国的殖民统治将法语、法国教育制度以及法国文化引入越南，也推动了越南国语字的形成。在分裂时期，俄语成为北越最重要的外语；而南方则参照美国的教育制度，英语地位超过法语。统一后，俄语地位大幅提升，其他语言教育被压制。1986 年，越南实行改革开放，为了经济发展的需要，学习他国先进的科学技术，越南人英语能力的培养成为语言教育的重要内容。法语、英语、俄语和华语在越南的历史进程中都扮演了不同的角色，成为越南语言教育中的一部分，也对越南语言教育产生了多方面的影响，而英语教育和华语教育也将得到更大的发展，更好地服务于越南政治、经济、社会和文化的发展。

参考文献

[1] Denham，P. A. 2006. “English in Vietnam”. In：Bolton，K. & Kachru，B. B. （ed.） *World Englishes：critical concepts in linguistics* Volume III. Taylor & Francis. 120 – 130.

[2] Do, H. T. 2006. The role of English in Vietnam's foreign language policy: a brief history, 19th Annual EA education Conference 2006 [EB/OL]. http://www.englishaustralia.com.au/index.cgi?E=hcatfuncs&PT=sl&X=getdoc&Lev1=pub_c07_07&Lev2=c06_thinh, 2009-10-30.

[3] Kelly, G. P. 1998. *French Colonial Education: Essays on Vietnam and West Africa*. New York: AMS Press.

[4] Naughton, P. W. 1979. Some comparisons of higher education in Vietnam: 1954—1976. *Canadian and International Education*, (2), 92-105.

[5] Nunan, D. 2003. The Impact of English as a global language on educational policies and practices in the Asia-Pacific region [J]. *TESOL Quarterly*, (4), 589-613.

[6] Ngo, V. L. 1973. *Before the Revolution: The Vietnamese Peasants under the French*. Cambridge: MIT Press.

[7] Wright, S. 2002. "Language education and foreign relations in Vietnam". In Tollefson, J. W. (ed.) *Language policies in education: Critical issues*. New Jersey: Lawrence Erlbaum Associates, Publishers, 225-244.

[8] Wright, S. 2004. *Language Policy and Language Planning: From Nationalism to Globalization*. New York: Palgrave Macmillan.

[9] 陈立. 2005. 试论法国殖民统治下的越南教育 [J]. 世界历史, (5): 67-76.

[10] 陈立, 刘华. 2010. 近现代越南教育的格局 (1859—1917) [J]. 宁波大学学报: 教育科学版, (1): 26-31.

[11] 黄宗鼎. 2006. 第二次世界大战后越南之华人政策 (1945—2003) [D]. 中国台北: 政治大学中山人文社会科学研究所.

[12] 黎巧萍. 2005. 八月革命后越南中小学教育的改革与发展 [J]. 东南亚研究, (5): 89-92.

［13］李白茵.1990. 越南华侨与华人［M］. 桂林：广西师范大学出版社.

［14］罗文青.2007. 越南语言文字使用的历史回溯［J］. 广西民族大学学报：哲学社会科学版，(1)：107－111.

［15］江健.2011. 东南亚国家语言教育政策的发展特征及趋势［J］. 比较教育研究，(9)：73－76.

方位词“上、下”和“trên、du’ó’i”的比较

李梅芳*

摘　要：汉语方位词“上、下”和越南语“trên、du’ó’in”意义相近，用法相当，但又存在着一些差异。本文利用认知语言学的隐喻理论，分析汉语方位词“上、下”和越南语“trên、du’ó’in”在“时间、地位、范围、数量关系”中的表达形式和隐喻意义，找出它们的异同。

关键词：方位词；实指；虚指；空间隐喻

一、引　言

世界上每种语言都有一类用来表示空间概念的词。这类词反映说该种语言的民族对周边世界的认知方式，即哪种空间关系用得多些，哪种用得少些，则因文化的不同而不同，它受到语言本身、地理环境和认知取向等诸多因素的影响。本文以汉语的“上、下”空间关系为代表和越语做相应的对比，看汉越语在“上、下”和“trên、du’ó’in”空间关系的选择和表达形式所反映的认知模式有何差异，借以发现其中的规律性，以求对越南语教学有所助益。

* 【作者简介】李梅芳，云南大学外国语学院讲师，硕士，研究方向为中越语言文化比较研究。

二、“上、下”和“trên、dưới”的空间概念的实指用法对比

方位即指方向和位置，位置可以指实物所处的空间位置，也可以指相对的位置关系。垂直的概念和由它推导出来的高低概念是使用“上”与“下”的先决条件。人类通常从自身的身体结构出发形成空间方位概念，认识自身，进而认识周围及其他事物乃至整个世界。

（一）描述空间方位的要素

描写物体的空间方位意义离不开“位置系统”。“位置系统是指句子中的某个物体与另一个物体之间的位置变化所显示出来的空间特点”（齐沪扬，1998：11）。所以“目的物”“参照物”和“位置”构成了我们在描述位置时的三要素。“位置”就是目的物和参照物在空间上的相对顺序，以及目的物和参照物之间的距离。现代汉语中主要使用方位词来表达这种空间关系，而且方位词大多跟在“参照物”后，构成了“名词 + 方位词”结构，汉语中的方位关系完整的表达形式是“介词 + 名词 + 方位词”。越南语中的空间位置关系，在表达形式上和汉语相对应，“方位词 + 名词”或者是“介词 + 方位词 + 名词”，在此，“方位词 + 名词”是由于越南语的定语顺序与汉语的相反（数量词定语除外），其所表达的意义与汉语一致。如：

（1）满街都裹着一层黄色的胶泥。马路上、车轮上、行人的鞋上……

Cả con đường phủ một lớp bùn màu vàng, dính *trên* đường，*trên* bánh xe，*trên* giày của ngườiđi bộ.

（2）李为国拖出床下的旧木箱，里面有一支旧猎枪。

Lý Vị Quốc kéo chiếc va li cũ *dưới* gầm giường ra，bên trong có một khẩu súng sănđã cũ.

这两个句子中的目的物分别是“胶泥、旧木箱”，参照物是“马路、车轮、行人的鞋、床”，“上”“下”则表示了物体间的

位置。

（二）“上”的空间意义

“上”表示“高”的意思，即目的物相对于参照物处于垂直的高处（即参照物的上方空间），且目的物不接触参照物的表面。如：

（3）飞机在太平洋上飞翔。

Máy bay lượng *trên* Thái Bình Dương.

（4）偶尔还会有几只灰鹤从安的头顶上飞过。

Thỉnh thoảng còn có một vài con hạc nâu bay *phía trên* đàu.

在例（4）中，用“phía trên đầu”而不用“trên đầu”，“trên đầu”的前面加了“phía”，如果用“trên đầu”，则表示目的物与参照物接触。

“上”表示“承载的空间”的意思，即目的物垂直接触参照物的顶部表面，并被参照物承载。如：

（5）山间的小路上走着想喊山的哑巴，滚在路面上的石头蛋子偶尔磕她的脚一下。

Cô gái câm bước*trên*conđường nhỏ giữa các ngọnnúi，cảm giác muốn được hét to，những hòn đá tròn *trên* đường，thỉnh thoảng lại va vào chân cô.

（6）*Trên* bàn tôi vẫn dở dang bơ vơ mấy tờ văn nghệ “già” dân dĩ thực vi Thiên.

在我桌上依然零乱地摆着几张“民以食为天”的字画。

“上”表示“表面附着”的意思，即观察者忽略参照物的“体”的形状，目的物接触参照物，此时在人们的认知模式中，凸显参照物为二维的面或一维的线，甚至将参照物化为一个点。如：

（7）山腰上，雾气腾腾。

Trên lưng chừng núi，sương phủ dày dặc.

（8）*Trên* sàn đang treo chùm đèn lồng màu đỏ.

高脚屋上挂着红灯笼。

(9) 主要问题还是山上穷，山下的那个闺女不愿意上来。

Vấnđề chính là *trên* núi nghèo，làm gì có cô gái nào dưới núi muốn gả lên đó.

当描述天花板上有某物时，目的物与天花板（参照物）虽垂直接触，但它和我们上述提到的垂直接触不同，区别在于目的物与参照物的位置不同。例如：

(10) 天花板上也有许多代表威尼斯的伟大图画。

Trên trần nhà có nhiều bức tranh vĩđạiđại diện cho Uynis.

（三）"下"的空间意义

"下"表示"低"的意思，即目的物相对于参照物处于垂直的低处（即参照物的下方空间），且目的物可接触，也可不接触参照物的表面。如：

(11) 但伍须海依然静静地躺在蓝天白云之下，碧草森林之间。

Nhưng Ngũ Tu Hải vẫn nằm giữa thảm cỏ *dưới* những đám mây trắng trên trời xanh.

(12) 纸条下是一个做工精美的小镜框。

Dưới tờ giấy là một cặp kính rấtđẹp.

(13) Rau nhà anh là rau sạch nhổở vườn về，giũ giũ ba cái *dưới* cầu ao，lên giếng tráng đi ba lần nữa là có thể luộc，xào，không phải lo thuốc sâu.（Khổ qua）

他家从菜园里拔来的蔬菜很干净，抖三捆丢在踏板下，然后拿起用井水洗后就可以炒煮，不必担心农药。

当"下"表示"低"的意思时，还有一个非常常用的意义，即参照物较目的物高大，目的物位于参照物低处的附近。

(14) 他们穿着尼龙夹克，脚下放着篮子，手边竖着扁担。

Họ mặc áo khoác bằng ni lông，*dưới* chân dặt nhữngcái lán，đòn gánh dựng bên tay.

(15) Trungđưa cho tôi chiếc ba lô đã bạc mầu đang để *dưới* chân bàn.（Mặt trời bé con của tôi）

阿中给我的那个已褪色的背包正放在桌脚下。

谈到越语中"trên、du'ó'in"的语义，Lý Toàn Thắng教授用以下草图描述了观察者和"trên、du'ó'in"的定位关系。根据该草图可以确定"trên、du'ó'in"的基本空间意义。

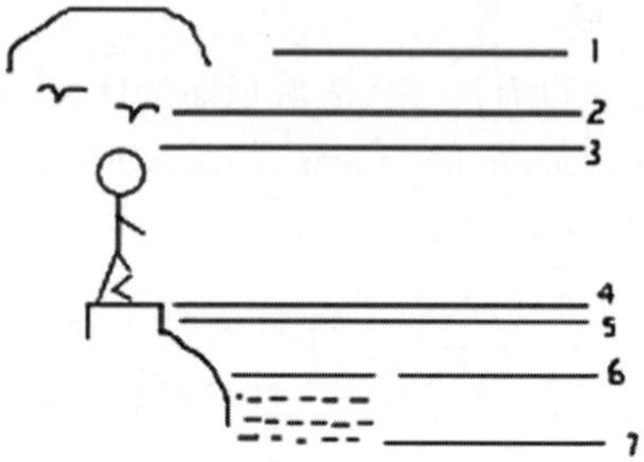

图 1

图 1 中，1 表示 trên trời天上，2 表示 phía trên đầu头上方，3 表示 trên đầu头上，4 表示 du'ó'inchân/trên bàn 脚下/河堤上，5 表示dưới đất/trên mặt đất河堤下/地表上，6 表示 trên sông 河面上，7 表示 du'ó'iđáysông 水下。

越语中的"du'ó'in"有时相当于汉语中的"上"。例如：

（16）Sáng sau，Giang mặc áo dài từ *dưới* ghe bước lên.（Nhớ sông）

几天早上后，阿江穿着旗袍从木船上走上来。

这与观察者的位置有关，即观察者在河岸上（位置高于河上的木船），因此越语可以说"trên bờ – du'ó'inghe"，尽管被观察者（目的物）正站在船上（trên ghe）。

（17）*Dưới* đường tấp nập ngườiđi lại với quất，vớiđào và các loại hoa tươiđủ mọi sắc màu đem mùa xuân về muôn nẻo.（Giọt nước mắt chiều ba mươi）

路上人来人往，人们带着金桔、桃以及各种颜色的鲜花，以各种方式来迎接春的到来。

例（17）中，观察者正站在相对高的位置（例如，正站在楼房上或者天桥上往下看）。

越语中“上、下”的语义还体现出汉语中没有的民族性。比如，越南人有 trên nhà – du'ó'insân 这一观念的说法：

(18) *Trên* nhà,ông Chín ngồi uống rượu với Tuấn.

在家里，阿九和阿俊正坐着喝酒。

如果按字面意思来译，则“Trên nhà”应译成“家上”。

越南有的农村现在还保留“nhà trên – nhàn du'ó'in”这种说法，通常“nhà trên”指祭供的地方，“nhàn du'ó'in”指厨房。

以上这种情况在汉语里用“屋里 trong nhà、屋外 ngoài sân”来描述，越语中相应地用了“trong、ngoài”，如果要用 trên、du'ó'in/上、下，则只可以用来描述“楼上、楼下/tầng trên-tầng dưới”。

如果在一个相对封闭的空间内来确定“trên、du'ó'in”的辖域（比如，在一个房间里），人们通常这样来描述：“trên trần-d – du'ó'insàn/天花板上、地板上”，用图表 2 示如下：

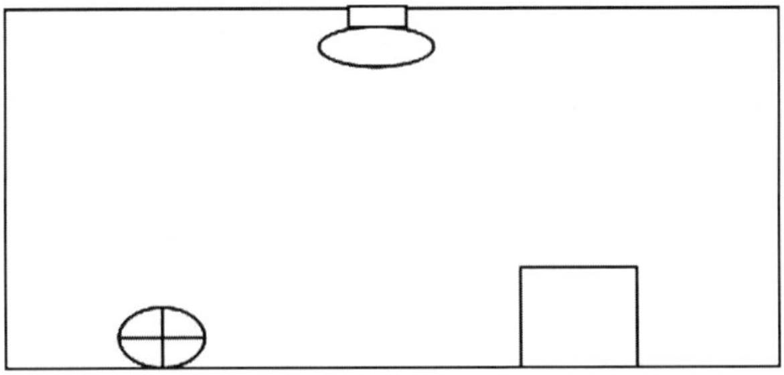

图 2

可以这样描述上图：灯在天花板上，球在地板上。(đèn *trên* trần nhà còn quả bóng ở *dưới* sàn)如此，灯和球的位置就形成一个对称关系：灯在上，球在下。如果不相对于灯的位置来说，则人们完全可以这样描述：quả bóng trên nềnnhà。但在汉语中只有一种描述：đèn trên trần nhà và quả bóng trên nề。

由此可见，在上述场合，越南人定位根据事物间的关系，而中国人则根据事物的逻辑（即根据被描写事物当时的实际位置）。

再看下面的例子：

（19a）天花板上有许多代表威尼斯的伟大图画。

（20a）外面张罗着的韩冲听了里面传出来的话，一下坐在了地上。

（19b）*Trên* trần nhà có nhiều bức tranh vĩđạiđaij diệncho Uynis.

（20b）Hàn Xung đang khua chiêng gõ mõ bên ngoài，nghe thấy tiếng từ bên trong,，liền ngồi bệt xuống（dưới）đất.

在上面4个例子中，中国人可以撇开观察者直接定位，而越南人要通过观察者的位置来定位。

三、“上、下”和“trên、dưóin”的隐喻

（一）隐喻时间顺序的先后

认知语言学家们早已形成共识，在几乎所有已知的人类语言中，时间概念是程度不等地以空间概念为基础建立起来的，在有关时间的隐喻中也是最重要、最基本的。越南语和汉语也不例外。本节主要讨论“上、下”的时间隐喻。

汉语中除了用“前后”“左右”等空间概念表示时间外，常用“上、下”关系来表示时间概念。“上”用来指“早，过去的”；“下”用来指“迟，未来的，后来的”。在表示“早迟，过去，将来”时，“上、下”的概念包括“……前后”的含义。以上“上、下”所指概念，我们做出如下比较：

1. 早是“上”，迟是“下”

这一隐喻可能和人们的日常生活对于太阳运行的经验有关，早晨太阳从地平线上升起，到中午达到最高点，这一时间段太阳是上升的，因此有“上午”这一词；午后太阳开始渐渐落下，直到低于地平线，这一时间段太阳是向下运动的，因此有“下午”

这一词。而“上午”较“下午”为早，“下午”较“上午”为迟，因此有“早是上，迟是下”这一隐喻。而越语中的“上午、下午”用“buổi sáng, buổi chiều”来表示，或用汉越词“thượng ngọ，hạ ngọ”来表示，但一般不用。

空间关系隐喻时间关系。人们常根据空间范畴的认知成果来感知时间概念，根据时间的一维特点，人们认为时间也是按顺序排列的，并有时点、时段作为时间范围限定的标志；时间也有先后关系；空间运动的前后方向类似时间的先后顺序。在用“上、下”隐喻时间概念上，越南语和汉语有所区别，越南语用“前、后”（trước、sau）概念方位词来隐喻时间，而汉语除了用“上、下”概念方位词外，还可以用“前、后”概念方位词。例如：

（21）上半年/nữa năm trước　　上次/lần trước

下半年/nữa năm sau　　下次/lần sau

例（21）中“trước、sau”不能用“trên、du’ó’i”来替代。

2. 过去是“上”，将来是“下”

在表达“过去是上，将来是下”时越南语也不用与汉语相应的方位词“trên、du’ó’i”，而用方位词“trước、sau”。

（22）上学期/học kỳ trước　　上半年/nữa năm trước

下学期/học kỳ sau　　下半年/nữa năm sau

上星期/tuần trước　　下个月/tháng trước

下星期/tuần sau　　上个月/tháng sau

“上”和“下”还可以重叠，表时间关系。而在越南语中则不可以。比较下例：

（23）上上星期/một tuần trước　　下下月/một tháng sau

下下星期/một tuần sau

例（23）中“上”“下”的重叠表达，越南语中要在前面加数词来实现相应的表达。

可以看出，汉语中的“上、下”时间概念在越南语中仅有“前、后”（trước、sau）与之对应。

（二）隐喻等级地位

在社会的舞台上，人总要扮演一定的角色，这种角色之间存在着这样那样的社会关系，形成不同的社会地位和等级制度。这种等级、地位、辈分自然要分成高、中、低三级，就形成了“上尊下卑”的社会习惯。社会地位和等级高为“上”，反之则为“下”。如封建社会的帝王和臣子、主人和家奴、头领和随从等之间表现出来的尊卑关系；父母与子女之间的长幼关系；领导者与被领导者之间的上下级关系；教师与学生之间的教与学等关系。社会地位、等级、辈分高的人处于“强势地位”，反之则处于“弱势地位”。例如：

（24）上级/cấp trên　　上座/chỗ ngồi cho người trên

下级/cấp dưới　　下座/chỗ ngồi cho người dưới

上流/thượng lưu　　上层/tầng lớp trên

上流/hạ lưu　　下层/tầng lớp dưới

例（24）中，“上流”“下流”越南语中用汉越词“thượng lưu”“hạ lưu”来表达。

“上、下”常被用于隐喻权势关系，上表示处于权势关系的高势地位者，下表示处于权势关系的低势地位者。这是一种地势隐喻，即以地势的高低来隐喻地位的高低。例如：

（25）按部就班地一级一级往下传，敌人早跑了。

Nếu do *trên* chuyền cho *dưới*, thì quân thù đã chạy rồi.

（26）*Dưới* nhịn *trên*，trên ban chức cho dưới.

下级讨好上级，上级就给下级一官半职。

在“上、下”关系隐喻为等级地位这一概念上，越南语和汉语基本相对应，都是借助“上、下”空间位置的高低来喻指地位的“高低贵贱”。

（三）隐喻性质状态

人和事物的品质和水平也常常用“上、下”概念来表达，即品质好为“上”，品质差为“下”。例如：

（27）上策/thượng sách　　　　下策/hạ sách

此例中也是用汉越词“thượng sách”和“hạ sách”来表达。

（28）上品/hàng tốt（thượng hạng）　　　　下品/hàng xấu

上计/kế sách tốt　　　　上味/món ăn ngon

越南语中的“món ăn ngon”不能用来表示这种关系，因此直接用抽象的“最好”“好”“优秀”“良好”“差”等来表达。

（四）隐喻范围

汉语里“上、下”这组方位词在表示范围时具有非常丰富的语义内涵，“上”可以表示范围的意义，这种意义又可以详细地分为“表示事物的范围”的意义和“表示内容的范围”的意义。

1. 表示事物的范围意义

如：“世界上”“天上”“地上”“地球上”“课堂上”“会场上”“大厅上”“走廊上”“村上”“镇上”“省上”……

2. 表示内容的范围意义

如：

（29）书上的东西你都看会了吗？

Nội dung *trong* sách bạnđã hiểu chưa?

（30）我听说报上登我的文章了。

Tôi nghe nói，*trong* báođã có bài của tôi.

（31）Có khi ngày chủ nhật tôi ôm gối xem hết chương trình này đến chương trình khác *trong* tivi.

星期天，我蜷在家里把电视上的节目都看遍。

以上各例中的“上”有时等同于“里”的意思，但是仍有区别。用“上”凸显平面范围，用“里”则凸显内部范围。但在以上各例中，汉语“上”对应越南语 trong（里）。

因为“下”指低于参照物的位置，因此引申为“影响”或“控制”的范围之内。例如：

（32）<u>*dưới*</u> sự lãnh đạo của Đảng/<u>*dưới*</u> (với) sự giúp đỡcủa……

在党的领导<u>下</u>/在……的帮助<u>下</u>

（33）在这种情况<u>下</u>，少生儿女或者像洋人那样让生下来的儿女早早独立便成为家长合算的选择。

<u>*Trong*</u> tình hình này，những đứa con trong các gia đình sinh ít hay như những người phương Tây sớm tự sống độc lập có lẽ là sự lựa chọn hợp lý cho các bậc cha mẹ.

（34）指挥<u>下</u> 指导<u>下</u>

<u>*dưới*</u> sự chỉ huy <u>*dưới*</u> sự chỉđạo

统治<u>下</u> 监督<u>下</u>

dưới sự thống trị *dưới* sự giám sát

以上例子说明，汉语兼顾“上、下”关系和“里、外”关系，越南语着眼于“里、外”关系。

可见，汉语中“上、下”结构能表达内部、外部和广延等如此丰富的空间含义，说明汉语方位词具有较大的概括性和模糊性。而越南语更注重凸显内部范围，三维空间关系更强。

（五）隐喻数量

从空间的高低关系转为指数量的大小，因为数量的多少跟现实中的“上、下”位置有着直接的关系，如堆放的东西，数量越多，高度就会增加；数量越少，高度也会跟着降低。所以，数量多就为“上”，数量少就为“下”。如：

（35）米价暴涨giá gạo lên nhanh

（36）商品零售价平均降幅为2%。

Biênđộ giảm giá bán lẻ hàng bình quân 2%.

（37）Hàng đọng hạ giá bán thanh lí.

滞销货降价处理。

（38）Sản lượng tăng lên mạnh.

产量大幅度上升。

汉语中用“上、下”表示数量概念时，意向取的是“上、下”浮动所表现出的物理反映，或者说是“图像效果”。而越南语则分别用趋向动词“lên”和动词“giảm”来实现。

四、结 语

由上述可见，表达空间位置的高低关系，汉越语都用方位词“上、下”（trên、dưới）来表达。在“上、下”关系隐喻为等级地位这一概念上，越南语和汉语基本相对应，都是借助“上、下”空间位置的高低来喻指地位的“高低贵贱”。

在隐喻时间概念上，汉语可以用“上、下”和“前、后”两对方位词来表达，而越南语只用“前、后”方位词来表达。而涉及“里外”关系的“范围”概念时，汉语的“上、下”兼容了越南语的“上、下”和“里、外”的含义。

汉语的“上、下”可用来表示性质状态，“上”为好，“下”为差，而越南语直接用“好”和“差”来表示。还可表示上下位移的关系，如数量的“上升、下降”变化，越南语则分别用趋向动词“lên”和动词“giảm”来实现。所以，汉语的“上、下”结构在隐喻非空间概念时，与越南语有明显重合之处，也有不同之处，我们不能把二者完全地等同使用。

参考文献

[1]Lý Toàn Thắng. 2009. *Ngôn ngữ học tri nhận từ lý thuyếtđại cương đến thực tiễn tiếng Việt* [M]. Hà Nội: NXB Phương Đông.

[2]Lý Toàn Thắng. 2002. *Mấy vấnđề về Việt ngữ học và ngôn ngữ họcđại cương* [M]. Hà Nội: NXB Khoa họcxã hội.

[3]Nguyễn Tài Cẩn. 2003. *Một số chứng tích về ngôn ngữ，văn tự và văn hóa* [M]. Hà Nội :NXB Đại học Quốc gia Hà Nội.

［4］储泽祥 . 1998. 现代汉语方所系统研究［M］. 武汉：华中师范大学出版社 .

［5］齐沪扬 . 1998. 现代汉语空间问题研究［M］. 上海：学

林出版社.

[6] 束定芳.2000. 隐喻学研究 [M]. 上海：外语出版社.

[7] 赵艳芳.2001. 认知语言学概论 [M]. 上海：外语教育出版社.

[8] 曾瑞莲.2011. 新越汉词典 [Z]. 南宁：广西教育出版社.

现代汉语趋向动词"回""去"与越南语中相对应的部分趋向动词的对比研究

王继琴　刘　莹*

摘　要： 越南和中国山水相连，两国之间的文化交流源远流长，因此两国人民在文化思维上有很多的共同点，但是，由于语言的差异以及本民族自有的特征，在同一个事物的表达方式上两国人民又不尽相同。本文分为三个部分主要通过认知的角度考察现代汉语中趋向动词"去"和"回"的用法，并和越南语中与之相应的趋向动词（比如："đi""sang""qua""về"）做比较，找出它们意义、用法上的相同点和不同点以及两个民族在使用这些词时的认知差异，并提出我们在翻译这些趋向动词时应注意的一些问题。

关键词： 趋向动词；去；回；đi；về

一、越南语中与汉语趋向动词"去"和"回"相对应趋向动词

（一）"去"和越南语中与之相对应的趋向动词

根据吕叔湘《现代汉语八百词》和《新华字典》现代汉语中"去"的意思为"离开所在的地方到别处"，这是动词"去"的基

*【作者简介】王继琴，云南大学外国语学院，硕士，研究方向为语言学；刘莹，云南农业大学外国语学院，硕士，研究方向为语言学理论。

本意思，在做趋向动词时“去”可以和其他的趋向动词结合，比如：上去、下去、进去、出去、回去、过去等。

根据《新越汉词典》在越南语中与“去”相对应的词为“đi”，在用法和意义上两个词有很多相同的地方。比如：

汉语：我去吃饭。　　越南语：Tôi *đi* ăn cơm.

他去公园玩了。　　Anh ấy *đi* chơi công viên rồi.

越南语中的“đi”也可以跟其他的趋向动词结合，比如：điđi lên，đi xuống，đi vào，đi ra，đi về，di qua等。

汉语中的趋向动词“去”在越南语中可以翻译成与之相对应的词“đi”之外在不同的语境下还可以将其翻译成其他词，如“sang”“qua”“đến”“ra”等等。比如：

汉语	越南语
（1）他去上学了。	Em ấy *đi* học rồi.
（2）他去欧洲了。	Anh ấy *sang* châu Âu rồi.
（3）去公园吹风。	*Qua* công viên hóng mát.
（4）阿越去机场了。	Em Việt *ra* sân bay rồi.
（5）阿芳去学校了。	Em Phương *đến* trường rồi.

汉语中的动词“去”在越南语中除了可以翻译成以上四个词之外，还可以翻译成其他一些词。但是在本文中我们只将汉语中动词“去”与越南语中的“đi”“sang”“qua”做比较。

（二）“回”和越南语中与之相对应的趋向动词

在现代汉语中“回”的意思是“从别处到原来的地方”，与趋向动词“来”“去”结合频率较高。比如，“回来”“回去”。

在越南语中与汉语相对应的词为“về”，两个词在用法和意义上有很多相同点。例如：

汉语：我想回家。　　越南语：Tôi muốn *về* nhà.

他回去了。　　Anh ấy đi *về* rồi.

当然除上述相同点之外，根据所使用语境的不同它们之间在用法上也存在很多不同点。

根据上述情况我们可以得出汉语趋向动词“去”与越南语中的“đi”相对应，根据语境的不同，“去”在越南语中可翻译成“đi”“sang”“qua”。汉语趋向动词“回”与越南语中的趋向动词“về”相对应。

二、比较汉语趋向动词“去”与越南语趋向动词“đi”“sang”“qua”

在现代汉语中“去”的意思是“离开所在的地方到别处”，越南语中“đi”的意思和汉语中的“去”相对应。在越南语中“đi”“sang”“qua”三个词可以看作是同义词，但是在具体的语境中他们的用法各不相同，因此在翻译过程中我们得特别的注意。

（一）比较汉语中的趋向动词“去”与越南语中的趋向动词“đi”

在指趋向的意义上两个词的基本意义完全相同，都是指“人或事物离开现在所在的地方到别处”。在用法上两个词都属于中性词，不带任何感情色彩。所以被用作趋向动词时这两个词意义和用法基本相同。例如：

他去看电影了。

Anh ấy *đi* xem phim rồi.

明天我要去上学。

Ngày mai tôi phải *đi* học.

（二）比较汉语中的趋向动词“去”与越南语中的趋向动词“sang”

“Sang”在越南语中也是一个趋向动词，在作为趋向动词时他所表达的意义是“人或事物离开现在所在的地方到一个距离较近的地方。（越文：Di chuyểnđến một nơi khác với nơi mình đangở và thường là ở bên cạnh.）”（Trung tâm từđiển học，2007：1308）。在这里“sang”强调所到的目的地与原来所在的位置距离较近，通常

情况下就在隔壁。例如：（假设阿越家和我家是邻居）

我去阿越家玩。

Tôi *sang* nhà em Việt chơi.

在这种情况下越南语中很少用“đi”而是用“sang”强调距离较近。

但是在越南语中“sang”的使用不仅仅是说明实际的距离近，在自认为心里认同感很强很亲近，或很想拉近自己与这一个地方的关系的地方也可以使用这个词。例如：（假设我家和爷爷奶奶家实际距离相距较远，不在同一个区，同时有一个商店距离和爷爷家有同等的距离。）

我去爷爷奶奶家。

Tôi *sang* nhà ông bà.

我去商店。

Tôi *ra* cửa hàng.

在这两个例句中，爷爷奶奶家是我心理认同感较强，与我较亲近的地方，所以用“sang”这个词，但是对于商店我没有心理认同感和亲近感，所以不能用“sang”这个词。再如以下例句：

他去法国了。

Anh ấy *sang* Pháp rồi.

他去北极了。

Anh ấy *đi* bắc cực rồi.

在这个例句中，法国与越南的地理距离相距遥远，但是仍然使用“sang”是因为在说话人的心里想拉近自己与法国的关系表示亲近，所以使用了“sang”这个词。类似的还有 *sang* châu Âu。（去欧洲。）但是，因为北极是一个遥远并且环境恶劣、杳无人烟的地方，所以没有人对北极有亲近感，或者想拉近自己与北极的关系，所以在“去北极”这句话中不能用“sang”这个词，而是得用“đi”这个词。

相比之下汉语中的“去”只是一个中性词，不带有任何感情色彩，单纯的表达是从这个地方到另外一个地方。而“sang”表达的是从一个地方到达另外一个实际距离比较近的地方，或者是实际距离较远但是心理认同感比较强烈的地方。

（三）比较汉语中的趋向动词“去”与越南语中的趋向动词“qua”

“Qua”在越南语中也是一个趋向动词，在作为趋向动词时它所表达的意义是“人或事物离开现在所在的一边到另一边，或者人或事物从现在所在的地方到有一定空间距离相隔的另一个地方。（越文：Di chuyển từ phía bên này sang phía bên kia của một sự vật hoặc đi đến một nơi nào đó sau khi vượt một khoảng không gian nhấtđịnh）”（Trung tâm từ điển học，2007：1235）“qua”是一个汉越词，与其相对应的汉语词是“过”。其第一个意思与我们汉语中的“过：从这儿到那儿，从甲方到乙方”相对应。第二个意思与汉语中的“去”相对应，但是在用法上越南语中的“qua”强调去的时间短。比如：（母子对话）

妈妈：你去商店帮我买袋盐。

Qua cửa hàng mua cho mẹ gói muối.

在这个例句中首先商店与说话者的家之间相隔一定的空间距离，并且强调“买盐”是一个很快的过程，所以用“qua”这个词。类似的还有：

我去阿明家玩一下。

Tôi *qua* nhà anh Minh chơi một tý.

在这个例句中除了说明“我要去阿明家玩”的意思之外，还强调“玩”这一项活动很快，持续的时间会很短，所以用“qua”这个词。如果把这句话里边的“qua”换成“đi”，那么这句话所表达的意思将只是说明“我去阿明家玩”这一件事，不带有任何色彩。但是，如果把“qua”换成“sang”，那么这句话所表达的意思将是：①我去阿明家玩；②阿明家离我家很近；③我和阿明家的关系很亲切。

在这一组中也是如此：汉语中的“去”只是一个中性词，不带有任何感情色彩，单纯的表达是从这个地方到另外一个地方。而“qua”除了表示从这个地方到另外一个地方之外还强调所做的动作或行为持续的时间较短。

根据上述内容，我们在翻译的时候要特别注意，虽然这些所有的表达方式在汉语中只用一个词“去”就可以完全翻译概括出来，即：在越译汉的过程中所有上述的越南语词都可以翻译成“去”，但是在汉译越的过程中在遇到“去”这个词时我们还是要注意在不同的语境里选用不同的越南语词汇表达。

三、比较汉语趋向动词“回”与越南语趋向动词“về”

根据《新华词典》和吕叔湘的《现代汉语八百词》现代汉语中趋向动词“回”的意思是“从别处到原来的地方”。越南语中“về”的意思是“回到自己原来的地方（家乡或自己住的与自己有亲密关系的地方）”（越文：Di chuyển trở lại chỗ của mình，nơi ở nơi quê hương của mình）（Trung tâm từ điển học，2007：1711），和汉语中的“回”相对应。两个词的基本意义相同，都表示“从另一个地方回到自己原来的地方”，但是在具体的语境中用法不尽相同。例如：

（1）他回家了。

Anh ấy *về* nhà rồi.

（2）小明回国了。

Em Minh *về* nước rồi.

（3）他回去了。

Anh ấy *đi về* rồi.

在这三个例句里边越南语的“về”和汉语的“回”这个词用法完全相同，都是指“从别的地方回到自己的家；从别的国家回到自己的国家；从别处回到原来的地方”。

但是在使用过程中越南语中的“về”表示所回到的“原来的

地方”一定是指自己心理认同感、归属感以及与自己关系比较密切的地方，并不像汉语一样只要是“原来的地方”就可以用“回”。例如：（假设越南人阿明在中国工作）

他从中国回到越南，那么他可以对他在越南的朋友说：

（1）我刚从中国回来。

Tôi mới ở Trung Quốc *về*.

他从越南回到中国之后，他可以对他在中国的朋友说：

（2）我刚从越南回来。

Tôi mới từ Việt Nam *sang*.

在以上两个例句中，例句（1）表达方式和汉语相同，都是用“回”和“về”，但是例句（2）与汉语有出入，汉语里边依然用“回”这个词，但是越南语里边换了一个词用“sang”，在这个例句里越南语不用“về”这个词的原因是：在这个句子中，“原来的地方”指的是中国，但是与说话人的祖国越南相比，他与中国的关系远远没有像他与越南那么密切，越南是他的祖国，是一个与他有着千丝万缕的关系，有着高度密切和亲切感，有着很强的心理认同感的国家，因此当从越南回到中国的时候，“回”这个词被说成了“sang”，表示他从一个与他有紧密关系的地方回到与之相比关系稍微亲疏的地方。

所以，在翻译时我们要注意，特别是中译越的时候，汉语中“回”这个词不是任何时候都可以翻译成“về”这个词，我们要根据不同的语境，看清楚所回的目的地与我们的亲疏关系和心理认同感的程度翻译成不同的词语。

四、结　语

我们都知道汉语中的“去”与之相对应的越南语词是“đi”，两个词在意义和用法上确实有很多相同点，但是在翻译的时候我们要根据句子以及人们所表达的感情色彩正确地选用越南语中带有相应感情色彩的词语，“去”在汉语中是一个中性词，不带有任何感情色彩，但是，在越南语中根据所去的目的地的远近或者与施动者的亲疏关系等都要选择不同的词语来表达。“回”也一样，汉语中的“回”和越南语中的“về”都有“从别的地方回到原来的地方”的意思，但是，不同于汉语的是：越南语中不是任何“原来的地方”都可以用“về”这个词，而是只有在“原来的地方”指的是自己的家乡，自己的居住地或者与自己有密切关系的地方时才可以使用这个词。

参考文献

[1] Diệp Quang Ban. 2005. Ngữ pháp tiếng Viêt. [M]. Hà Nội: NXB Giáo dục.

[2]Đinh Văn Đức. 2010. *Ngữ pháp tiếng Việt - Từ loại.*[M]. Hà Nội: NXB Đại học Quốc gia Hà Nội.

[3] Lý Toàn Thắng. 2009. *Ngôn ngữ học tri nhận từ lý thuyết đại cương đến thực tiễn tiếng Việt.*[M]. Hà Nội: NXB Phương Đông.

[4] Trung tâm từđiển học. 2007. *Từđiển tiếng Việt.* [Z].Đà Nẵng: NXB Đà Nẵng.

[5]Viện Ngôn ngữ học. 2001. *Từđiển Từ mới tiếng Việt.* [Z]. TP. Hồ Hồ Chí Minh .

[6] 黄伯荣，廖序东 . 2002. 现代汉语 . 增订三版 [M]. 北京：高等教育出版社 .

[7] 吕叔湘 . 1999. 现代汉语八百词 . 增订本 [Z]. 北京：商务印书馆出版 .

[8] 曾瑞莲 . 2011. 新越汉词典 [Z]. 南宁：广西教育出版社 .

[9]《汉越词典》编写组 . 2008. 汉越词典 [Z]. 北京：商务印书馆 .

汉语否定词“不”与泰语否定词ไม่的语法功能对比

赵 娟*

摘 要：本文通过汉语否定词“不”和泰语否定词ไม่的句法位置、搭配限制、修饰结构等不同层面进行对比分析，对它们的语法功能进行讨论。对比分析发现，汉语否定词“不”与泰语否定词ไม่的语法功能在大多数情况下能够对应，同时也存在一些差异。总体来看，汉语否定词“不”的语法功能更加丰富和多元，泰语否定词ไม่在搭配上有较强的包容性。

关键词：否定词；不；ไม่；语法对比

一、“不”和ไม่语法功能的相同之处

（一）“不”和ไม่否定一般动词或动词短语

“不”和ไม่搭配动词或动词短语时，有以下情况：

1. 否定表示动作、活动、发展、变化的动词

（1）汉语：他不打人，不骂人，也不说话。
泰语：เขาไม่ทำร้ายใคร ไม่ด่าใคร ไม่พูดสักคำ.

（2）汉语：她哭了一天一夜，头也不梳，脸也不洗，饭也不吃。
泰语：เธอร้องไห้ทั้งวันทั้งคืน ผมก็ไม่หวี หน้าตาก็ไม่ล้าง ไม่กินข้าวกินปลา.

---

*【作者简介】赵娟，云南大学外国语学院助教，研究方向为泰语语言学。

（3）汉语：他不吃一口饭。

泰语：เขาไม่กินข้าวสักคำเลย.

否定动作动词时，汉语否定词“不”和泰语否定词ไม่都要放在动词前面，主要表示对某一动作、发展、变化的否定。

2. 否定自主动词和非自主动词

马庆株把动词分为自主动词和非自主动词。汉语否定词“不”和泰语否定词ไม่都能否定自主动词和非自主动词，例如：

（4）汉语：不看　不听　不说

泰语：ไม่ดู　ไม่ฟัง　ไม่พูด

（5）汉语：不想　不洗　不搬

泰语：ไม่อยาก　ไม่ซัก　ไม่ย้าย

（6）汉语：不是　不可　不值　不等于　不认得

泰语：ไม่ใช่　ไม่ได้　ไม่คุ้ม　ไม่เท่ากับ　ไม่รู้

（7）汉语：我不是老师。

泰语：ฉันไม่ใช่อาจารย์

“不”和ไม่能否定绝大多数的自主动词和非自主动词，表示对某种属性的否定，也可以是对现在、将来以及经常性的动作行为的否定。

3. 否定能愿动词

朱德熙把现代汉语中的能愿动词分为能、能够、会、可能、可以、可、愿意、肯、敢、要、愿、应该、应、应当、该、当等。这些能愿动词都能用汉语否定词“不”和泰语否定词ไม่来否定。例如：

（8）汉语：他是好高的，不肯偷懒。

泰语：เขาเป็นคนทะเยอทะยาน ไม่เกียจคร้าน

（9）汉语：他晚上不敢一个人去荒郊野岭。

泰语：ในเวลากลางคืนเขาไม่กล้าไปที่เปลี่ยวเพียงลำพัง

（10）汉语：他不是不愿意关心你，只是他没有勇气。

泰语：เขาไม่ใช่ไม่อยากเป็นห่วงคนแต่เขาไม่มีความกล้าพอ

（11）汉语：我不想去学校。

泰语：ฉันไม่อยากไปโรงเรนยี

“不”和ไม่否定能愿动词时，放在能愿动词前，表示不具备或者不应有某种可能、意愿等。

（二）“不”和ไม่否定形容词或形容词短语

汉语否定词“不”和泰语否定词ไม่在否定形容词时，对这个形容词所表示的性状的否定。例如：

（12）汉语：不高　不矮　不湿　不红　不黑　不亮　不胖

泰语：ไม่สูง ไม่เตยี้ ไม่เปียก ไม่แดง ไม่ดำ ไม่สว่าง ไม้อ่วน

（13）汉语：这条裙子不漂亮。

泰语：กระโปรงตัวนี้ไม่สวย

（14）汉语：这些水果还不熟。

泰语：ผลไม้พวกนัยิ้งไมกุส่

（15）汉语：这本书不好。

泰语：หนังสือเล่มนี้ไม่ดี

“不”和ไม่否定形容词及形容词短语时，放在形容词或形容词短语前面。

（三）“不”和ไม่单独成句

“不”和ไม่放在句首或者单独成句，表示对对方（问话者）谈话内容的否定。如：

（16）汉语：——他结婚了，你知道吗？

——不，我不知道。

泰语：——คุณรุ้ไหมคะเขาแต่งงานแล้ว

——ไม่ะค ฉันไม้ร่

（17）汉语：——你认识他吗？

——不，我不认识。

泰语：——คุณรัจูักเขาไหม

——ไม่ฉันไม้จู้รกเขาค่ะ

（18）汉语：——对他感兴趣吗？
——不。
泰语：——สนใจเขาไหม
——ไม่หรอก

（19）汉语：——今天还要吃药吗？
——不。
泰语：——วันนี้ต้องกินยาอีกไหม
——ไม่ค่ะ

例句（16）和（17），“不”和ไม่放在句首，表示对对方（问话者）谈话内容的否定，也即对问话者“他结婚了”和“认识他”的否定。例句（18）和（19），“不”和ไม่单独成句，表示对对方（问话者）谈话内容的否定。

（四）“不”和ไม่用在固定格式“不 A 不 B”中

（20）汉语：不多不少
泰语：ไม่ขาดไม่เกิน

（21）汉语：不胖不瘦
泰语：ไม่อ้วนไม่ผอม

（22）汉语：不高不矮
泰语：ไม่เตี้ยไม่สูง

汉语否定词“不”和泰语否定词ไม่都能构成“不 A 不 B”格式，但是在这个固定格式中一般要与形容词搭配，例句中“不”和ไม่后面搭配的“多”“少”“高”“矮”都是形容词。

（五）“不”和ไม่否定介词短语

（23）汉语：我们不从学校出发。
泰语：เราไม่เดินทางจากโรงเรียน

（24）汉语：姐姐不在食堂吃。
泰语：พี่ไม่กินที่โรงอาหาร

汉语否定词“不”和泰语否定词ไม่都能否定介词短语。

（六）“不”和ไม่用在选择疑问句

用在选择疑问句，如：

（25）汉语：你去还是不去？

泰语：คุณไปหรือไม่ไป

（26）汉语：你考还是不考？

泰语：คุณสอบหรือไม่สอบ

（27）汉语：机场离这里远还是不远？

泰语：สนามบินห่างจากที่นี่ไกลหรือไม่ไกล

“不”和ไม่在选择疑问句中，可置于句末。

（七）“不”和ไม่与时间副词、程度副词共现

汉语否定词“不”和泰语否定词ไม่都能与时间副词、程度副词共现。例如：

（28）汉语：他经常不来。

泰语：เขามาไม่บ่อยๆ

（29）汉语：他不经常来。

泰语：เขาไม่ค่อยมา

（30）汉语：你的发音很不清楚。

泰语：การออกเสียงของคุณไม่ชัดมาก

（31）汉语：你的发音不很清楚。

泰语：การออกเสียงของคุณไม่ค่อยชัด

例句中的“经常”和“很”分别是时间副词和程度副词，“不”和ไม่可以与它们共现。“不”和ไม่虽然可以与时间副词和程度副词共现，但是在句子中的位置并不相同，“不”可以放在时间副词和程度副词的前面或后面，ไม่只能放在“经常”和“很”前面。

二、“不”和ไม่语法功能的不同之处

（一）“不”和ไม่否定介词结构时的位置

汉语否定词“不”和泰语否定词ไม่都能对否定介词短语，但介词短语中动词的位置却不同。例如：

（32）汉语：我们不从学校出发。

泰语：เราไม่เดนยีรเงรโกาจกอองาทนิ

（我们 不 出发 从学校）

（33）汉语：姐姐不在食堂吃饭。

泰语：ี่พไม่ิก่นที่โรงอาหาร

（姐姐 不 吃 在 食堂）

若汉语否定句中有介词短语，“不”的位置一般是位于介词短语之前，介词短语的后面是被否定的动词。泰语ไม่否定的介词短语中，被否定的动词放在介词短语的前面。

（二）“不”和ไม่否定固定句型时的搭配

汉语否定词“不”很少修饰名词，但能进入一些固定格式，如“不 A 不 B”“A 不 A，B 不 B”等，能在这类固定格式中形成“N 不 N”“不 N 不 N”格式。虽然泰语否定词ไม่有“ไม่Aไม่B”的格式，且大多数时候的句法结构与汉语否定词“不”一致，但在“不 A 不 B”“A 不 A，B 不 B”格式中，若加入名词的成分，泰语否定词ไม่则没有此用法。例如：

（34）汉语：不人不鬼

泰语：ไม่ีผ่มไนค่

（35）汉语：君不君，臣不臣。

泰语：กษัตร์ยิไม่กษัตร์ยิขุนนางไม่งานนุข่

（36）汉语：父不父，子不子。

泰语：พ่อไม่อ่พ่ลูกไม่กูล่

在上述汉语“不 A 不 B”的格式中，“人”“鬼”“君”“臣”

“父”“子”都是名词，但是泰语中“ไม่ã^{55}B”的格式中，A 和 B 的位置上却没有可以加名词的用法。

（三）“不”和ไม่与“有”字句连用

（37）汉语：他不有哥哥，不有妹妹。

泰语：เขาไม่มีพีม่ชาย ไม้นีม่องสาว

（38）汉语：宿舍里不有人。

泰语：ในห้องพักไมีม่คน

（39）汉语：这家店不有鞋子。

泰语：ี้นนร้ารไมีม่รองเท้า

汉语否定词“不”不能与有字句连用，也就是说汉语有字句的否定形式不能在前面加否定词“不”；而泰语否定词ไม่却可以对มี（有）字句进行否定。

（四）“不”和ไม่否定心理动词

白荃认为汉语中不能被“不”直接否定的心理动词有 5 个，也就是：抱歉、当作、敢于、望（“盼望、希望”义）、看（“认为”义）。

（40）汉语：不抱歉　　不当作　　不敢于　　不望　　没看

泰语：ไม่ขอโทษ　ไมีถ่อเป็น　ไม่กล้า　ไมุ่ม่งหวัง　ไมิค่ดเป็น

在这 5 个不能被“不”直接否定心理动词中，除了“抱歉”之外，其他的都能被ไม่直接否定。

（五）“不”和ไม่单独成句

汉语否定词“不”放在句中，表示说话者有意识地对自己说话的内容进行自我纠正，泰语否定词ไม่却没有这种用法。例如：

（41）汉语：刘老师，不，李老师回家去了。

泰语：อาจารย์หลิว ไม่ อาจารย์หลี่กลับบ้านแล้ว

（42）汉语：——明天我们几点出发？

——八点，不，九点。

泰语：——วันพรุ่งนี้เราออกกี่โมง

——แปดโมง ไม่เก้าโมง

例句中，汉语否定词“不”表示说话者有意识地对自己说话的“刘老师回家去了”和“八点出发”进行自我纠正，泰语否定词ไม่却没有这种形式的表达。

三、结　论

通过对比分析发现，“不”和ไม่在修饰动词或动词短语、形容词或形容词短语，“不”和ไม่单独成句，“不”和ไม่修饰介词短语方面，以及“不”和ไม่与副词共现等方面都有一些共同的特点。这些共同的特点主要是因为汉语和泰语同属汉藏语系，都是分析型语言，是语言同一类型下普遍语法特征的体现。

同时也发现以下事实，汉语否定词“不”与“有”字句不能连用，但泰语否定词ไม่能出现在“有”字句中。汉语否定词“不”字单用能出现在句首、句中或单独成句，ไม่单用只能单独成句。“不”否定介词结构时，“不”放在介词之前，但ไม่否定介词结构时，ไม่要放在动词之前。在固定句式“不 A 不 B”中，“不”和ไม่有相同的结构和用法，较为特殊的是，汉语中的“不”在固定句式中可直接与名词连用，泰语中ไม่却无此用法。

参考文献

[1]กำชัย ทองหล่อ. ๒๕๔๓. หลักภาษาไทย. พิมพ์ครั้งที่ ๑๑. กรุงเทพฯ: รวมสาส์น.

[2]˘นุสนท์ อัญชลลูกุนี. ๒๕๔๖. ระบบคำภาษาไทย. กรุงเทพฯ: โครงการเผยแพร่ผลงานวิชาการ

［3］白荃. 2000.“不”“没（有）”教学和研究上的误区［J］. 语言教学与研究，(3)：21－25.

［4］吕叔湘. 1979. 汉语语法分析问题［M］. 上海：商务印书馆.

［5］马庆株. 1996. 汉语动词和动词性结构［M］. 北京：北

京语言学院出版社.

[6] 裴晓瑞.2003. 泰语语法新编 [M]. 北京: 北京大学出版社.

[7] 邢福义.1986. 论“不”字单说//语法问题探讨集 [M]. 武汉: 湖北教育出版社.

[8] 张谊生.2000. 现代汉语副词研究 [M]. 上海: 学林出版社.

[9] 张斌.2001. 现代汉语虚词词典 [M]. 上海: 商务印书馆.

[10] 朱德熙.1982. 语法讲义 [M]. 上海: 商务印书馆.

泰语定语从句及其关系词解析

王云锦*

摘　要： 定语从句是泰语学习中的一个重要语法项目，贯穿于整个泰语学习过程。连接从句的关系词是定语从句的骨架支撑。本篇论文以泰语定语从句及其关系词为研究对象，运用对比的方法，以实例对泰语中定语从句及其关系词进行对比研究，使人们对泰语里的定语从句有更深的认识，以帮助学习和研究。

关键词： 定语从句；关系词；对比分析

一、泰语对定语从句和关系词的界定

泰语是属于汉藏语系壮侗语族壮傣语支，是壮侗语族中分布最广、使用人口最多的语言，又称台语支。① 泰语中的句子结构跟英语类似，同样分为三大类，即简单句（ประโยคความ）、并列句（ประโยคความ）和复合句（ประโยคความ），复合句又根据从句在句中的语法成分分为名词性从句（นามานุประโยค）、形容词性从句（ประโยคซ้อน）和副词性从句（วิเศษณานุประโยค）。泰语中对定语从句这一概念的表述如下：คุณานึคคยโะรปุอประโยคย่อยทํที่าหน้าทีรหมานยายขี่อสรรพนามโดยมีประพันธสรรพนามี่ที่ซนัอู้ผเป็นตัวเชื่อม，也就是说定语

---

* 【作者简介】王云锦，云南大学外国语学院助教，硕士，研究方向为语言学。

① 台语支：汉藏语系传统分类中壮侗语族壮傣语支的语言，说台语的民族统称台语民族。

从句是通过用关系代词่ท、งึซ、นัอ、ู้ผ来补充修饰名词或代词的从句。泰国语言学家伽猜·通洛在《泰语语法》一书中，将泰语的词划分为七大类。其中，跟本论文研究有关的是泰语中的代词。泰语中的代词又分为6类，即：人称代词、关系代词、指示代词、不定代词、区分代词、疑问代词。引导泰语定语从句的关联词叫关系代词（ประพันธสรรพนาม或สรรพนามแชื่อมประโยค），关系代词是用来代替前面的代词或者是需要重复的名词，起到连接两个句子的作用。引导泰语关系分句的关系代词有่ท、งึซ、นัอ、ู้ผ、่ทู้ผ、งึซู้ผ。

二、泰语中定语从句的分类

泰语中的定语类型通常来说有两类结构，一类叫คุณาน่ชคยโะรปุองว่าง，如ครัฉี่ทูนนับถือเป็นคนด；另一类叫คุณานีทคยโะรปุคงสรรพนาม，如ครัฉี่ทูนนับถือท่านเป็นคนดี。前一类结构定语从句中缺失的名词或名词短语就是先行词，缺失的名词或词组的位置也就是作主语或者宾语的位置，这种定语从句又细分为两种，一种是用关系词来连接引导的定语从句，而另一种是没有关系词引导的定语从句。由于泰语中常见的是有关系词连接引导的定语从句，因此本论文将对其进行细致的描述。

（一）有关系词连接的定语从句

通常来说有关系词连接的定语从句较为常见，定语从句出现在中心词的后面，在泰语中可以用作定语从句连词的词有่ท、งึซ、นัอ等，่ท可连接形容词成分的词，使用较为普遍的是นัอ，且大部分是用于书面语，่ท、งึซ通常是用于口语中，่ท的使用频率比งึซ高。有关系词连接的定语从句，其先行词可以不是一般的普通名词，如专有名词或代词，在合适的语境中也可以被有关系词连接的定语从句所修饰。

（二）无关系词连接的定语从句

没有关联词出现的定语从句结构在泰语中很少见，并且其出现的语境比有关系词连接的定语从句有更多的限制，这种句型结构以先行词开始，先行词由谓语、副词或句子修饰。有关联词连接的定语从句，先行词可以作多种成分，而没有关联词连接的定语从句，从句中缺少的名词或名词词组通常是作从句的主语，从句主语位置是最简单的名词成分。如：

（1）เด็กมาสายชื่ออะไร（迟到的学生叫什么名字）

上述例句中，先行词是เด็ก，作从句的主语，主句是เด็กชื่ออะไร，而从句由มาสายคn构成，主句和从句之间没有关联词连接，构成没有关联词连接的定语从句结构。

三、关系词在定语从句中的作用

通过下列例句来分析关系词在泰语定语从句的作用：

（1）ผู้หญิงที่เดินเข้ามาเป็นพี่สาวฉัน（走过来那个人是我姐姐）。

在这个句子中关系词ที่连接คนเดินเข้ามา和ผู้หญิงเป็นพี่สาวฉัน，ที่引导的句子构成定语，用来修饰前面的名词ผู้หญิง。

（2）การงานที่คุณทำไว้จะช่วยให้คุณได้เลื่อนตำแหน่ง(你所做的工作有助于你升职)。

这个句子中先行词是การงาน，ที่作关系词，连接การงานจะช่วยให้คุณได้เลื่อนตำแหน่ง和 คุณทำการงานไว้ 两个句子，同时ที่引导一个句子作การงาน的定语。

（3）เธอเป็นสาวงามซึ่งใครๆก็ชอบ（她是个人人都喜欢的美丽姑娘）。

在这个句子中，ซึ่ง作关系代词连接เธอเป็นสาวงาม和ใครๆก็ชอบสาวงาม这两个句子，同时作关系代词引导一个句子作定语，修饰สาวงาม。

（4）พิธีกรหญิงมากความสามารถจากCCTV ซึ่งผู้เป็นผู้ดำเนินรายการฝ่ายหญิงสำหรับการแสดงศิลปวัฒนธรรมในครั้งนี้ได้รับคำชื่นชมจากฝ่ายต่างๆ（担任推行这次文化艺术展的是来自 CCTV 的很能干的女主持人，其得到各方的称赞）。

上述例句，งี่ซู้ผ作关系代词引导一个从句，对主句的主句进行补充说明。

（5）ํนาใจนัอิ่ยงใหญ่ของคุณจะได้รับคำชมจากชาวโลก（您的善举会得到世人的称赞）。

这个句子中，นัอ作关系代词，连接ํนาใจของคุณจะช่วยให้เด็กๆมีโอกาสไดืศักษาเล่าเรนยีและํนาใจของคุณยิ่งใหญ่这两个句子，同时นัอ其后接一个形容词成分作中心语的定语，修饰名词ํนาใจ，นัอ在例句中的作用相当于汉语的结构助词“的”。

（6）นักเรียนผี่ทู้สอบไดี่ทัหนึ่งจะได้ไปเรียนต่อท่ตี่างประเทศ（考第一名的学生将有机会到国外深造）。

这个句子中关系词由ี่ทู้ผ担任，它连接นักเรนยี，จะได้ไปเรียนต่อท่ตี่างประเทศ和 นักเรียนสอบไดี่ทัหนงึ两个句子，同时又引导一个句子作นักเรนยีี的定语，关系代词在从句的主语。

（7）เขางี่ซู้ผทำงานเก่งย่อมต้องได้รับคำชมจากเจ้านาย（工作做得好的人必然会得到老板的称赞）。

这个句子中งี่ซู้ผ作关系代词，连接เขาทำงานเก่ง和เขาย่อมต้องได้รับคำชมจากเจ้านาย这两个句子，同时引导一个从句作定语修饰前面的代词เขา，关系代词担任从句的主语。

从上述例句中可以看出关系代词在句子中同时起到以下几点作用：

（1）起到连接句子的作用，是连接主从句的连接词。

（2）代替前面的名词或代词。

（3）定语从句作为主从复合句中的从属句，关系词在从句中担任一定的句法成分，如作句子的主语、句子的宾语、句子的补充成分，补充修饰前面的名词或代词。

四、结构和语法关系

有关系词连接的定语从句，其从句中缺少的名词或名词词组正好就是先行词，这种结构的连接词主要是ี่ท和งี่ซ，作用是连接先行词、词组或副词，而先行词可以作定语从句的主语、宾语或表语，其中宾语可以是直接宾语、间接宾语以及介词宾语，此外先行词还可以被介词和数量词修饰。

（一）关系词代替中心词作从句的主语

从句主语的位置不出现任何名词或名词短语，也就是说定语从句中主语位置缺少的名词或名词词组正好是先行词，是动作行为的施动者。

（1）นักศึกษาที่____มาสายอยู่นอกประตู（迟到的学生在门外）。

从这个例子中可以看出，从句主语的位置没有任何名词或名词短语，上述例句中，先行词是นักศึกษา（学生），也就是从句中缺少的成分，这个成分就是中心词，关系代词่ทเ代替中心词作从句的主语。

（二）关系词代替中心词作从句的宾语

也就是从句中宾语位置不出现任何词或词组，从句中宾语位置缺少的词就是先行词，先行词就是从句中宾语缺少的部分，先行词是受动者。

（1）คนทุคี่ณแอบรัก_ได้แต่งงานแล้ว（你喜欢的人已经结婚了）。

从上面这个例句可以看出，从句的宾语位置上没有出现任何的名词或名词词组，คน就是从句中缺少的宾语，且是直接宾语，也就是从句修饰的先行词。

（三）关系词代替中心词作从句的间接宾语

从句中间接宾语位置上不出现任何的名词或名词词组，间接宾语位置上缺少的名词或名词短语就是先行词，因此先行词就是从句中缺少的间接宾语。

（1）เด็กที่เขาให้เงิน____เป็นลูกกำพร้า（他给钱的那个孩子是个孤儿）。

“授予动词 + 某人某物”这样的双宾语结构中，“某人”属于间接宾语，“某物”属于直接宾语，泰语双宾语的语序通常是先直接宾语后间接宾语。这个例子中，从句中的直接宾语是เงิน，从句缺少的成分是ให้的间接宾语，中心词เด็ก就是从句中间接宾语位置上缺少的成分。

（四）先行词作省略了介词的定语从句的宾语

介词宾语位置上不出现任何成分，该位置上缺少的名词或名词词组就是定语从句所修饰的先行词。

（1）มหาศาลาประชาชนที่ผู้แทนประชุม_หรูหรามาก（代表们开会的人民大会堂富丽堂皇）。

上面这个例子，从句子表面上看并没有介词，但其实，把句子还原成简单句：ผู้แทนประชุมในมหาศาลาประชาชน，因此这个例句中，先行词是มหาศาลาประชาชน，也就是从句中介词ใน的宾语，表示地点，介词宾语的位置缺少的成分就是先行词，被省去的介词不再出现在从句的末尾或者关系词的前面。

上述定语从句的类型是典型的คุณานุ่ชคยโะรปุองว่าง，从句中缺少的成分就是中心词，关系词代词中心词在从句中可以担任各种成分。有关系词连接的定语从句在中心词和从句之间还可以有别的语法成分，如介词短语或量词短语。

（2）เตียงข้างบนที่ยอนอนนคีมีเป็นของฉัน（上面有人睡着这张床是我的）。

上述例句中，在先行词เตงยี和定语从句之间插入了介词短语ข้างบน，介词短语修饰中心词，使得中心词的范围和所指意义更加清晰明确。

（3）ดอกไม้สองช่อที่แฟนส่งให้เหี่ยวแล้ว（男朋友送我的花已经枯萎了）。

上述例句中，在先行词ดอกไม้和从句之间插入了数量词สองช่อ，修饰先行词。

在有关系词连接的定语从句中，量词可出现，也可不出现，量词出现有助于让先行词的意思更加清楚明了，让人一目了然就可知道先行词所指为何人何物。如：

（4）เขาที่ฉันรู้จักเป็นคนดี（无量词）。

（5）เขาคนที่ฉันรู้จักเป็นคนดี（有量词）。

通过比较例（4）和（5）可以发现，上述两字例句中，（4）句没有量词的限定，表达的意思比较宽泛笼统，“我认识的他是个好人”，“他”在“我认识的人”之中，没有明确指出认识的人中的哪一个，而下一句加了量词来限定“他”，先行词的范围因为关系词的限定而缩小，“我认识的那个他”加上量词后表达的意思更清楚明确，指认识的人中某一个具体的人。

（五）定语从句的强调式

在有关系词连接的定语从句中，有时候为了强调某一语法成分，可以把该语法成分进行移位，当要强调句子的某一成分如主语、谓语、宾语或别的语法成分使其成为句子的中心时，就把该成分移到句首或者句尾，那么中心词和定语从句就不总是紧跟在一起，被强调的成分置于句首，定语从句则置于句末。如：

（1）บ้านสร้างใหม่เสร็จเรียบร้อยแล้วที่ถล่มพังทลายในแผ่นดินไหว（地震中倒塌的房子重建好了）。

在这个例句中，先行词是บ้าน，例句为了强调主语，因此修饰先行词的定语从句并没有紧紧跟在先行词的后面，而是把要强调的“房子已经建好”移到定语从句之前，以示强调。当说话者要强调先行词时，这种结构的定语从句在泰语中也比较常见。

有关系词连接的定语从句和没关系词连接的定语从句有时可以互相替换使用，如：ฉันไม่ชอบของที่ใหญ่和ฉันไม่ชอบของใหญ่。

五、关系代词用法的异同

ที่、ซึ่ง、อัน 作关系代词时，引导定语从句，都是对前面的名词、代词进行修饰，使得句子更加丰富完成，不同在于ที่引导一个定语从句，修饰前面的名词、代词时，起到区分、限制该名词范围的作用；ซึ่ง引导的从句作定语，通常起补充说明该名词或代词的作用；นอ通常引导一个形容词构成定语或者接动宾结构的句子，用于较正式的书面语，使句子更具浓郁的文学气息。在有些句子中，ท่ี、ซ่ึง、นอ之间互相替换使用不影响句子意思的完整明了，有时则不能互换使用，因互换后句子表达不畅或产生歧义。

（1）ฉันทำงานในเซี่ยงไห้อันเป็นเมืองที่ใหญ่สี่ท่ดของจีนซึ่งฉันเคยไปเรียนหนังสือทนี่นี่（我在上海工作，上海是中国最大的城市，我曾在那儿上过学）。

上述例句中，关系词ท่ี可以用ซ่ึง替换，引导一个从句对中心名词“上海”进一步补充说明，用关系词ท่ี也说得通，而后面的ซ่ึง也可用关系词ท่ี替换，为避免关系词的重复使用和语句的顺畅优美，在选词时应根据语义和搭配习惯进行推敲。

（2）การบุคี่ทนาัณครูมอบหมายให์ทำเสร็จเรียบร้อยแล้ว（老师布置的作业已经完成了）。

在这个例句中，先行词是การบ้าน（作业）表示的是一个具体事物，关系词引导的从句คุณครูมอบหมายให์ทำ是一个主谓结构的定语成分对先行词起到修饰限定的作用，不需要解释或补充说明，因此关系词不宜用ซ่ึง，同时也不是后接一个形容词，语体也比较轻松，因此也不适合用นอ。

在有关系词连接的定语从句中，关系词除了ท่ีใ以外，常用的关系代词还有ซ่ึง。但这ท่ีและซ่ึง两个词的使用方法不大相同，ท่ี是在需要对所涉及的信息有针对性和分类的情况下使用，而关系词คนทุคี่ณแอบรัก_ได้แต่งงานแล้ว用于表示没有专指或表示没有分类的信息。

ผลไม้ซบอชนัฉี่ท้อแพง

ผลไม้ซ่ังฉันชอบซื้อแพง

上面第一个例句，用ท่ี引导，表明先行词“水果”是明确的信息，是针对水果中固定的那几类，而用ซ่ึง，则没有具体指明“水果”的种类式样，表示比较宽泛的意思，没有对信息进行分类，仅仅是对信息进行补充，去掉这个成分，句子意思依旧完整。

六、结　语

据了解，在东南亚半岛上五个国家的语言中，除缅甸语以外的其他四个语言，即泰语、老挝语、越南语和柬埔寨语都有定语从句这一句型结构。定语从句是泰语学习中的一个重要语法项目，连接从句的关系词又是重中之重，且泰语定语从句关系词使用相对复杂，只有通过对比学习、不断研究，才能更好地掌握这一知识要点，以学以致用。

参考文献

[1]กกำาชชัยยทหอองงหหลล่ออ. 1977. หหลลักกภภาาษษาาไไททยย.บบรริษษัททรรววมมสสาาสส์นน

[2] สสุพพัตตรราาจจิรรนนันนททรราาภภรรณณ์.กการรศศึกกษษาาแเปปรรียยบบแเททียยบบคคุณณาานนุปปรระะโโยยคคภภาาษษาาไไททยยแแลละะภภาาษษาาไไททโโซซ่งง

[3]แมมธธาาววียยุททธธพพงงศศ์ธธาาดด.　　2001. กการรศศึกกษษาาคคุณณาานนุปปรระะโโยยคคใในนววรรรรณณกกรรรรมมปปรระะแเภภททสสาารรคคดดีใในนสสมมยยรรัตตนนโโกกสสินนททรร์..ววิททยยาานนิพพนนธธ์ศศิลลปปศศาาสสตตรร์มมหหาาบบัณณฑฑิตต.ภภาาคควิชชาาภภาาษษาาศศาาสสตตรร์มมหหาาววิททยยาาลลัยยธธรรรรมมศศาาสสตตรร์　..

[4]ววิจจันนตต์ภภาานนุพพงงศศ์. 2008. โโคครรงงสสรร้าางงภภาาษษาาไไททยยรระะบบบบไไววยยาากกรรณณ์ ..กกรรุงงเแททพพฯฯ ::โโรรงงพพิมมพพ์มมหหาาววิททยยาาลลัยย

［5］黄进炎，林秀梅.2003. 实用泰语教程［M］. 广州：世界图书出版公司.

［6］罗奕原.2008. 基础泰语.2［M］. 广州：世界图书出版公司.

［7］利奇.1987. 语义学［M］. 上海：外语教育出版社.

［8］裴晓睿.2001. 泰语新编语法［M］. 北京：北京大学出版社.

[9] 潘德鼎 . 2014. 泰语基础教程 [M]. 北京：北京大学出版社 .

[10] 乔姆斯基 . 1979. 句法结构 [M]. 北京：中国社会科学出版社 .

[11] 许余龙 . 2005. 对比语言学 [M]. 上海：外语教育出版社.

心理语言学视角下德语作为L3在中国高校课堂环境下的语音教学启示

王　洁*

摘　要： 语言习得过程中的四项基本语言技能听、说、读、写都是以语音知识和能力为前提的。德语作为拼读语言，语音与正确的拼读书写、词汇记忆与扩展、语法规则等有着直接联系。对于语音习得的影响因素很多，本文主要从心理语言学中L1、L2对L3的语音习得可能产生的影响因素实验研究出发，结合中国高校德语作为L3的课堂情况（L1为中文、L2为英语），对德语作为第二外语语音重难点的确定以及教学方法提出了一些建议。

关键词： 德语作为L3；心理语言学；语音教学；迁移

一、心理语言学视角下的L3语音研究

（一）研究现状

一直以来，外语习得研究中通常采用L2来对母语以外的目标语进行标示，对学习者实际的语言学习经历（如学习者或许并不只掌握一门外语）不做考量。就心理语言学对语音习得的研究成果来看，为排除不可控的干扰变量，研究对象多见于L2为英语，

---

* 【作者简介】王洁，云南大学外国语学院讲师，硕士，研究方向为德语语言文化学、德语教学法、跨文化交际学。

且身处在目标语国家的受试者。[①] 很大一部分语音方面的二语习得研究致力于验证某个语言习得理论，如“关键年龄假设”（Critical Age Hypothesis）[②]，即验证关键年龄与接近本族语者口音习得间的关系。除此之外，心理语言学对于语音的研究领域还集中于L2 发音的准确性和流畅性、词语辨识、感知训练、元音省略、辅音叠加、语音语调迁移、L2 词语重音的感知等，研究方法多采用对比法，通过受试者 L1（母语）和 L2（目标语）的差异性对比发现语音习得中的负迁移（Mehlhorn，2012：202）。

近几年，随着多语言研究愈发受到关注，多语研究者开始采用 L3（三语）对学习者除了母语（L1）以及第一外语（L2）以外又习得的第二外语进行标示。这使得 L3 甚至 Lx 的研究正式得到关注。德语在世界范围内都属于一门典型的第三语言（L3），大部分学习者都是继英语学习（L2）后开始学习德语，因此，多语研究领域出现了一个专门的研究概念：DaFnE［Deutsch als（zweite oder später gelernte）Fremdsprache nach Englisch（als erste oder zuvor gelernte Fremdsprache）］，即德语作为继第一外语英语学习之后的第二外语，当然这里的“第一”与“第二”仅是一个相对概念，而非绝对的数字概念，即只要学习者是在英语学习之后学习德语，无论英语是他真正的第几外语，都属于该研究领域。英语和德语同属于印欧语系日耳曼族，在语音、词法、句法、构词法等方面具有一系列共同特征，所以具有良好英语知识的学习者在学习德语时应该有明显优势。然而，目前大量有关语音习得的英语专著多以英语为目标语，这些研究成果大多无法直接移植

---

① 如果在非目标语国家进行实验，可能会缺少足够的目标语输入。因为教师本身并不是母语者，他的语音输出将可能会是另一种变体或者中介语。这属于不可控的干扰变量，对于量化研究是极为不利的（Mehlhorn，2012：202）。

② 很多 DaF 领域的研究者认为，语音和其他语言要素是一样的，学习者可以通过自然的语言习得掌握其规则。这多针对于“浸入式”（即学习者身处于目标语国家的情况）以及学习者中语言背景不同的德语学习（Hunold，2012：198）。

给其他语种的研究，所以针对其他语种，如德语的研究仍旧缺乏。另外，大量的对比研究局限于研究母语（L1）对语音迁移的影响，而已学的外语对 L3 的语音习得影响研究却鲜有涉及。这一领域中比较有影响力的研究有 Stedje（1976）、Llisterri/Poch－Olivé（1987）、Hammarberg/Hammarberg（1993；2005）以及 Wrembel（2010）（Mehlhorn，2012：202）。同时，由于语言心理学在传统上多关注负迁移，这也使得目前多数多语研究成果囿于负迁移现象，因为错误和偏差相对于正确和相似往往更容易发现和证明。针对这一趋势，Ringbom（2007）提出完全相反的看法，他认为，语言间的相似性对语言学习的影响更大，因为外语学习者经常会试图建立目标语和已有语言知识的联系。所以，若要获取关于语言间迁移影响的全貌，就要打破负迁移传统，同时对语言间正迁移现象给予关注。在 DaFnE 的研究中，尽可能多找到一些不同母语（L1）的研究对象，以找到 L2 英语对 L3 德语实际的影响作用。相对于二语习得研究，该领域尚处于起步阶段，研究成果也乏善可陈，例如，基于心理语言学的 L3 语音学习注意力的研究还属于空白，L3 对于 L2 甚至 L1 的干涉研究也很少，并且至今也还没有一个可用于解释各类关于 L3 语音研究的三语习得理论模式（Hirschfeld & Reinke，2012：132；Mehlhorn，2012：202；文秋芳，2010：146）。

（二）L3 语音习得特点

L3 学习者已经具备了外语学习的经验，比起他们初学 L2 时而言，他们此时年龄更大，认知能力更成熟，能够进一步运用语言策略、元语言知识以及除了母语之外的其他语言知识作为对比与参考。一些针对 L3 学习者元语言知识以及学习策略的研究证明，L3 学习者使用这些知识和策略可以使他们更有效、更快地习得目标语知识（Mehlhorn，2012：202）。

从语音习得的角度来看，L3 学习者已有的其他语言的语音知识也可以帮助他们快速有效掌握新的语音知识，例如，他们通常已经理解了一些语音概念，如元音、辅音、音素、重音等，熟悉国际音标。同时他们会将已有的语音知识、发音方式及技巧以及口型进行迁移，所以由于学习者母语（L1）和第一外语（L2）的不同，使得L3语音习得的重难点也不一样。这就需要根据学习者不同的语言学习经历进行实际的分析。

需要注意的是，语音迁移不只发生在陈述性知识层面上，也可能发生在诸如发音驱动能力、音位规则或是感知模式的层面上，而且很少出现一个语音现象完整地、一对一地从L1或者L2迁移到L3，通常只是其中某些规则或者相似点进行迁移，而可预测的迁移（尤其是正迁移）并不会自发地产生，通常需要多种因素互相作用，有意识地引导学习者去发现并使用语音现象中的相似性进行正迁移。

对于L3语音迁移研究最具影响力和启发性的就是Hammarberg。Hammarberg 1993年以及2005年的一项纵向研究描述了一位L1为英语、L2为德语、L3为瑞典语学习者语音习得中受到已有语音知识的迁移影响，在L3瑞典语的初学阶段，其发音受到德语的影响较大，而母语英语的语音迁移受到了抑制，作者将其解释为认知外语模式（der kognitive Fremdsprachenmodus），即当L3作为目标语被学习者感知为一门外语时，其跨语言迁移以及代偿策略起效，通过抑制母语迁移并激发已经掌握的外语知识进行代偿。而经过八个月的学习后，同一位学习者的表现却显示出L1对于L3的学习影响更大。由此，作者总结出几项L2对L3语音习得最初影响较大的几个原因（Mehlhorn，2012：204）：

（1）L2语言能力程度。在该项纵向研究中，被试者L2的能力层级很高。

（2）“L2优先地位”。在L3学习之初，由于L2和L3对于学习者而言都属于外语，所以在感知领域上较为接近，使得L2一开始比起母语而言更容易占迁移的优先地位。

（3）心理情感因素。例如，学习者会主动压抑母语对L3的迁移，以避免自己认为的“外国”口音。

（4）“就近使用”原则。学习者在接触 L3 之前的最近一段时间内，比较集中地学习和运用 L2。

Wrembel 在 2010 年针对 L1 为波兰语、L2 为德语、L3 为英语的学习者做了一项关于 L3 语音迁移的研究。他的研究与 Hammarberg/Hammarberg1993 年以及 2005 年得出的结果类似，即语言学习之初，由于 L2 与 L3 相似的外语学习过程使得 L2 的迁移现象更明显，然而随着对 L3 各方面知识和能力的提升，L2 的迁移影响减弱，L1 的影响增加（Mehlhorn，2012：204）。

然而，Ringbom 于 2007 年做的一项横向对比研究为语言间的语音迁移提供了新的视角：他选取了一组为 L1 为芬兰语、L2 为瑞典语、L3 为英语的学习者，其 L2 瑞典语掌握程度较高，在 L3 英语学习过程中，L2 对于 L3 的迁移影响更大；另一组 L1 为瑞典语、L2 为芬兰语、L3 为英语的学习者，同样 L2 掌握程度很高，但是在 L3 英语的学习中，学习者表现出 L1 的干涉作用更明显。由此得出结论，语言间的干涉作用更多是由语言距离决定的（Mehlhorn，2012：204）。Ringbom 进一步提出语言间产生干涉的三种类型：相似性产生的正迁移、差异性产生的负迁移以及零迁移。这里语言距离并不是绝对取决于客观语系分类，学习者对目标语的心理感知距离往往对语言间的干涉影响更大：实际情况中，同属一个语系的语言间的相似性容易被学习者感知，并被学习者将其扩大化而成为相同点；而学习者一开始所感知的语言间差距则可能阻碍迁移的发生（Mehlhorn，2012：205）。

Pyun 在 2005 年针对 L1 为韩语、L2 为英语以及 L3 为瑞典语的学习者语言间干涉作用影响研究中，就语音方面的干涉研究总结出以下四个干涉源（Mehlhorn，2012：204－205）：

①来自母语 L1 的语音规则。

②来自目前所掌握的 L2 的语音规则。

③来自目标语 L3 的语音规则。

④来自学习者自己发展出的“中间规则”（Zwischenregeln），即已有语音体系与目标语体系的连接与再造。

中间规则更像是个体的专属规则，它是个体已有知识体系与他们所感知和理解到的目标语知识进行的融合与创造，由于个体间学习经历、语言能力、感知认知能力等的不同，中间规则表现各异。但是这个规则既不可忽视也不法避免，同时是语音研究中个体差异性的根本。

（三）L3 语音习得的启示

与传统的二语习得研究不同，L3 研究中学习者的语言学习经历将成为一个不可忽视的因素，语言间的相互影响和干涉成为不可回避的研究课题。基于已有关于 L3 语音习得中语言间影响研究成果，L3 语音教学时应注意以下原则：

（1）学习尚未开始之前，对学习者的语言学习经历进行分析和对比，重点对比目标语和 L1 或者 L2 的相似性，而非差异性，缩短学习者心理上的语言距离。

（2）对学习者 L1、L2 的学习情况和能力进行分析与评估，有效建立和促使正迁移的发生。尤其在语音阶段之初，当语言距离较接近的情况下，L2 对 L3 的迁移影响更为明显，这时应该同时注意两者间的正负迁移：一方面防止语言间的相似点被扩大为相同点，要使学习者注意细节的差别；另一方面则要尽可能防止负迁移的发生。

（3）语音学习是贯穿在整个语言学习中的，随着学习者对 L3 的逐渐熟悉和掌握，L1 的迁移影响会逐渐表现出来，并成为主要的影响因素。所以，在学习的中后期对语音也不能忽视，学习者会将 L1 中的一些语音规则迁移至 L3 中，这时同样应注意两者间的正负迁移。

（4）对于可预测的正迁移需要通过多样化的教学方法进行引导，以促成正迁移的发生。

（5）语调、重音等语音知识和能力往往与学习者的发音驱动能力、感知模式等相关，所以这些韵律知识和特征也会发生迁移。L3 语音学习时，教师需要注意分析 L3 韵律特征与 L1 和 L2 的异同，并将之贯穿到整个语音教学中。

（6）关注个体差异性，在语音教学中教给学生自我评估和自我总结的方法，不断反思和分析个体语音中的干涉源，对中间规则进行一定的控制。

虽然心理语言学对于 L3 的语音研究还处于起步阶段，但是通过已有的实验研究依然为 L3 的语音教学提供了重要的理论参考。

二、德语作为 L3 在中国高校课堂环境下的语音重难点分析

对 L3 的研究和教学应该重视分析学习者已有的语言习得情况，学习者的 L1 和 L2 影响到 L3 重难点的确定。当然，由于学习者个体 L1 和 L2 的掌握情况和程度有所不同，使得具体的课堂情况还需要具体分析，但是通过语言间的对比也可以从宏观上确立 L3 语音教学中基本的重难点。

在中国高校的课堂环境下，学习者从年龄、认知程度和学习经历来看都属于较成熟的群体，其语言学习经历也可以确定为 L1 为中文，L2 为英语（魏育青、李欣婕，2008：107），这无论在德语专业或德语作为第二外语的选修中均如此。所以中国高校课堂环境下的德语教学总体符合 DaFnE 的情况。作为德语入门的第一课便是语音。德语是一门拼读语言，在掌握了语音规则之后学习者不再需要音标的辅助即可读写单词，语音成为德语学习的奠基石。就语音部分来看，它与中文和英语都有着很多的相似点与可以进行正迁移的切入点。

（一）德语与英语的语音对比

德语与英语有较亲近的亲缘关系，它们同属于印欧语系日耳曼语族西日耳曼语支，两者共有 26 个完全相同的字母，这些字母在英文中代表 48 个发音因素，在德语中代表 44 个音素（吴健雄，2002：42）。所以在学习者初接触德语时，英语与德语容易产生更

近的语言距离。另外，英语作为学习者中学时期一门重要科目，使得学习者在相较于德语学习较近的一段时期内频繁高强度的学习和运用英语，作为德语为第二外语的英语专业学生而言更是如此，且经过至少中学六年的学习，其英语知识较为丰富，所以在德语最初的语音阶段，英语表现出来的干涉作用非常明显。以 DaFnE 的研究为例，学习者的英语知识会在以下几个方面对德语语音学习起到正迁移的作用（Mehlhorn，2012：203）：

（1）英语和德语中共有的元音为 a、e、i、o、u，且都有长短音之分。虽然每个字母的发音上不尽相同，但是由它们所决定的元音音素如/a：/、/a/、/i：/、/i/、/u：/、/u/、/ɛ/、/ɔ/、/ə/的发音是相同的，学习者可以快速地掌握发音要领，且学习者基于英语语音知识，能够感知并注意到长短音的区别以及重音通常落在第一个音节。

（2）发音相似的复合元音，如/aɪ/、/aʊ/、/ɔɪ/。

（3）相同的辅音音素，如/m/、/n/、/h/、/ŋ/、/ʃ/、/tʃ/、/ts/等。

（4）相同的清浊成对的辅音音素，如/p/&/b/、/t/&/d/、/k/&/g/、/f/&/v/、/s/&/z/。

（5）句子的语调：德语和英语一样，陈述句、祈使句、感叹句和特殊疑问句在两种语言中均为终降调，而一般疑问句中均为终升调。

L2 英语在 L3 德语语音学习之初所起到的干涉作用是非常明显的，这些相似点可以帮助学习者快速产生心理上较近的语言距离，并使学习者有效地掌握德语语音的一些基本发音。教师可以在这些相似的部分进行阐述引导，形成正迁移。尤其是长短音的区别，在学习之初，学习者受到 L2 的影响会注意到 L3 德语中也有长短音的区别，这时，教师应该对这一正迁移现象进行强化，因为德语中的长短音直接对应到单词的拼写和词意，例如，/ʃta：t/和/ʃtat/对应的就是完全不同的两个单词：Staat（国家）和 Stadt

(城市)，所以不仅要使学习者注意到长短音的区别，更需要对其进行强化和训练。

也有一些德语语音知识和英语不尽相同，而容易引起负迁移或者零迁移的，在教学中应特别注意：

（1）英语中一个字母或者字母组合可能对应多个发音，且发音规则不是很明显，所以需要借助音标确定发音。例如，字母 a 可能发作/ei/、/æ/或者/aː/、/a/等，但是德语中的发音规则是确定的。语音学习之初，学习者受到英语的影响较大，例如，看到德语中 Mann，往往会读作英语中的/mæn/。

（2）英语开音节中，最后一个元音字母 e 一般不发音，如 make 读作/meik/。但是，德语属于拼读语言，每一个音节都需要发音，所以如 bitte，最后一个字母 e 也要发音，读作/bitə/。很多学习者初学德语时，受到 L2 影响最容易省略最后这个音节。

（3）发音音素在两种语言中均有，但却对应不同字母或者字母组合的情况，如字母 w 在德语中要读作/v/，上齿咬下唇，而英语中不能咬唇，这也使得学习者时常发错音；字母 z 的发音，德语中读作/ts/而英语中读作/z/；th 咬舌音/θ/和/ð/，但是德语中却没有这个发音，th 与 t 一样，发/t/的音。

（4）字母或者字母组合在两种语言中均有，但是发音音素是英语中没有的，如 er、ch/ç//x/以及德语中的小舌颤音 r/r/。这时初学者最容易用英语中的发音进行取代。

（二）德语与中文的语音对比

从语系分类的角度而言，德语和中文的语言距离较大，属于不同性质的符号系统（张世广，1996：59），但就语音层面而言，汉语拼音的拼读规则和德语的拼读规则有着很多相似性（晁保通、罗伟，1990：61）

（1）相同的元音音位：/a/、/e/、/i/、/o/、/u/、/y/、/au/、/ai/。

（2）相同的辅音音位：/p/、/t/、/k/、/m/、/n/、/l/、

/ŋ/、/f/、/s/、/x/、/ts/、/ʃ/、/tʃ/。

（3）从拼读规则上来看，字母或者字母组合对应一定的发音，不需要用音标进行标识。

（4）汉语拼音规则中，韵母出现都是要发音的，这与德语的元音类似。在德语单词的拼读中，元音是一定要发音的。如汉语拼音中 ge、ke、he，德语中 habe、bitte 等。

（5）德语中特有的变音字母 ü 的书写和发音，和汉语拼音中的韵母 ü 一致。但是在学习语音的初期，学习者受到 L2 的干涉作用，容易用英语中字母 u 的发音/iu/进行代偿。

学习德语语音之初，基于德语和英语较为亲近的语言距离，以及学习者的“L2 地位优先”，且汉语拼音的习得通常是在学习者幼年时完成，元语音知识已经内化和自动化，所以呈现出被压制的状态。但是从以上分析来看，汉语的语音与德语的语音中有很多音位和规则可以有意引导正迁移，以帮助学习者克服 L2 英语中那些可能产生的负迁移影响。

当然，随着 L3 德语知识不断深入的学习进程，学习者的语音迁移现象会逐渐呈现中文占优势，学习者一方面掌握正确的拼读规则，另一方面可能出现中文的负迁移影响：

（1）中文属于韵母占优势的语言，即元音占优势，通常来说一个音节前面只允许有一个声母（辅音），汉语拼音中有很多元音连缀如 -uan、-ian、-iao 等，而很少有辅音连缀，除了 -n、-ng 以外，其他辅音不可以作韵脚。也就是说，大部分的汉语拼音都是以元音结束的。而德语和英语均属于辅音占优势的语言，德语中甚至有很多的辅音堆叠的现象，例如，br-、schr-、-bst、-fst、-lfst、-lbst 等，德语一个音节的辅音有时可达五六个，所以，很多 L1 为中文的学习者会在其中一些辅音甚至每一个辅音后加入元音。例如，-bst 会读作 be-si-te。初学者一开始受到 L2 英语的干涉作用较强烈，有意识抑制加音现象，但是随着课程的进行，L1 干涉影响逐渐加强，加音变得明显。在一项语音研究中显示（丁红卫，2014：181f.），学习者在经过了450个德语课时后进行语音测试，在连续两个辅音发音的过程中加入了元音。但是在学习者进入更高级的德语学习后，该现象又会逐渐消失。

（2）汉语拼音中并没有长短音的区别，所以学习者经过一段时间的学习后，常常开始使用长元音替换德语中的短元音（丁红卫，2014：180）。

（3）德语和英语中的塞音有送气与否的区别，还有清浊的区别，汉语中的塞音只有送气与否的区别。所以中国学习者说德语时，通常用不送气塞音替代浊塞音，另一方面发清塞音时送气太强（丁红卫，2014：180）。这会导致连续清塞音时学习者无法正确掌握气流，而出现辅音脱落的现象。

（三）德语作为L3语音重难点分布

通过以上L3德语与L1中文和L2英语的语音对比分析可从宏观上总结出德语语音重难点的分布：

（1）英语音标系统对德语拼读规则的影响。

（2）注意三种语言中发音一致，但是L3的拼写不同的情况：如/ʃ/，中文和英语中写作sh，而德语中写作sch。

（3）L3中与L1、L2相同字母但是发音不一样的情况，如字母w、z。

（4）初学阶段的L2干涉作用较大，所以还应关注英语与德语中书写相同但发音不同的情况，如th、a、r以及er的发音。L1中虽然有，但是学习者更愿意用L2的发音进行代偿的读音，如ü。

（5）对于德语中独有的发音，如字母ö、r（小舌颤音）pf/pf/和ch/ç//x/。

（6）在L2起主导干涉作用时，强化长短音规则和重音规则。

（7）对于三种语言中共有的发音音素如/ɑ/、/e/、/i/、/u/、/ɑu/、/ɑi/、/p/、/t/、/k/、/m/、/n/、/l/、/ŋ/、/f/、/s/、

/ts/、/ʃ/、/tʃ/可引导正迁移。

（8）随着学习进程的进行，对于语音的重视不可减少。语音的训练贯穿于整个教学过程。注意学习者是否有添加元音、辅音脱落以及长短音混淆的现象，这些都需要及时地提出和纠正。

以上重难点分布是基于标准语言间对比得出的可能性，考虑到学习群体的特殊情况以及对德语教学目标的不同需求会出现不同程度的增删或者更改。例如，受方言影响，中国南方部分地区学习者会出现/n/、/l/或者/n/、/ŋ/不分，北方学习者的卷舌音较重等现象影响，语音教学的重难点要做出相应调整。

三、德语作为 L3 在中国高校课堂环境下的语音教学法启示

心理语言学中 L1、L2 对 L3 语音习得的影响研究为中国高校课堂环境下 L3 德语语音教学重难点的确定提供了一定参考，那么在这个理论框架和内容指导下，如何将这些知识系统化并有效地在课堂中进行教学呢？

语音教学的最大特点和难点就在于学习初始就需要学习者对其基本完全掌握，它是一门语言的基础，不像词汇或者语法可以分成不同板块，依次逐渐地学习，学习者一旦接触语言，语音知识便以一个完整的姿态扑面而来，而且伴随整个语言的学习过程（Hunold，2012：195）。虽然现在 DaF（Deutsch als Fremdsprache 德语作为外语教学法研究）领域对于德语课程最初是否应该以完整的语音教学板块作为开启仍存在很大争议①，但就中国高校学习者的学习习惯以及中文（L1）和德语（L3）之间客观较远的语言距离，在课程开始时教授相对完整的语音板块是很有必要的，且语音板块的结束并不意味着语音教学的完成，而是应该进行持

① 很多 DaF 领域的研究者认为，语音和其他语言要素是一样的，学习者可以通过自然的语言习得掌握其规则。这多针对于“浸入式”（即学习者身处于目标语国家的情况）以及学习者中语言背景不同的德语学习（Hunold，2012：198）。

续的关注和深化。在这里，将把语音教学分为引入（语音板块开始前）、语音板块教学以及语音板块教学结束后的语音与其他教学内容的综合性教学阶段。

（一）引入阶段

语音板块开始前的引入对于整个德语学习都会起到影响。这是建立学习者心理语言距离和学习兴趣及信心的重要阶段。

这个部分可以通过歌曲或者德语电影片段等唤起学习者对于德语的兴趣并对德语的发音形成感性的认识。通过开放性问题引导学习者描述他们对德语的发音有怎样的感觉？是否觉得熟悉？又或者与所学的语言，例如，英语或者中文对比，德语的发音有什么特别的地方？学生的回答往往可以作为进一步建立语言距离感的资料。

学习者一般容易感知德语与英语较近的语言距离，教师可以对两者间同一语系的事实进行阐述，也可以简单介绍德语与英语的发展历史渊源，使学习者确定其相似性，这有助于学习者克服对德语的陌生感，初步建立起学习的信心。当然，这一阶段也可以适时引入学习者对语音语调的关注。对语音语调的正确把握被证实为一项核心的语音能力（Hunold，2012：198），从一开始就引导学习者注意到德语和英语语调的不同：德语语流中的语调更平，句子中的音调起伏变化相对于英语不明显。[①] 在这一阶段，让学习者通过听来感知德语和英语一种总体的相似性和差异性（语音语调方面），建立起适宜的语言距离。

同时，汉语拼音的拼读规则以及汉语和德语中有很多相似的

---

① 德语一般起调为中高度，整个句子中音调起伏不大，若句子为终降调，则在最后一个重读音节下降前略微拔高，然后重读音节处降到最低；若是终升调，德语同样以中高度起调，句子中音调起伏不大，于句末迅速拔高，以最高声调结束。而英语一般具有音阶性，终降调句子中起调低平，第一个重读音节为最高音，然后逐级降低；在终升调的句子中起调较高，在第一个重读音节后逐级降低，至句末最后一个音节微微升起但并非最高调结束。这就使得德语听起来语调较平（黄崇岭，1998：62－63）。

音素也可以在这一阶段向学习者阐明。由于学习者对中文和德语预期较远的语言距离在这里形成反差，更容易激起学习者的好奇和兴趣。由于德语中的五个元音字母 a、e、u、i、o 和中文中的五个基本韵母发音基本一致，教师可以引导学习者从汉语拼音开始拼读一些诸如 ha、ma、nu、ge 等，然后给出一个德语单词，如 Magen 让学习者自己拼读，学习者会很快发现德语的基础拼读方法，并且建立起中文和德语语音的相似，为德语语音板块的开启奠定基础。

引入阶段还未涉及具体的语言知识，所以在教学的掌握上，应该更注重整体感知，通过一些学习者感兴趣的音频或者视频资料，激发学习者已有的语言知识和能力。总体上引导学习者关注德语与 L1 和 L2 的相似点，建立较近的语言距离和学习的信心。

（二）语音板块

1. 教学内容系统性和梯度设置

语音板块教学的系统性和梯度设置上遵循从易到难、从“有”到“无”的原则。

（1）从简单的单元音和单辅音开始，从 L1、L2、L3 共有的音素开始：如五个单元音及变音字母 ä、ü 以及共有的辅音音素 /d/、/f/、/h/、/k/、/l/、/m/、/n/、/p/、/t/、/s/，到 L1 有 L2 没有的如 ü 或者 L2 有 L1 没有的如 ä 的发音。基于学习者已有的知识和能力，学习者能够很快地掌握。

（2）稍复杂的双元音和辅音字母组合，也是从学习者 L1 或 L2 中已有的音位切入，如/au/、/ai/、/ŋ/、/ts/、/ʃ/、/tʃ/。

（3）德语中特有的以及容易产生负迁移的音位发音训练，如字母 ö、r（小舌颤音）pf/pf/和 ch/ç//x/的教学。

（4）长短音规则、重音规则以及语调贯穿于整个教学过程，从语音板块一开始即可以引导学生注意并在学习过程中运用已有语音知识总结其规则，并在之后的整个教学过程中反复提醒和强化。

2. 教学方法建议

语音板块每一个教学环节都应注意以下方法：

（1）丰富的听力练习：发音上的错误很多其实来自于学习者听不出正确发音和错误发音间的区别（Hunold，2012：196），所以语音阶段对于听的训练就要开始。除了听音跟读以外，应丰富听的练习形式，除了让学习者听单个音素或者单词并跟读，还应该设置诸如辨音练习（如：以下哪个音素与你听到的一致/不同？以下哪个单词内含有你听到的音素？）、听音填空、模仿配音等，通过听的练习，对于长短音、重音以及语调等的习得和巩固也非常重要，例如，通过听一些诗歌、短文或者广告等，引导学习者关注长短音、重音和语调，并进行标记和模仿。

（2）发音训练应避免单一的让学生拼读他们不认识的单词。由于这一阶段学生的德语词汇知识还基本为零，让他们不断重复跟读或者拼读不认识的单词容易无聊。这时候拼读的词汇应该选择一些国际化的词汇、人名、地名或者简单的问候语等，并在语音训练中穿插讲解一些相关的文化和国情知识。

（3）游戏化的语音练习：单纯的语音练习容易让学习者感到乏味和疲惫，应在练习时融入游戏元素，尽可能调动学习者的多种官能。如配音大赛、口型辨音猜字母等。

（4）课堂组织形式：可以组织学生分成小组，组内先进行听读，学生之间讨论和互相纠正发音，避免大合唱式的语音训练，确保每一个学生都有机会开口，教师到每一个小组进行确认，这样的方式更容易找出每个学习者发音上的问题并给予指导。

（5）鉴于这一阶段英语对于德语的干涉作用可能较为明显，所以一方面类似的语音现象可以肯定其相同点，尤其是长短音和重音等规则，建立正迁移；另一方面也要注意可能产生的负迁移，对于两者间的区别，如语调、拼读方法等也应该清晰地反复阐明和纠正。

（6）对于德语中特有的发音，要清晰地阐述，避免学生用已有的语言知识进行代偿，而形成负迁移，如 r 的发音。目前发声立体式教学法，即运用 X 线照片或影片等教具来清晰主要发音器官的音位，被证明是对于成人第二外语教学卓有成效的方法（杜幸之，2000：53）。也就是说，让学习者清楚地明白发音原理和发音器官的音位对于这一类特殊发音的习得是有效的，所以可以通过照片和视频、教师的讲解，以及示范让学习者明白发音原理，并教授学习者课外训练这些发音的方法，并适当给予学生多一点时间进行消化和训练。

（7）引导学习者进行学习方法的总结和讨论：组织学习者进行语音习得方法的讨论和总结，通过这些讨论和总结，学习者可以对自己的问题进行反思，教师也可以发现学习者中一些“中间规则”的特点，这对于指导该群体针对性习得语音非常重要。

（三）综合性教学阶段

语音板块结束后，学习者已经系统地掌握了基本的语音知识和结构。随着德语各方面知识的逐渐丰富，语音知识也便“退居二线”。但是，这并不代表着学习者的语音就完全内化和自动化了，相反，随着关注度的降低，L1 的干涉影响凸显，学习者一方面表现出对拼读规则的熟练，另一方面 L1 可能产生的负迁移也随之而来。

学习者在该阶段已有一定的语言基础，表现出对纯粹语音练习的厌倦（Hunold，2012：199），这时应该把语音训练与其他知识板块进行结合，例如，语法讲解可分动词时，可引导学生用重音标记法进行学习；在教授一些较难读的单词时，从语音的角度进行引导，如单词 r. Strumpfe _._._ e 一系列辅音堆叠且伴随鼻音、颤音、塞擦音，应该把语音和拼写结合讲解并练习；篇章讲解时，可以引导学生注意语调的起伏和变化，也可以采用一些德语短诗填空的形式，让学习者注意到语音的韵律。

语音与其他语言板块的有效综合性训练依旧是 DaF 领域一个重要的课题。

四、结　语

本文从心理语言学中 L1、L2 对 L3 语音习得可能产生的影响因素出发，主要讨论了语言距离和 L1、L2 对于语音习得不同阶段的干涉优先性以及干涉源，结合中国高校学习者 L1 中文和 L2 英语的学习背景的情况，通过对中文和德语、英语和德语语音方面的对比，给出德语作为 L3 的语音教学的重难点和教学建议。

由于该领域的相关研究和实验尚且较少，理论也亟待完善，而且影响语音教学的因素还很多，个体差异也较大，例如，本文中提到了“中间规则”，就个体学习者而言，“中间规则”的干涉作用应该更明显，但是“中间规则”的形成与发展有着复杂的认知过程和心理过程，可参考的研究资料也较少，所以也只能就此粗略地提出关注个体差异性和学习方法论的建议。但是从宏观的语言比较出发，也可以指导教师在实际教学过程中促成正迁移，以更有效地利用课堂时间，丰富课堂组织形式。

参考文献

[1] Hirschfeld, U. and K. Reinke. 2012. Integriertes Ausspracheteaining in DaF/DaZ und der Gemeinsame europäische Referenzrahmen für Sprachen. *Deutsch als Fremdsprache*. 2012/3: 131－138.

[2] Hunold, C. 2012. Methodik und Systematik beim Aussprachetraining. *Deutsch als Fremdsprache*. 2012/4: 195－201.

[3] Mehlhorn, G. 2012. Phnetik/Phonologie in der L3 － neuere Erkenntnisse aus der Pszcholinguistik. *Deutsch als Fremdsprache*. 2012/4: 201－207.

[4] 晁保通，罗伟. 1990. 汉德语音位系统比较［J］. 西安外国语学院学报，(42): 57－66.

[5] 丁红卫. 2014. 中国大学生德语音节尾辅音发音的试验研究［J］. 南京师范大学文学院学报，(3): 176－185.

[6] 杜幸之. 2000. 大学第二外语语音教学法探讨 [J]. 中国高等医学教育, (5): 53－54.

[7] 黄崇岭. 1998. 德英语音比较对德语语音教学的启示 [J]. 同济大学学报: 社会科学版, (3): 60－63.

[8] 王京平. 2003. 德语语言学教程 [M]. 北京: 外语教学与研究出版社.

[9] 魏育青, 李欣婕. 2008. 现状与反思——德语专业素质教育相关问题调研 [A]. 上海: 上海外语教育出版社, 104－187.

[10] 文秋芳. 2010. 二语习得重点问题研究 [M]. 北京: 外语教学与研究出版社.

[11] 吴建雄. 2002. 德语语音教学中的英语迁移 [J]. 广东外语外贸大学学报, (2): 42－45.

[12] 张世广. 1996. 浅议汉语和德语的根本不同之处 [J]. 西安外国语学院学报, (66): 59－65.

文学研究

从命名看莫里森作品中的身份政治*

徐志英**

摘　要：作为一位非裔美国作家，莫里森在她的小说里倾注了她对非裔黑人命运的关注。本文以莫里森的两部经典作品《宠儿》和《所罗门之歌》为例，探究其作品中的命名与黑人身份认同之间的关系，阐释莫里森是如何通过选用寓意深刻的人名、地名，折射非裔黑人的人物特点和命运，表达她对政治权利和自我身份的诉求。

关键词：莫里森；非裔黑人；命名；身份政治

一、引　言

斯图亚特·霍尔在《文化身份与族裔散居》一文中认为，文化身份是一种共有的文化，集体的一个真正的自我，共享一种历史和祖先的人们也共享这种自我。“文化身份反映共同的历史经验和共有的文化符码，这种经验和符码给作为‘一个民族’的我们提供在实际历史变幻莫测的分化和沉浮之下的一个稳定、不变和连续的指涉和意义框架”。但文化身份是会变化的，是“屈从于历史、文化和权力的不断‘嬉戏’”的（斯图亚特·霍尔，2000：

* 【基金项目】本文为2015年度云南省哲学社会科学规划项目（学科建设项目）“20世纪非裔美国文学批评中的身份政治研究”（项目编号：XKJS201511）的阶段性成果。

** 【作者简介】徐志英，云南大学外国语学院教授，研究方向为英语语言文学。

209－212），因此文化身份同时具有固有的特征和建构双重含义。由于文化身份认同涉及特定的国家、历史、地理、社会、经济、政治、文化等领域，因此，文化身份认同问题也是身份政治问题。

名字是一个人身份的重要标志，因而每个民族都赋予它非常重要的内涵，黑人尤其如此。对非洲黑人而言，名字并不仅仅是一个符号，它是一个人在家族历史上地位的体现，有着深刻的内涵。因此他们对名字极为重视，把名字与命运、荣誉和尊严看作是紧密相关的，名字被看作一个人的精华（Stuckey，1987：195）。非洲黑人被贩卖到美洲沦为奴隶之后，为了体现主人的权威，让黑人忘记过去，接受被奴役的地位，重新认识自己的身份，奴隶主强迫奴隶放弃自己的名字，由主人重新为他们命名，冠以奴隶主的姓氏，以此标志奴隶从前的自我已经死去，新的名字代表新的身份（Sobel，1987：157）。对于非裔美国黑人来说，失去自己的名字无疑给他们造成了严重的心理创伤，使其在精神上承受了巨大的痛苦。他们失去名字意味着与过去的文化传统割裂，失去了原有的非洲人身份。因此，非裔美国人面临着如何在白人为他们界定了的存在范围内为自己建构一个身份的问题。许多非裔美国黑人作家在作品中，试图通过命名的方式，使自己的非洲文化情结得以延续和发展，以寻求身份的认同。

二、莫里森作品中的名字寓意

托尼·莫里森是当今文坛上著名的美国黑人女作家。作为一个非裔美国作家，莫里森深切地感受到了与非裔美国黑人的历史交织在一起的痛苦。她通过小说反映了非裔黑人在美国的历史变迁和现实生活，详尽地阐述了奴隶制、偏见和歧视给无数非裔美国人造成的身体和心理摧残，以及奴隶制是如何剥夺了黑人的身份，进而使他们失去与祖先的联系（Beaulieu，2003：171）。莫里森认为“黑人原本相信他们死后要凭姓名同祖先取得联系”。“如果你来自非洲，失去了自己的名字，麻烦就大了，因为你失去的不仅仅是你自己的名字，还有你的家庭，你的部族。如果你失去了自己的名字，死后如何与你的祖辈联系呢？那才是巨大的心灵创伤”（LeClair，1981）。因此，莫里森在她的小说中对名称的选用是非常用心的，无论是人名、地名的命名或错误命名都寓意深刻，这些名称往往超越了名字本身的意义。对命名的高度敏感使莫里森小说既体现了对传统的传承，也体现了她对政治权利和自我身份的诉求。

（一）《宠儿》中的命名寓意

《宠儿》是托妮·莫里森最震撼人心的一部代表作，也是美国文学史上最畅销的作品之一。这部小说讲述了黑奴塞丝怀着身孕，只身从肯塔基的奴隶庄园逃到俄亥俄的辛辛那提，奴隶主循踪追至，为了使女儿不再重复自己做奴隶的悲惨命运，塞丝毅然杀死了自己刚刚会爬的幼女，下葬时为她取名“宠儿”。这是一个多么具有讽刺意味的名字，“宠儿”本应该是受到特殊优待或照顾的人，而莫里森笔下的“宠儿”却是一个被无情地剥夺了生存权利的幼女；母亲为了不让她受罪，替她做出了选择，结束了她的生命，这就是她所得到的恩宠，因为塞丝这么做是出于母爱，她说：“我把我的孩子们放在那里安全。”（Morrison，1987：193）宠儿的死隐喻了非裔黑奴的悲惨命运：自己的命运掌握在别人手里，而且生不如死。多年后，尽管逃亡和杀女已成往事，但往事的梦魇一刻也不曾停止过对塞丝的纠缠。“宠儿”的冤魂一直在家中肆虐，导致塞丝的两个儿子离家出走，加速了婆婆贝比·萨格斯的精神崩溃和死亡，使小女儿丹芙养成了孤僻、幽闭的性格。后来“宠儿”以一个少女的肉身还魂，进入这个家庭讨还爱债，为占有塞丝全部的爱，宠儿甚至不惜引诱保罗·D.，以将他赶出家门，这一切把塞丝逼到了精神崩溃的边缘。以少女身份出现的宠儿是连接过去和现在的纽带，宠儿被杀象征着非裔黑奴失去了根，她被不断地重新记起，又重新回归，使塞丝被重新唤醒，面对过去，接受现实，并面向未来。

正如莫里森在《宠儿》作者自序中所言，小说“将奴隶制还原成一种个人体验”（Morrison，1987）。“宠儿”既是塞丝女儿的名字，也是这部小说的名字，它既展示了令人心痛的、透着无奈的母爱，又寄托着非裔黑人的希望，它是非裔黑奴命运的缩影。非裔黑奴们渴望得到上帝的眷顾，渴望有自己的身份，但却被无情地剥夺了一切本应属于他们的东西。

被割断了非洲纽带的非裔奴隶们也曾试图在新的环境里找到自己的位置，找到“家”的感觉。《宠儿》里的“甜蜜之家”也是一个很具讽刺意味的奴隶庄园名字。当加纳先生在世的时候，这个庄园对奴隶们来说似乎是一个甜蜜之家，因为加纳先生对黑人奴隶很友善，从来没有鞭打和责骂他们。“加纳允许和鼓励他们纠正他，甚至可以反对他。他们能够发明干活的方法；看看需要什么，可以不用批准就着手去办。可以赎回母亲，挑选一匹马或者一个妻子，摆弄枪支；要是他们愿意的话，甚至可以学习”（Morrison，1987：147）。这些奴隶们住在“田园般”的甜蜜之家里，就像是在伊甸园一样。在塞丝的记忆里：“甜蜜之家”“在她面前展现着无耻的美丽。它看上去从来没有实际上那样可怖，这使她怀疑，是否地狱也是个可爱的地方”（Morrison，1987：7）。

但所有这些都随着加纳先生的死和他侄子、学校老师的到来而告终。学校老师一来，甜蜜之家就不再甜蜜了。“他的所作所为就是再毁掉三个‘甜蜜之家’的男人，抠掉塞丝眼中闪亮的铁，只留下两口不反射火光的深井”（Morrison，1987：15）。塞丝和“甜蜜之家”的其他奴隶们不堪忍受学校老师的苛刻，商议集体逃离这个人间地狱。虽然加纳先生与学校老师对待奴隶的方式有着很大的差异，但以前加纳先生对奴隶好也并不是因为他尊重他们的人权，而是为了让他们更好地为他干活。当加纳先生说黑奴离开“甜蜜之家”时必须有他陪着，并不是担心这样做会不合法，而是怕他们逃跑。在加纳先生眼中，黑奴并没有真正的自由和身份地位，他们仍然只是奴隶主的附属品。因此，事实上无论主人是谁，这里都充满种族歧视，“甜蜜之家”对黑奴而言既不甜蜜，也不是真正的家。

找回身份是非裔黑奴的愿望，在《宠儿》中，当贝比·萨格斯（Baby Suggs）被卖为奴隶时，奴隶主给她取了个白人的名字詹妮·惠特罗（Jenny Whitlow），暗示着原来的非裔黑人贝比·萨格斯已不复存在，她已变成了一个没有独立身份的附属品：惠特罗家的奴隶。后来当她重新获得自由时，贝比·萨格斯坚持用回自己原来的名字，但是加纳先生建议她还是沿用奴隶主给她取的名字詹妮·惠特罗更合适，因为“对一个获得自由的黑奴来说，贝比·萨格斯太太（Baby Suggs）听着不像个名字”（Morrison，1987：167）。毕竟她已不再年轻，不再适合被称为贝比（Baby），但她更愿意保留这个名字，因为这个名字代表着她的身份，她随丈夫姓萨格斯，这个名字“是那个被称为她‘丈夫’的人给她留下来的一切。”“他们两人达成了协议：谁有机会逃就先逃走；如果可能就一起逃，否则就单独逃，再也不回头。他得到了一个机会，她从此再没了他的音讯，所以她相信他成功了。现在，如果她用某个卖身标签上的名字称呼自己，他怎么能够找到她、听说她呢?”（Morrison，1987：167－168）。后来也证明这个名字很适合贝比·萨格斯，因为她照顾了那么多的孩子：丹佛、霍华德、巴格勒和宠儿。在奴隶制时期，“年长的妇女们承担了母亲或祖母的角色，不管是否有血缘关系，所有的孩子都由她们照顾”（Jimenez，2002：527）。重新使用自己原来的姓名是非裔黑人对白人统治的一种反抗行为，也象征着黑人找回身份的开始。

（二）《所罗门之歌》中的命名寓意

《所罗门之歌》以“黑人会飞”这则古老的民间传说为故事主线和象征核心，讲述了一个北方黑人青年梅肯·戴德——绰号“奶娃”的成长过程。在此莫里森借用了《圣经·旧约》中《所罗门之歌》的篇名为小说命名，“以此作为背景，与作品的内容和主题形成对照，为黑人的‘所罗门之歌’赋予了基督教传统般的神圣地位，是对黑人文化历史悠久性和重要性的比拟”（唐红梅，2004）。“所罗门之歌”在几个故事、人物中穿插，如同主旋律在缓缓奏响，最后达到高潮。

在这部小说里，“奶娃”的祖父是个黑奴，“梅肯·戴德”不是他的原名。美国南北战争之后，被解放的黑奴须去自由人管理局登记成为自由身。在“奶娃”的祖父登记的时候，负责登记的白人士兵喝醉了，结果将他个人的情况填错了栏目，把应登记在“籍贯”栏目下的“梅肯”错写在了“名字”栏目下，把应登记在“父亲”栏目下的“死亡”错写在了“姓”栏目下。“奶娃”的祖父就成了梅肯（Macon）·戴德（Dead）（Morrison，1977：53）。不识字的“奶娃”祖父拿着这张表格奔向北方，投身自由生活。这一错误的命名导致他们一家三代以此为姓名，失去了自我身份，同时预示着梅肯·戴德一世的悲惨结局。喝醉酒的白人士兵、登记姓名和错误命名，这一切寓意了白人对黑人的歧视和不屑、白人对黑人在权力上的控制，以及白人对黑人的权力的滥用。当奶娃问父亲为什么祖父不用他的真名，父亲回答道：“妈妈喜欢它，喜欢新的名字。说这是新的，会把过去抹掉。”（Morrison，1977：54）所以在某种程度上，这个“错误”的名字很适合奶娃一家：他们希望过去被抹掉。“梅肯·戴德（Macon Dead）”意味着他们的老家梅肯已不复存在，已被从他们的生活中抹去。这也暗示着非裔黑人失去了根，失去了黑人的传统文化。

带着新的姓名，奶娃的祖父梅肯·戴德一世试图重构新的身份，融入美国社会。由于梅肯·戴德这个名字是由白人所起的，梅肯·戴德一世也就借此选择试着走一条完全接受白人社会价值体系的道路，想要实现白人的美国梦。他天真地以为美国是一个机会平等的民主国家，相信成功将最终降临于那些勤劳的人、有节制的人、诚实有教养的人、守信用的人。他靠勤劳致富，创建了一个农庄，取名为“林肯天堂”，表达了获得自由后的黑奴对新生活的美好愿望。然而他的财富和成功招致了一些白人的嫉恨，他被射杀在“林肯天堂”的篱笆上。“林肯天堂”成了书中见证白人暴行的地方，成了自由黑奴的地狱。梅肯·戴德一世悲剧性的命运结局折射了重获自由的第一代非裔黑人的命运，他们迫切希望改变自身处境，但并不真正理解白人社会制度和价值体系，盲目认同主流社会的价值观念，这不仅不能拯救自己，反而使他们迷失了自我，失去了身份。

“奶娃”的父亲梅肯·戴德二世经营房地产，房客均为黑人。他心狠手辣，不择手段，很快暴富，不仅住上了豪宅，还买了一辆在黑人社区中极为罕见的轿车。不过他买这辆黑色轿车的主要目的并不是为了代步，而是为了炫耀他的成功。他认为黑人要融入白人社会，关键在于拥有金钱。他教导奶娃：“现在让我来告诉你，你需要知道的一件重要事情就是：拥有。再用你所拥有的东西去获得其他东西，然后你才能掌控你自己和其他人。从星期一开始，我将教你如何去做。”（Morrison，1977：55）父亲鼓励奶娃去拥有东西，但他并不拥有自己的文化遗产。他认为这无关紧要，因为文化遗产不像他的房子、车子和他的钱一样有实际价值。然而，他也没有用这些东西来获得更进一步的快乐。例如，当他第一次见到露丝（奶娃的母亲、福斯特医生的女儿），他认为：“这是因为那些钥匙”使他可以“接近这个城市里最重要的黑人”（Morrison，1977：23）。他从来没有提到他爱露丝。他要让福斯特医生知道，他最有资格成为镇上最重要的黑人的女婿。梅肯·戴德二世生性贪婪，认为快乐就是拥有物质。

父亲的身份迷失和嗜钱如命的品性也传给了奶娃，和父亲一样，奶娃变得唯利是图，自私冷漠。尽管哈格尔（Hagar）深爱着奶娃，但奶娃并不真心爱她。哈格尔的名字本身也暗示着她的命运。因为在《圣经》里，哈格尔（Hagar，在《圣经》中译本里一般译作夏甲）只是一个为亚伯拉罕生过孩子的女仆。在《所罗门之歌》里，奶娃也只把哈格尔当作一个可满足他生理需要的女人。由此可见莫里森对哈格尔的命名也是寓意深刻的。迷失了自我的奶娃逐渐成了一个有着黑人的皮肤、白人的心、没有归属的人。直到有一天，他的车坏了，他还被抢劫了，他才意识到："在这里，在他的家里，他没有身份，得不到爱，而且还差点被杀了"（Morrison，1977：270）。奶娃意识到自己并不属于这个阶层，他开始重新寻找自己的身份。过去开着自己的车出行，使奶娃脱离了黑人群体。车没了，他又只有像其他黑人一样乘坐公交车出行，最终他又回归到非裔黑人这个群体中了。

奶娃的姑姑名叫彼拉多（Pilate），她出生时，为了给她取名，奶娃的祖父"曾翻阅《圣经》，因为他不识字，就选择了一组字母……看起来像一棵高贵大树，庇护着一排小树"（Morrison，1977：18）。彼拉多本人也是这一意象的化身，这个名字很适合她，她后来长得高大壮实，也曾保护奶娃的母亲露丝不受奶娃的父亲欺负。更重要的是，"Pilate"是来自拉丁语的"pons"，意思是"桥"，象征着连接和通向黑人出路的桥。"Pilate"在英文中又与领航员（pilot）谐音，暗示着彼拉多将成为指引奶娃寻找传统文化的人，引导奶娃找回失落的黑人身份。

在姑姑彼拉多的影响下，奶娃决定去南方，回故乡寻找藏金。旅途中，他经历了生与死的考验，从磨难中，他体悟到了黑人的处境，他的心理也出现了变化。这次南方之行中，他了解到先辈们留下的无数传说、神话和歌谣，意外地知道了自己家族的源头和真实的姓名。

家史的发掘以及失而复得的家姓给奶娃带来了荣誉，唤醒了他对自己民族的认同感和自豪感。小说的结局寓意着非裔黑人只有认同传统文化价值观，才能获得一种精神上的超越和真正的自由，才能在文化冲突的现实社会中寻找到自己的文化身份。

三、结　语

黑人文化身份的认同是非裔美国文学的一个关注点，黑人被贩卖到美洲大陆以来，就被迫与自己的历史割断，本民族的语言变成了遥远记忆。他们生活在一个以白人文化占绝对优势的社会，一直处在主流文化的边缘，挣扎于被同化和保持自我之间。许多美国黑人作家从不同角度、不同层面上揭示了黑人长期被迫面对的种族歧视和身份危机，不断在积极地寻找解决黑人身份认同缺失的突破口，追寻精神上回归黑人传统文化。

莫里森是一位有着强烈族裔意识的非裔黑人作家，她一直关注奴隶制度如何使非裔黑人被剥夺了自由，失去了他们的名字，被割断了非洲文化情结，让他们失去了根。莫里森通过在作品中选用寓意深刻的人名、地名，折射了非裔黑人的命运和人物性格，使命名变成表现主题的工具、解读作品的关键。同时，作为永久保存历史和文化的重要载体，莫里森作品中的名称还帮助黑人找到了自己的身份和文化之源，确定了自己的族裔身份。

参考文献

［1］ Beaulieu，E. A. 2003. *The Toni Morrison Encyclopedia.* Westport：Greenwood Publishing Group，Inc.

［2］ Jimenez，J. 2002. T*he History of Grandmothers in the African American Community*［EB/OL］. http：//0 – www. jstor. org. library. jcu. edu/stable/10. 1086/342994.

［3］ LeClair，Thomas. 1981. *The Language Must Not Sweat：a Conversation with Toni Morrison*［EB/OL］. http：//www. newrepublic. com/article/books – and – arts/magazine/95923/.

［4］ Morrison，T. 1977. *Song of Solomon.* New York：Random House.

［5］ Morrison，T. 1987. *Beloved.* New York：Random House.

［6］ Sobel，Mechal. 1987. *The World They Made together：Black and White Values in Eighteenth Century Virginia*［M］. Princeton：Princeton University Press.

［7］ Stuckey，Sterling. 1987. *Slave Culture：Nationalist Theory and the Foundations of Black America* [M]. New York: Oxford University Press.

[8] 斯图亚特·霍尔.2002. 文化身份与族裔散居 [A] //罗刚, 刘象愚, 主编. 文化研究读本 [C]. 北京: 中国社会科学出版社, 209-212.

[9] 唐红梅.2004.《所罗门之歌》的歌谣分析 [J]. 外国文学研究, (1): 174-109.

女性形象的被叙述与缄默

——A. C. 普希金短篇小说《驿站长》的叙事模式

傅　璇*

摘　要：本文通过对小说文本结构的分析，揭示小说以男性主导的叙事模式特点，以及这一模式使得小说女性形象话语的被遮蔽，从而得出19世纪俄罗斯文学在小说中表现的男性主导的文学体制的传统指向。

关键词：女性形象；被叙述与缄默；《驿站长》

一、引　言

A. C. 普希金的《别尔金小说集》创作于1830年"波尔金诺的秋天"，正式出版于1831年。当时，《别尔金小说集》的问世并未受到评论界和读者的广泛认可。别林斯基指出："的确，虽然不能说，其中根本没有什么出色的东西，但是这些叙事小说不论同普希金的才能，还是同他的名字相比，毕竟都是不相称的。"（别林斯基，1991：745）他认为这些小说落后于诗人所处的时代。然而，也有评论对这部小说集的叙事艺术和创作意义给予了积极的评价。A. B. 德鲁日宁在《普希金及其作品的最新版本》中认为："《别尔金小说集》是亚历山大·谢尔盖耶维奇在叙事体创作

*【作者简介】傅璇，云南大学外国语学院教授，研究方向为俄罗斯语言文学。

上的第一次尝试；这些小说在读者中取得了巨大的成功；而作品所产生的影响几乎在我们所有的中长篇小说中都有某种程度的反映。”（冯春，1993：467－468）与此同时，普希金本人对《别尔金小说集》抱持充分的自信，他指出别尔金：“不管他是谁，不管他在哪里，反正写小说就应该像他这样：朴素、精炼、鲜明。”（戴启篁，1983：458）

二、《驿站长》的叙事模式

《别尔金小说集》在普希金整个散文创作中占据极为重要的地位。在某种意义上，它以创作实践表达了诗人独特的散文观念，展示出诗人叙事艺术的基本特征。《别尔金小说集》的总体叙述者为伊·彼·别尔金，诗人运用这一“中介的”叙事方式意在表明：作品与浪漫主义相悖，努力回避作家的主观与倾向，将小说文本建立在客观叙述的基础之上（曹靖华，1989：133）。

在《别尔金小说集》的五部小说作品（它们分别是《射击》《暴风雪》《棺材老板》《驿站长》和《村姑小姐》）中，《驿站长》占据十分重要的地位，它以突出的文学实绩——历史内涵和叙事艺术，开创了俄国文学塑造“小人物”形象的传统，将文学创作的焦点转向社会底层，表现出文学事业所致力的人文关怀。这一传统以后为许多经典作家如果戈理、涅克拉索夫、陀思妥耶夫斯基和契诃夫等所继承。

《驿站长》的小说文本由四个部分组成：①叙述者“我”对驿站长这一特定社会阶层生存状况的概述（非叙事诗性话语）；②叙述者“我”第一次途经驿站与驿站长和冬尼娅的结识；③叙述者“我”第二次途经驿站与驿站长的重逢，以及驿站长关于“悲剧”事件的讲述；④叙述者“我”第三次专访驿站拜访驿站长未果，以及独眼男孩关于冬尼娅“返乡省亲”的讲述。这部小说的主旨在于塑造当代社会底层“小人物”——萨姆松·威林形象，通过对其女儿“被诱骗出走”和“寻求不得”这一突发性悲剧事件的描述，揭示出社会底层人“被侮辱和被损害的”生存境遇。

须强调指出，关于《驿站长》，无论是诗人的构思，还是文本结构都将作品的中心形象确定为驿站长威林。其文本逻辑在于通过对威林悲剧性遭遇——痛失爱女和寻求不得的描述，揭示沙俄专制制度下社会底层“小人物”悲苦无助的绝望境遇，以及他们精神和肉体所遭受的毁灭性迫害。如果忽略叙述者伊·彼·别尔金及其所属的叙述层次，整个文本由男性叙述者主导的外叙述层（其中叙述者为“我”）和内叙述层（其中叙述者为威林和独眼男孩）两个层次组成。在这种情形下，冬尼娅的故事仅作为驿站长（男性）的故事出现，从而失去自身的独立语义。作为故事实体的主体（主要事件的当事人）冬尼娅，她的形象和行动仅作为驿站长的悲剧身份的佐证而被描述，她的主观愿望、感觉认知、情感体验和行动经验却被有意或无意地忽略了。“妇女按男人的意思在他的世界存在。她或者是男人的他者，或者未被认识。”（罗斯玛丽·帕特南·童，2002：293）小说文本题旨对冬尼娅形象“声音”的忽略，引致了冬尼娅形象的“缄默”，这一策略显示出男性话语对女性声音的有效“遮蔽”，而这一情势的形成又决定于男性主导的文学体制的传统指向。“在象征秩序内女性不具有由之发言的位置，并且女性潜力是被压抑着的，以有利于父权的女性性质叙述”（克莉丝·威登，1994：177）。

三、女性角色被叙述与缄默

纵观《驿站长》小说文本，可以发现冬尼娅形象的“缄默”表现在两个方面：一是男性叙事话语对冬尼娅声音的直接遮蔽；二是男性人物对冬尼娅行动性质、后果判定的间接强加。如果说小说文本的第一部分是冬尼娅形象“缄默”完形的前提，那么第二、三、四部分则是冬尼娅形象的“缄默”有效的实现。

在第一部分中，叙述者“我”直接指出整个社会对驿站长阶层所持的态度和评价缺乏公正，社会需要对这一阶层予以宽容。随后，叙述者进一步指出拥有“十四品官阶”的驿站长地位的卑微和无助、所谓“土皇帝”所承担的忍辱负重的“苦役”，吁请社会对他们的生存状况给予“同情”。叙述者“我”得出总结性评价：“对驿站长这一类人的看法大都是不公正的。这些遭人唾骂的站长，一般说来大都为人平和，天性助人为乐，爱跟人交往，不求名，也不太逐利。”并且，从他们身上可以学习到“不少有趣和有益的东西”。

冬尼娅形象“缄默”的实现从小说文本的第二部分开始有步骤地展开。在这种情形下，虽然小说文本叙述的中心对象已经转向冬尼娅，但是小说文本是从男性叙述者的视角出发展开的，这种叙事所包含的立场和评价直接排除了女主人公陈述的可能，使得后者处于无言状态。

首先是男性叙事话语对冬尼娅声音的直接遮蔽。在第二部分中，叙述者“我”讲述了“我”第一次途经驿站与驿站长和冬尼娅结识以及“我”对冬尼娅的深刻印象：

> ——从屏风后边走出一个约莫十四岁的女娃，跑进了前堂。她的美貌令我一惊。
>
> ——这小妖精瞅我第二眼便看出了她已经赢得了我的好印象，垂上蓝蓝的大眼睛。我找她谈话，她答话，全无半点忸怩之态，俨然像个见过世面的大姑娘了（戴启篁，1983）。

叙述者“我”从对冬尼娅具有男性视角的旁观或欣赏，直接过渡到对冬尼娅提出属于男性的、在礼仪规范之内的高端要求：“请求她允许我吻她。”并对此做出评价和总结：“自从干了这件事情之后，我能掐指算计我有过多少次的接吻，但没有一次在我心坎里留下如许长久、如许甜蜜的回味。”

在此，叙述者“我”的行为对于揭示他与女主人公的复杂关系具有重要意义。“在当代术语中，气质特征基本区分的总思路是：‘男人属攻击型富进取心’，‘女人体现被动性倾向于默从忍受’。所有其他气质特征的区分都十分巧妙地遵循了这一总的区分。如果攻击性是工人阶级的特征的话，顺从相应特征了。”（凯特·米利特，1999：48）

第三部分构成小说文本的主体。在第三部分中，叙述者“我”讲述了自己第二次途经驿站与驿站长重逢，并转述了发生在驿站长身上的“悲剧”事件。此时，驿站一派衰败景象，驿站长威林已经由“一名身强力壮的汉子变成一个衰朽的老头儿”。作为小说文本的核心部分，第三部分由内叙述者威林讲述（文本中运用第三人称，并由外叙述者进行转述）构成。在此，威林讲述了骑兵大尉明斯基“诱骗”冬尼娅和自己寻求女儿未果的过程。外叙述者和内叙述者对于故事中冬尼娅可怜的处境达成共识。值得注意的是，在第三部分中，冬尼娅形象由第二部分中的被观的“静态”（外表）转换为被观的“动态”（行动），然而她的行动仍不具“声音”。属于这一形象的话语始终被男性叙述者的话语所“遮蔽”。其语言主要表征为：其中几乎是男性叙述者对女主人公行为的描述，而女主人公不具解释行动的实质语义。

——女儿在屏风后面缝衣。

——冬尼娅急忙从屏风后面跑出来，和颜悦色地问他：“先生要不要吃点什么？”

——冬尼娅用浸了醋的手帕扎在他头上，坐在他床边做女红。

——冬尼娅一直守护他。……冬尼娅便端给他一杯她亲手调制的柠檬水。

——冬尼娅犹疑不定……

——冬尼娅上车坐在一名骠骑兵身旁……

——冬尼娅从那一站又往前走了，跟骠骑兵一道。

——冬尼娅一路哭哭啼啼，不过，看起来，她倒心甘情愿。

——“谁呀?”她问，没抬头。……冬尼娅没听到回答便抬起头……她大叫一声，跌倒在地毯上。

在第四部分中，叙述者“我”第三次专访驿站拜访驿站长未果，独眼男孩讲述了冬尼娅“返乡省亲”故事。叙述者“我”又一次重访驿站时，驿站长已经因酗酒去世将近一年。独眼男孩在叙述者“我”的探询下，讲述了女主人公冬尼娅返乡看望父亲威林，发现父亲已经过世而倍感伤心，只身前往墓地扫墓的情形。

——“夏天里有个太太来过，她问起老站长，也上坟地来看过。”

——“挺好看的一位太太，”……“她坐六匹马拉的车来的，带了三个小少爷、一个奶妈、一只哈巴狗。人家告诉她，老站长死了，她就哭起来，对她的小崽子说：‘你们好生坐着，我到坟上去一下就来。’我走上前去愿意给她领路，可太太说：‘我自己认得路。’她还给了我一个五戈比的银币哩！——多好的一位太太呀！……”

——“我远远地望着她。她倒下去躺了好久。后来她回到村子里，叫来神父，给了他钱，坐车就走了。她还给了我一个五戈比的银币哩！——多好的一位太太呀！”

在第四部分中，冬尼娅的形象（以及关于她的评价）和行动作为第二叙事，仍经由内叙述者的讲述被呈现出来。在此，两处直接引语的运用不具解释行动的实质语义，且渗透有叙述者的声音。总体上说，冬尼娅形象的话语始终处于被“遮蔽”的状态。声音“对于那些一直被压抑而寂然无声的群体和个人来说，这个术语已经成为身份和权力的代称。”（苏珊 · S. 兰瑟，2002：3）小说文本的第四部分作为《驿站长》主体故事的补充出现，意在表明故事实体的主体（主要事件的当事人）冬尼娅的生活现状。女主人公的生活现状导引出本文的第二个论题。

其次是男性人物对冬尼娅行动性质、后果判定的间接强加。克莉丝·威登认为："与男性的关系裁决了女性性质的结构原则，并且一种不受质疑的男性性质设定了女性应为或不应为如何的界限。女性以符合特定男性利益形式的方式被描绘。"（克莉丝·威登，1994：176）

对于经典文学传统解读的历史性，必然将其关注的焦点落实在基于社会体制规划的人的生存状况，而较少地关注与认知其所引发的心理和实践。在小说文本中，驿站长威林对女儿冬尼娅的评价以及对"悲剧"事件中冬尼娅行动和后果的判断既是故事整体发展的契机，同时也是小说文本潜在的另类意义之所在。威林对冬尼娅的评价包含有源自父亲亲情的过度欣赏，从而引发对生活现状极力维持的强烈愿望。因此，他不能不将对现状的突破视作"灾祸"和"劫难"。这种个性化认知为该形象的另一悲剧品质的形成提供了可能，同时这种认知又将若干父性"偏见"间接地强加于冬尼娅形象之上。

——"她脑子聪明，手脚麻利，就像她下世的娘。"

——"有谁不知道她呢？唉！冬尼娅，冬尼娅！了不得的丫头！那时节，谁打从这儿路过，没有一个不夸她，没有一个说她的坏话。太太们送她东西，有的送头巾，有的送耳环。过路的老爷们借故停下不走，说是要吃顿午饭或者晚饭，其实嘛，不过是为了再多瞧她几眼。那时节，不论脾气多大的老爷，一见到她就老实了，跟我说话也变得和气了。先生！信不信由您：官差和军机信使跟她谈话，一口气就谈上半个钟头哩！她撑持着这个家：收拾屋子，张罗一切，这个家弄得顺顺当当。而我嘛，是个老傻瓜，真是看她看不厌，疼她疼不够哩！难道我不爱我的冬尼娅，不疼我的孩子吗？难道她的生活过得不好吗？可不是，祸从天降，在劫难逃呀！”

威林认定冬尼娅的“出走”是骑兵大尉明斯基的“诱骗”所致，因而冬尼娅必然地扮演着“迷途羔羊”的角色。尽管这一认定未必具有理由，并且，这一推论的前提则是“女性之于男性先在的被动、无言的地位”。“在语义上女人被描绘为被动的，因为她被放在客体的位置之上，而不是欲望的主体。”（玛丽·朴维，1992：337）

那个送走明斯基的车夫说，冬尼娅一路哭哭啼啼，不过，看起来，她倒心甘情愿。“说不定，”站长暗自思量，“我会把我的迷途的羔羊领回家。”

基于此，威林开始了寻求女儿的艰难历程，他从自己的认定出发去央求明斯基，以使“可怜的”女儿摆脱“被侮辱和被损害的”处境：

——“大人！……请您做做好事吧！……”

——“大人！”站长接着说，“覆水难收，至少，请您把可怜的冬尼娅还给我吧！您把她已经玩够了，别毁了她！”

与此同时，威林抱持自己的事件评价，而对明斯基的表白和陈述置若罔闻：

——“我在你面前有错，我乐意请你原谅。但是，要我离开冬尼娅，你甭想。她会幸福的，我向你发誓。你要她干吗？她爱我，她对从前的环境已经厌弃了。不论是你还是她——你们都不要忘记，事情已经发生过了。”

随后，威林面前呈现的是现实中的冬尼娅“富足、时尚、美满和幸福”的样态，而威林从陈规关于“女性归宿”的立场（并且他拥有的也只能是这种立场）出发，对冬尼娅的生活现实不能不加以认同：

> 房间陈设华丽……冬尼娅周身珠光宝气，穿着时髦，侧身坐在明斯基靠椅的扶手上，模样活像个英国马鞍上的女骑士。她情意缠绵，注视着明斯基，捻一绺他那乌黑的鬈发缠绕在自己指环闪烁的纤指上。…… 他从来没有见过女儿竟有这般美艳。他情不自禁从一旁欣赏着她。

对婚姻和家庭标准陈规的理解，以及客观化的“殊途同归”，或者更为有利的选择必然使得威林处于自我矛盾的状态，同时也赋予这一人物以某种程度的喜剧性。П. В. 安年斯基在《普希金评传》中指出《驿站长》“微妙的讽刺、俏皮而有善意的幽默、语言的朴素和作者用来连接和发展事件的手段等”具有重要的意义（冯春，1993：336）。

尽管如此，威林仍然坚持既定的认知，回归到原初的立场，他通过想象对冬尼娅的既后的生活处境倍感绝望：

> 我失去了冬尼娅，一个人过活，得不到她的一丝风声、半点消息。她活着，还是死了，天晓得！什么事都可能发生。这种姑娘，她不是头一个，也不是末一个，过路浪子拐了去，养一阵子然后扔掉了事。这种傻丫头彼得堡多的是，今日遍身罗绮，一眨眼，明日就跟穷光蛋一道去扫街了。我有时想，我的冬尼娅或许已经沦落了，想到这点，不由得把心一横，但愿她快点死掉……

然而，在小说文本的第四部分，由独眼男孩讲述的冬尼娅生活现状再次否定了威林的判断，也从另一方面指出威林对冬尼娅行动性质、后果判定的间接强加。

须指出，在小说文本中，威林对冬尼娅行动性质、后果判定的间接强加是基于男性对于女性被动性给定，并通过对冬尼娅形象“声音”的直接“遮蔽”来完成的。在此，女性形象的话语的缺席为这种“强加性”提供了有效的空间。再者，对威林判定的“强加性”的揭示，也是经由男性叙述者给出的“事实真相”完成的，处于“缄默”状态之中的冬尼娅没有能力对此施加任何干预。

四、结　语

综上所述，普希金小说《驿站长》的题旨和文本结构都将作品的中心形象确定为驿站长威林，基于历史主义显示出特定的文本逻辑。在这一逻辑框架中冬尼娅的故事仅作为驿站长的故事出现。冬尼娅形象和行动仅作为驿站长的悲剧身份的佐证而被描述，她的主观愿望、感觉认知、情感体验和行动经验却被有意或无意地忽略了。这种忽略在一定程度上反映了文学传统构成的“集体无意识”。冬尼娅形象的“缄默”通过男性叙事话语对冬尼娅声音的直接遮蔽以及男性人物对冬尼娅行动性质、后果判定的间接强加两种方式实现，它显示出男性话语对女性声音的有效“遮蔽”。而这一情势的形成又最终决定于男性主导的文学体制的传统指向。

参考文献

[1] 曹靖华 . 1989. 俄国文学史 [M]. 北京：人民文学出版社 .

[2] 戴启篁 . 1983. 普希金小说集 [M]. 长沙：湖南人民出版社 .

[3] [俄] 别林斯基 . 1991. 别林斯基选集：4 [M]. 满涛，译 . 上海：上海译文出版社 .

[4] 冯春，编选 . 1993. 普希金评论集 [C]. 上海：上海译文出版社 .

[5] [美] 凯特 · 米利特：性的政治 [M]. 钟良明，译.

1999. 北京：社会科学文献出版社.

［6］［美］罗斯玛丽·帕特南·童.2002. 女性主义思潮导论［M］. 艾晓明，等，译. 上海：华东师范大学出版社.

［7］［美］玛丽·朴维.1992. 女性主义与解构主义［A］//张京媛，主编. 当代女性主义文学批评［C］. 张京媛，译. 北京：北京大学出版社.

［8］［美］苏珊·S. 兰瑟.2002. 虚构的权威——女性作家和叙述声音［M］. 黄必康，译. 北京：北京大学出版社.

［9］［英］克莉丝·威登.1994. 女性主义实践与后结构主义理论［M］. 白晓红，译. 台北：桂冠图书股份有限公司.

亨利·詹姆斯《专使》中的四个文体特点及其效应*

王　玲**

摘　要： 亨利·詹姆斯在《专使》中呈现四个文体特点，实现文体效应。对称结构表现斯特莱瑟把大千世界和他的新感觉及意识分门别类，矛盾修饰法反映他的进退两难和混杂感情，他用名词化来回避评价结构和明确表态。作家摆脱形容词的方式是名词化，关注事物名词化的特征。他使行为动词名词化，把精神或心理行为转化为名词，使其成为叙述主题，抵消能动性，省略行为参与者，体现独立实在性，增强抽象性。作家用文雅变化来推迟指明人物的姓名，这是他模糊文体的一个因素，达到令人吃惊或反讽的效果。主人公用对话中的断句和疑问成分打开广阔潜能，反映其推迟策略，延迟预定结局。

关键词： 亨利·詹姆斯；《专使》；斯特莱瑟；文体效应

* 【基金项目】本论文得到云南大学首批“青年英才培育计划”、云南省第十三批中青年学术和技术带头人后备人才项目（编号2010CI024）、2015年度国家留学基金资助，为2013年度云南大学研究生优秀教材《英语跨文化交际：理论与体验》建设项目阶段性成果。

** 【作者简介】王玲，云南大学外国语学院教授，博士，研究方向为英美语言文学研究、跨文化交际研究。

一、修辞手法及其文体效应

在长篇小说《专使》中，亨利·詹姆斯蓄意呈现四个文体特点，以实现相应的文体效应。作家大量使用对称结构甚至排比来渲染、铺陈或增强语义，实现两种具体的文体效应：首先它们增强了圆周句式的考究和繁复，其次它们与男主人公斯特莱瑟的性格特点相关。对称结构和排比表现出斯特莱瑟试图把周围的大千世界和他泉涌般的新感觉和新意识分门别类，安排有序。

矛盾修饰法是修辞上的复调手段，指含义上矛盾的两个词的并置。它的使用反映斯特莱瑟对待自己处境的进退两难和对待巴黎居民的混杂感情。《专使》中矛盾修饰法的例子较多，如："那一直是可怕的、高兴的、好交际的隐居"（James，1986：114），"没有何物有如这所旧房和这件旧物新"（James，1986：237），"冷淡的殷勤"（James，1986：462），"寂静的震动"（James，1986：481），"惨然地笑了"（James，1986：362），"一种奇怪的、悲哀的甜蜜"（James，1986：381），"他们极好的事故"（James，1986：462），等等。

"极好的事故"并置《专使》中评论欧洲社交美高价值的形容词与一个蕴含灾难、不幸、不雅、差错含义的名词。小说后部的河边偶遇迫使斯特莱瑟改变他对社交美的幻想，这一高潮情节以如此矛盾修饰的方式援引"极好的"（wonderful）并削弱它在全书中曾夸大的意义和使用频率是有理可循的。这次相遇的"事故"是"极好的"，因为它使斯特莱瑟发现了令他震惊的真相，而根本不是因为它是令人愉快的。从此之后，主人公再也不能以昔日的激情援引使用"极好的"这一流行于巴黎人物间的时髦词。

詹姆斯在《专使》末尾使用了矛盾修饰法："全部喜剧性地、全部悲剧性地"（James，1986：572）。实际上他巧妙地暗指他已弃绝的两种传统类型的、令读者或高兴或伤感的封闭式结尾。通过《专使》的开放性结尾，作家把模棱两可和不确定性确立为一种文体效应。斯特莱瑟担负不起做专使的责任，他几次从城区出走，显示出一种迷惘和困惑。他并不确切知道自己在巴黎的身份和职责。他除了选择浑浑噩噩、随波逐流的生活外，便只有陷入对生存意义感到迷惘的困惑中。又由于这种迷惘和困惑是在摧毁传统理性世界的基础上产生的，也是在这个意义上，现代的喜剧与悲剧之间的界限模糊了。

二、名词化及其文体效应

现代英语通常被认为是高度名词化的语言（Halliday，1985：72）。事物抽象出来的特点通常是表现其性质的形容词，但人们可以通过语法转换来使形容词名词化。派生名词的同源形容词尚未脱离它们所修饰和归属的事物名词，因此它们被视为代表它们所修饰的事物名词的特质，它们还不是严格意义上独立的抽象词。不是形容词，而是它们的名词化形式才是真正的抽象词。这一区别同样适用于动词。因为动词通常用作谓语而从属于名词或代词主语，所以动词没有它们对应的名词化形式的抽象含义。一些潜在的引导性动词，例如，“相信”“意识到”等在《专使》中以名词化形式“belief”“consciousness”等出现。当某人决定、做结论、推理、猜测等时，他在行动。当他意识到、认识到、感到、觉得等时，他在接受。主人公总在接受印象和他人行为的影响，因此《专使》中普遍使用名词化是不足为奇的。

小说《专使》的抽象性归根于詹姆斯对书中人物心理状态和社交关系性质的关注。作家尤其关注心理现实，成功运用心理现实主义的创作方法是《专使》饮誉文坛的一个重要因素。那什么是心理现实呢？即现实世界通过人物意识的过滤，以新面貌被反映出来。现实的图像被打碎、剪辑后，通过人物跳跃式的联想、幻觉和印象，再重新组合起来，形成一种心理现实。詹姆斯很少直接描摹现实，而是通过人物的心理现实，即融合了人物的外界生活与内心活动、人物的意识与潜意识，从而使复杂的现实世界得到充分、立体的反映，使现代人丰富的心理世界被多层次、多侧面、多角度地表现出来。作家正是抓住了这种不受时空限制的心理现实来刻画人物，通过小说中主要人物斯特莱瑟的眼光来观察世界、透视生活，使人物的内心被展示得淋漓尽致。心理现实主义将现实与幻觉、主观与客观有机地融汇成一体，似真似幻，超越现实，产生一种极强的艺术张力。詹姆斯把过去、现在以及幻想、梦境、现实通过斯特莱瑟的自由联想交融揉合在一起，突破时空的界限，形成一个立体的、极富魅力的艺术空间结构。詹姆斯“不懈地努力记录下处于周围复杂条件中的心理片刻”（Leech & Short，1981：102）。在《专使》中，人物的心理状态和社会关系性质是作家关注和评述的主题，因此表现这两方面的抽象名词经常典型地占据诸如主语这样重要的句法位置。伊恩·瓦特观察到詹姆斯有把抽象名词用作主句或从句主语的明显倾向（Watt，1960：255）。抽象名词通常是表示精神或心理状态的词汇，例如，“懊悔的痛苦”（James，1986：115）这个表述是“懊悔是痛苦的”这一潜在形式的名词化。詹姆斯使用的是“痛苦的”（bitter）这一形容词的名词化形式“痛苦”（bitterness）。

斯特莱瑟是“出游的傻子”，一个经历有限的中年人。他从美国被派往巴黎去把令人难以捉摸的查德带回乌莱特，他对欧洲的反应是谨慎、踌躇的。他没有积极地探索新环境，而是把自己维系于对印象开放的接受性思想框架里，把他称为被动角色不足为过，他的被动性的确切性质可以通过名词化这一特征加以说明。

小说中几乎没有描述多少斯特莱瑟的外在行动。尽管他的思维过程是丰富的，并被高度明确地描述出来，但它们却很少表现为精神行为，也就是说，很少以斯特莱瑟充当行为动词的施动者。大多数从属于他的潜在的行为谓语动词和状态谓语动词都被名词化了。这些名词化形式或是同形的转换名词，如“感觉”（sense）；或是加后缀的派生名词，如“意识”（consciousness）。其中一部分名词化形式是由谓语动词实现的转换，如“他的评论”（James，1986：59）转换自“他评论道”。另外一些名词化形式是转换自表语形容词的派生名词，如“他的意识”（James，1986：59）转换自“他是有意识的”。用名词代替行为动词和表语形容词是《专使》中叙述段落的标准和常规特征。动词和形容词的名词化传达明显的不活动的内涵、施动者动能的抑制和所述人物，特别是斯特莱瑟的意志力的削弱。

状态谓语形容词的名词化有进一步的言外之意。英语中的“名词加系动词加形容词”这一结构通常用于描述状态和做出评判。斯特莱瑟的印象、感觉和意识都避免使用形容词的这种结构，这一回避与他惯常的逃避战略有关。无论是他的还是玛丽娅的感情、精神状态和反应都以非判断的形式展现。名词化使得感情和品质被再现为人物内在的固有物，而不是外来的印象。斯特莱瑟通过名词化来回避这一评价性结构，从而回避明确表态。例如，他不说“这位女士是得体合宜的”，他的反应是“这位女士有得体性和合宜性”（James，1986：59），正如她拥有身体部位一样。至于斯特莱瑟，他被禁止与这种品质发生关系：“他不能自由分析”（James，1986：59）。可能归因于他的不知情或礼节要求等一些外在约束，他不能分析性和评估性地使用形容词。他不这样想：“她是一位得体合宜的女士。”玛丽娅客观化了的特征正是通过斯特莱瑟自己名词化了的状态，即“他的意识”（James，1986：59），传达给他的。

在《专使》里众多曲折的感知—评价过程中，斯特莱瑟当然充当受事的句法地位，如“……给他以……印象”“……使他觉得……”等。这些句法形式给读者的印象是仿佛主人公的知觉从外面袭击他，超出他的控制。他既作为所有者又作为受事者与感觉相联系，但他被取消了直接、积极的察觉。他抽象化和名词化的感觉被他自己体验，仿佛它们是他身外的独立实体，它们侵袭他，使他吃惊、不知所措。他居住在一个无生命物和他自己的感情能够施动性地袭击他的奇怪世界里。在这个异化的精神状态里，知觉、情感和个人属性被转移到斯特莱瑟积极的控制之外，远离他的个性中心，并作用于这个无助的主人公。

詹姆斯的秘书鲍赞克特小姐记录作家曾说过不喜欢形容词："形容词是文学的糖，而副词则是文学的盐"（Chatman，1986：50）。詹姆斯摆脱形容词的一种方式是将其名词化。明显、直接的形容词加名词这一序列被弃绝，取而代之的是它的转换对应物：形容词的名词化，紧跟着介词"of"和名词。这种名词化的短语结构在《专使》中不胜枚举，它使得某事物名词化的特征变成了短语中的首席名词，而该事物则变成了介词"of"的宾语并充当后置修饰语。作家不是突出或多或少被修饰的某事物，而是引导读者关注该事物名词化了的特征。詹姆斯使事物或人物从属于其特征，如他不写"斯特莱瑟的想象是正直的"，而写为"他有一种想象的正直"（James，1986：91）；不是"他给卫玛什充足的毛毯"，而是"毛毯的充足"（James，1986：74）。名词化手法清楚地表明詹姆斯全神贯注于事物和人物的性质及方面而不是事物和人物本身，这种关注点的句法和语义结果是性质及方面变成了首席名词。作家通常创造人物作为抽象特性的支撑点，而不是抽象特性作为人物精神行为的一部分。

詹姆斯明显倾向于把动词名词化，以大量增强文体的抽象性。通过名词化把精神或心理行为转化为名词实体，这体现了思维的独立实在性。斯特莱瑟的思维和知觉是实体而不是行为，是事件而不是活动。通过动词的名词化，作家使名词化形式，而不是它们所从属的人或物，成为叙述的主题。从语法角度看，动词的名词化导致真正行为者的部分或完全消失。有力行为动词的名词化抵消了行为的能动性，并使省略提及与行为相关的参与者成为可能。早在《专使》的开首一段，行为者的语法浸没已定调，作家写的是"斯特莱瑟的第一个问题是关于他的朋友"（James，1986：55），而不是"斯特莱瑟首先询问关于他的朋友"。潜在的谓语动词"询问"被对应的抽象的名词化形式"问题"取而代之，而且抽象名词占据了语法主语的显著地位。衍生名词的原先动词的宾语在名词化之后通常变为介词“of”的宾语，或者变为“that”引导的同位语从句而被置于中心名词之后。

三、拖延阐明所指人物及其文体效应

重述或文雅变化指用一个非代词的替换的表达方式来指称上文的同一人、事、物或景（Qian，1991：124）。替换表述可以是同义词、近义词，或指示所指物特征的普通名词或名词短语。重述用于避免重复同一表达方式可能造成的沉闷和单调的后果，同时文雅变化也是创造模糊性和悬念的迂回手段。它回避直接指明或者呆板的重复指称，为作家提供复杂的、多层次、多方位的详尽描述或阐述方式。

詹姆斯使用多方面的文雅变化来指称他笔下的所有人物。如斯特莱瑟通常被称为“我们的朋友”，从而使读者与他站在一边，易产生同感与共鸣。《专使》中的其他重述例子不胜枚举，如“我们可怜的朋友”（James，1986：209）指斯特莱瑟，“她的同伴”（James，1986：89）指斯特莱瑟，“他的女主人”（James，1986：58）指玛丽娅，“与斯特莱瑟约会的另一方”（James，1986：58）指玛丽娅，“他的向导”（James，1986：59）指玛丽娅，“床的占据者”（James，1986：71）指卫玛什，“米尔罗斯的居民”（James，1986：68）指卫玛什，“米尔罗斯的逃亡者”（James，1986：89）指卫玛什，“他们一党的第三个成员”（James，1986：80）指卫玛什，“阳台的占据者”（James，1986：377）指梅米，等等。

詹姆斯大量使用文雅变化的技巧来延迟指明人物的姓名或身份，如高潮性的河边暴露一景中，对船上一对男女的文雅变化指称出现的顺序依次如下：“一位男士、一位女士”——“这些身影”——“他们”——“这两个人”——“两个很快乐的人”——“只穿衬衫未穿外衣的年轻人”“一位年轻妇女，美丽、自如”——“那个划手”——“女士和她的同伴”——“女士、绅士”——“这首田园诗中不戴帽子的英雄”——“查德”(James，1986：462)。

“只穿衬衫未穿外衣的年轻人”变成了“绅士”“田园诗中不戴帽子的英雄”，所指人物的名字“查德”直到该段末尾最后一个词才点明。在詹姆斯作品中衣着极端严谨的社交圈子里，不戴帽子的绅士是乘其不备时才能看到的形象，而只穿衬衫未穿外衣反映的是适当的随意和自由。否定形式“不戴帽子”隐含不相称、不慎重和易受指责之嫌。文中的“英雄”变成了嘲弄地模仿英雄风格的描述。在这一段中，詹姆斯描写了三个人物，即斯特莱瑟、查德和维要娜，但直到该段末尾他才点明查德的名字，令读者既恍然大悟，又大吃一惊。有的文雅变化表述是自然的、不唐突的，如“观察者”(斯特莱瑟)、“划手”(查德)、“她的同伴”(查德)；而有的文雅变化表述被赋予了特殊内涵，如从“男士”(查德)到“绅士”(查德)的变化。从“观察者”(斯特莱瑟)到“我们的朋友”(斯特莱瑟)显而易见的文雅变化具有隐含意蕴和文体效应：当船上的两人似乎在组成联盟对抗斯特莱瑟时，这个文雅变化使得读者与主人公处于相同的境遇里，吸引读者产业共鸣。

甚至《专使》中的主人公也有不直接点明所述人或物之名的习惯。斯特莱瑟以他的遁词和不愿指明纽瑟姆家族生产的粗俗家庭用具而著名。自始至终，该产品的名字一直未在《专使》中出现，主人公只是给出关于其特征的各种模糊的描述：“只是作为小型的、不重要的、相当滑稽的、最普通的家庭用的玩意儿，它正是缺少尊贵的身份，或连一点至少的卓著都没有，它是粗俗的。”(James，1986：97)斯特莱瑟蓄意推迟指明纽瑟姆家族产品的名字，并使它变得不宜被谈及，这是激发读者的好奇心并引发猜谜游戏或想象的空白：它是衣夹吗？或是鞋油吗？

在详尽阐述人物时姓名没有优势，它只能给人物一个标签，却不能揭示人物的特征。直到读者看到小说中人物的姓名时，才能把由文雅变化描述的人物的各个方面和各种特征与该人物对应起来。读者对于所述人物的身份一直处于悬念之中，直到该人物的姓名最后出现。詹姆斯使用文雅变化来推迟具体指明他所述人物的姓名，这也是他模糊文体的一个重要因素。瓦特发现詹姆斯小说的难解部分是由于作家推迟点明所指人物的姓名、身份而造成（Watt，1960：255），在作家告知读者所描述的人物是谁和事件是什么之前，读者已经看到人物的心理、外部活动、特征和事件的某些细节。具体指明的延迟使读者总是处于不确定和悬念之中，他们不能不全神贯注直到耽搁的具体指明点。詹姆斯推迟指明所述人物的姓名和身份引发读者的好奇与期待，并总是在末尾的揭示点达到令人吃惊或反讽的文体效果。

四、对话中的断句和疑问成分及其文体效应

《专使》前后来回于对主人公斯特莱瑟内心意识的详尽记录和书中人物之间含义模糊的对话。小说即以一段仍使读者不能确定斯特莱瑟的命运和前途的含糊的对话而告终。在诸段对话中，主人公的断句和踌躇的疑问成分打开广阔的潜能，并反映他的推迟策略。斯特莱瑟试图把乌莱特关于查德与维要娜夫人关系含义的陈述转变成大量的疑问，以此来延伸、修饰甚至推翻陈述的含义。他的原则是部分地抑制知情，以便他能抓住每一物和每一刻作为不受限制的起点。他本能的谈话习惯是通过选用别人陈述句中的某个成分来开启疑问，作为对别人陈述的回应。一个句子的含义在很大程度上依赖它的结尾，依赖句子达到句式完结的能力。一个陈述句通过对其开头预示的可能意义施加限制，从而实现单一肯定的含义。相反，疑问句的重心不是某个单一肯定含义的终结表述，而是开启对句子当中某些成分隐含歧义的质疑。陈述句结束精神活动，而疑问句开启精神过程。在斯特莱瑟与玛丽娅似乎无尽的对话中，他把对方陈述句中的某个成分变成自己疑问句

起点的趋势特别明显。

例如，针对小比尔艾姆所说查德与维要娜夫人的“纯真恋情”关系，斯特莱瑟正在与玛丽娅讨论他话中可能隐含的意思：

> “你相信他！”
>
> “相信什么？”
>
> “相信恋情的实质，相信它的纯洁。”
>
> 但是她防卫自己：“我不假装知道关于它的任何事，一切都是可能的，我们必须看看。”
>
> “看看？”他呻吟着重复道：“难道我们看到的还不够吗？”
>
> “我还没有看够。”她笑着说。
>
> “那么你是否认为小比尔艾姆撒了谎？”
>
> “你必须查明真相。”
>
> 这话使他的脸色几乎变苍白了，“再查明更多的真相吗？”
>
> 他已因为惊愕而坐到了沙发上，而她一边注视着他，一边好像在做决定性地说明：“难道你出来不是为了查明全部实情吗？”（James，1986：193）

以这样的谈话模式，玛丽娅与斯特莱瑟不停地重复和限制对方的言词，一方选用的措辞依次引起另一方新的见识和疑问。斯特莱瑟拒绝把玛丽娅的陈述当作完整表述的终结。相反，他更喜欢通过孤立陈述中的某个单一成分，如某个单词或短语，使它与陈述朝末端延伸的趋势分离，从而打破句式的统一性和句意的确定性。一旦此被孤立成分从参加句子整体连贯性的责任中解脱出来，它便逃脱了陈述句中单一肯定含义的限制，成为开启精神过程的起点。上述整段对话附着特定的三个词：“它”“看看”“查明真相”。斯特莱瑟用尽一切办法使单词从陈述句的上下文中解脱出来，并继续运用它们来开始提出疑问。

从一般意义上来说，句意依赖于一个句子快速的、或多或少朝着预定含义发展的趋势。句中单词的重要性就在于它们能有助于成功地实现句子的及物性和句法结构的完整性。当单词用作句子成分时，它们与句中其他成分相关联，从而失去了不及物的可能性，它们成为实现完整表述句意目的的手段。斯特莱瑟使被他用作疑问成分的单词脱离它们原先所在陈述句上下文的限制，抵制把它们限定于作为句中成分的及物性功能。疑问成分开启想象的余地。斯特莱瑟在最后发现真相之后才认识到这一点：只有在纯粹想象力的作用下，“纯真恋情”的关系才可能存在。

在把乌莱特连贯的世界观打碎成众多不连贯的碎片后，斯特莱瑟继续把每一物和每一刻当作根本的起点，他不限制这些起点可能引起的意识和想象的自由发挥，但是他却不能永远逃避句式结束后形成的单一认知。在与斯特莱瑟关于查德和维要娜夫人关系的对话中，小比尔艾姆吃惊地得知乌莱特专使的态度出现了一个大转变：

> “你的意思是查德终究不该回去?”
> “我的意思是如果他抛弃她……”
> “那么怎样呢?”
> “那么，他应该自惭形秽。”（James，1986：268）

斯特莱瑟的断句在较小规模上也反映了他的拖延战略，他试图在句中隐含最大潜在含义之处暂停句子的表述和完结。从小说的艺术角度看，詹姆斯动用想象力的奇迹探寻现实最大的可能性。但是，“那么……”引导的主句终将会紧随“如果……”引导的从句出现，论断即将到来，句子必须终结。斯特莱瑟在最后发现真相之后才意识到：时间现实是短暂无情的，人在时间面前终究是无力的。无论是意识还是记忆，都不过是时间之河的背景、时间的奴隶。主人公对时间概念的处理匠心独运，他给读者构成“连续现在”的感觉，即将过去、现在和未来的言行融为一体于他的意识之中。斯特莱瑟逃避现实和抵制现实并不能改变现实，只意味着自愿退出历史舞台。他不是现实的积极参与者，而是极力缩进自己的意识和想象里去的沉思者，因此他不能成为乌莱特的卫道士。他害怕时间的发展和及物性，但他之所以如此，不是为了维护既得利益或攫取新兴利益，而是害怕时间的发展触及和结束他的自由生活和想象。但是，现实的句法，即陈述的句法，仍然不需要斯特莱瑟扩张意识的理想化。他的愿望手段暂时逃避陈述的句法，通过断句或添加各种拖拉的猜测和疑问成分来暂时阻碍陈述句式的发展和完结，但是最终陈述要完成表述它预定的含义，没有什么基本的现实被改变。

斯特莱瑟通过对话中的断句避免或者至少延迟由情节预定的结局，他的愿望模式从事于积极抵制具体的潜在可能性的实现。《专使》中的对话为主人公提供了开启探讨一系列激增的可能意义的机会。通过把单个单词和短语从它们所属句法的上下文中解散出来，并把它们用作猜测奔放的起点，斯特莱瑟把对话变成了使想象的扩展倾向自由发挥的工具。

读者来到《专使》的末尾也未能放下心来。伴随读者的是生活仍在继续的感觉，这是结束小说的现代方式。作为叙述者的作家蓄意谢绝做出决定性的论断，而是把读者留在斯特莱瑟与玛丽娅含义模糊的对话中。结束小说的这一模棱两可的对话仍使读者处于悬念之中，不知主人公的将来和命运如何。主人公试图在对话中充满最广泛潜能之处中断句子，他的断句和模棱两可的疑问成分反映了他的拖延战略，并展现广泛的潜能。几乎不能指望迷惘的主人公来估量他所失去的东西。正是通过他的局限，桎梏他双眼的“永恒的夹鼻眼镜”（James，1986：61），他引起读者关注那些他视线以外的、他力所不能及的可能性。

参考文献

[1] Chatman，S. 1986. *The Later Style of Henry James.* Westport：

Greenwood Press.

[2] Halliday, M. A. K. 1985. *Spoken and Written Language*. Victoria: Deakin University Press.

[3] James, H. 1986. *The Ambassadors*. Middlesex: Penguin Books Ltd.

[4] Leech, G. N. and Short, M. H. 1981. *Style in Fiction*. London: Longman Group Limited.

[5] Qian Yuan. 1991. *Stylistics: A Course Book for Chinese EFL Students*. Beijing: Beijing Normal University Press.

[6] Watt, I. 1960. The first paragraph of *The Ambassadors*. *Essays in Criticism*, X (3): 250 – 74.

荒诞的存在：探析《灼人的秘密》中的“存在主义”意识

邹　虹*

摘　要： 犹太中短篇小说家茨威格创作的短篇小说和存在主义哲学的主要代表人物萨特都是从现代人的精神世界出发，关注现代人在充斥着谎言的荒诞世界里丧失自由的本性，沉沦于对本能情欲的疯狂追逐。他们都试图唤起现代人自由的本性，超越这个日益沉沦的世界，发现并赋予这个世界新的意义。他们思想的契合为我们研究茨威格作品提供了一个新的视角。

关键词： 秘密；疏离；猎人与猎物；荒诞世界

《灼人的秘密》是著名犹太中短篇小说家斯特凡·茨威格创作的短篇小说。它以既非爱又非恨的中性笔调讲述了一个美貌但又不甘于平淡生活的少妇在情欲的驱使下试图与纨绔子弟偷情，但最终被自己处于青春期的儿子搅局的故事。《灼人的秘密》故事情节设计精巧，它以男孩试图发现母亲的“秘密”为叙事主线，叙事在男孩当面戳穿了母亲的秘密被母亲打了一耳光后愤而逃离达到了高潮。在这个皆由小人物组成的短篇小说里，茨威格向我们展示了一个荒诞的现代人的精神世界。而以研究现代人的荒诞的生存状态为己任的存在主义哲学和自始至终都把现代人类精神世界放在创作首位的茨威格作品无意中产生了契合点。本文

*【作者简介】邹虹，云南大学外国语学院副教授，硕士，研究方向为外国文学。

通过存在主义视角，以“荒诞”为内核的主体话语来诠释《灼人的秘密》中所揭示的现代人所面临的生存困境：人与人之间彼此疏离却又无法分开；把人的本能情欲当作崇高境界而疯狂地追逐，沉沦于其中而无法自拔。

一、疏离的世界

萨特（1989：98）认为，人之存在的荒诞性是在于人与人之间的冲突关系——所谓“他人就是地狱”。而更为荒诞的是，人又无法离开他人而单独存在。人于是成为这样一种存在，一方面，他必须要与他人结成群体才能在社会中生存下去，而另一方面，由于人与人之间存在着深切的隔膜，人的这个世界注定不能与他人的世界相重合。于是人的存在便以这样一种荒诞的方式呈现出来——人存在于世，却注定与他人，与这个世界疏离。人来到世上是因为“它被抛入一个世界之中，弃置于一种‘处境’之中，它存在是因为纯粹的偶然性”。人的这种荒诞的存在——人的孤立和彼此间的无法沟通在《灼人的秘密》里的人与人之间疏离而荒诞的关系中得到了深刻地演绎。而男孩则是这荒诞世界的见证人。

（一）男爵与少妇：猎人与猎物

《灼人的秘密》里，茨威格对开场人物男爵的心理剖析犹如手术刀般犀利而不留情面。穿着考究且举止优雅的男爵的出现是对浪漫爱情的极端否定。他对所有的年轻女人都感兴趣，“不管他是朋友的妻子，还是给他开门的女仆”（2007：4）。他是从肉欲的角度来打量一切女人，女人对他来说犹如猎物，而他则是狩猎者。他就像猎人一般享受着追逐猎物过程中的“无穷无尽的冒险”（2007：4）。充满刺激和感官享乐便是男爵的一切的生活源泉。男爵追求美貌少妇与高尚、浪漫的爱情无关。美貌少妇只是他疯狂追逐的、能满足他肉欲的猎物。美好的爱情在男爵追逐猎物的庸俗游戏中沦为荒诞的生活笑柄。在“文学创作中的荒诞便是对浪漫与抒情的否认”（2011：45）。在这场荒诞的追逐猎物的游戏中，美貌少妇也并非只是被动的猎物。她对男爵的痴迷与其说是对美好爱情的渴慕，还不如说是对一场能够满足“官能享受”的艳遇的渴望。她正如男爵所判断的那样，处在“那种关键性的年龄，这个时候一个女人对于自己素来忠于一个不喜欢的丈夫开始感到后悔了，美貌正在消逝，风韵所余无多，在母性和女人之间她还不能作出刻不容缓的最后抉择”（2007：15）。她对男爵欲迎还拒的暧昧态度是她选择做忠实的母亲还是选择背叛丈夫和孩子与人偷情满足自己的情欲之间的煎熬。在这场追逐猎物的游戏里，她清楚男爵对她赤裸裸的情欲，但她依然享受男爵对她的追求，因为她“也是玩火的里手”（2007：18）。在这个对浪漫和抒情极端否定的充满情欲的荒诞世界里，满足“官能享受”心照不宣地成了猎物与猎人之间的唯一目的。为了达到目的，男爵就像一个高明的猎手轻松地挑逗、玩弄着女人对他的欲望。他利用少妇的儿子接近少妇，又用言语向少妇传递他的情欲。在挑逗起少妇的欲望后，他又像高明的猎手欲擒故纵，对少妇疏远，试图让少妇转而来追求他。他算计着在把这位漂亮少妇追到手的同时，他能够依然保持他的高傲来强调他与少妇之间悬殊的社会地位。一个道貌岸然但内心猥琐的丑陋灵魂被淋漓尽致地暴露在这场追捕猎物的游戏中。被男爵追逐的猎物——少妇也是一个调情的高手，这次艳遇只是她无数次艳遇中的一次。她知道男人的心思，她总能在危险时刻巧妙地躲开男人的追逐。这次也不例外，她总是在男爵要得手时逃遁而去，留给男爵无尽的遗憾。熟读女人心思的猎手和懂得如何在危险边缘游走依然能够保护自己的猎物之间展开了一场充满张力的猎捕游戏。在这场猎捕游戏的背后是一张铺天盖地情欲之网，这张情欲之网笼罩着疯狂追逐的猎手和苦苦挣扎的猎物。茨威克无爱无恨的中性笔调不动声色地鞭笞着现代人的精神世界——一个沉溺于情欲的沉沦世界。萨特（1989：85）认为，情欲是人类世界中一种本能的情感，具有“自在”的物性。人如果只是听凭本能情欲的控制，泯灭自己自由思考的自由本性，那么人就会错把情欲当作崇高的精神境界来追求，从而丧失了自己超越这种本能情欲

（自在东西）的“自为”本性，沉沦于世，成为荒诞的存在。自以为能够把他人玩弄于股掌之上的男爵和少妇其实都不过是甘于沉沦于本能情欲的荒诞存在。在《灼人的游戏》中，男爵和少妇便是萨特所鞭挞的那类麻木不仁，不敢正视自己“自为”本性超越本能情欲，并无意中把自己降低为物的“荒诞存在”（即自在存在）。他们之间看似亲密和狎近，但他们对情欲的追求和彼此之间的算计却像一个巨大的鸿沟横亘在彼此之间，使两者无法在精神上产生契合，最终导致了两者之间真正的疏离。现代人看似亲密但又无法沟通的人际关系正是萨特哲学中人的荒诞存在的二重表现。男孩戏剧性的搅局在让人忍俊不禁之余，也让读者进一步看清楚了现代人的荒诞存在。

（二）男孩：荒诞世界的看客

与沉溺于扑朔迷离的“猎捕”游戏中的男爵和少妇不同，男孩的世界则要单纯干净得多。但作为一个关注现代人复杂而繁芜的内在精神世界的现代主义作家，茨威格同样也浓墨重彩刻画了男孩的内心世界。在这个篇幅短小的故事中，揭晓少妇与男爵之间的“灼人的秘密”构成了男孩的行动主线，而与揭晓秘密相对应的是男孩跌宕起伏的内心世界。茨威格就像上帝爱自己的子民一样用爱刻画着自己创造的所有小人物的精神世界。他细腻的心理描写让我们捕获了一个异常敏感且多愁善感的男孩形象。正是这样一个外表柔弱但内心却波澜起伏的灵魂个体像镜子一样真实地映照着现代人之间虽彼此依靠，但精神上却彼此孤立的荒诞世界。他与少妇虽为母子，但在精神上却形同陌路。为了让男孩修养身体，少妇专门陪男孩到赛默林度假。但由于习惯了被男人仰慕而自己又处在青春即将逝去的“关键年龄”，少妇的心思飘忽不定，对男孩显得心不在焉。她对男孩的管束更多的是出于义务，因此她对男孩的关注显得硬邦邦而缺少母爱。也许被母亲斥责多了，男孩显得有些神经质，非常渴望得到来自于他人的爱和关注。于是，一个巨大鸿沟深深地阻断了这对母子，他们虽然天天在一起，但他们的精神世界却是无法重叠在一起的。人虽然互为依存但彼此之间又无法沟通的荒诞关系在这对母子之间上演了。同样，男孩还见证了母亲与父亲之间名为夫妻但却同床异梦的荒诞关系。“从埃德加回答他妈妈是不是喜欢他爸爸这个问题时的支支吾吾的神气，可以推断到关系准不那么妙”（2007：10）。在这样一个人与人之间疏离的荒诞世界里，男孩异常渴望来自他人的关爱。面对向自己伸出橄榄枝的男爵，男孩“心里快乐异常，思绪万千。他想笑，又想哭。因为他喜欢这个人，他还从未爱过一个朋友……他少年时代全部幼稚的热情，现在紧紧地拥抱着这个人的形象。两小时前他连他的名字还不知道呢”（2007：13）。男孩却不知自己是男爵接近猎物——自己的母亲的计划的一部分。读者在为一厢情愿的男孩扼腕时，不能不惊叹茨威格把现代人之间无法沟通的荒诞性在这几组人物的关系上演绎到了极致。

二、拯救沉沦的母亲

就像上帝偏爱弱者一样，茨威格戏剧性地让这个在成人世界里微不足道的男孩肩负起了拯救自己沉溺于情欲中而不能自拔的母亲的使命，为这个荒诞的世界又重重地添上了一笔。在《灼人的秘密》中，男孩的痛苦不仅是源自病弱的身体，更多是源于与他内心世界格格不入的外部世界。男孩的内心世界始终无法与这个人与人之间彼此疏离的外部世界建立起联系。与疏离而充满算计的成人世界相比，男孩的世界是真挚和热烈的。男孩和妈妈一样一头扎进男爵这个狡猾的猎手精心布置的大网里。但与母亲沉溺于情欲之网不同，男孩对男爵的痴迷更多的是渴慕来自别人的关爱。“他想以什么东西来表达自己的心意，却痛苦地感到力不从心……那么他怎样才能给这位他连‘你’字都不敢称呼的新朋友一些宝贵的东西呢？用什么方法才能表达自己的感情呢？”（2007：17）渴慕他人的关爱也是人的本能情感，因此具有“自在”属性。萨特认为，人是具有两种状态的特殊存在：自在存在与自为存在。人的“自在存在”是人会把情欲等一些自在的东西当作崇高的境界被动接受，放弃了超越这些本能的、自在情感的自为本性；而人的“自为存在”是人不为自己的本能情感所制约、所决定，并超越本能的情感去自由地追问人与世界关系和意义的存在。

（一）灼人的秘密

在《灼人的秘密》里，男孩与母亲都为本能的情感所驱使而苦苦挣扎于这个荒诞的世界：男孩热切渴慕来自他人的关爱，而少妇则沉溺于情欲世界不能自拔。但与母亲不同，男孩正因为受环境的浸染甚少，所以才能够超越自己本能的情感，勇敢地去追问这个世界的“灼人秘密”。“灼人的秘密”既是成人情欲世界的秘密，又是驱使男孩揭晓这个世界本真的行为动力。在揭晓“灼人秘密”的过程中，男孩遵从自己自由选择的本性，使自己从被动接受他人赋予意义的“自在”存在之物升华为“自为”存在的、能够自由体验情感和揭示世界意义的人。

> 他们两人好像干了什么事儿又不敢说出来似的。他们不再像昨天那样谈笑风生、兴致勃勃了。他们很拘束、发窘，他们一定瞒着什么事。他们之间准有个什么秘密，不想让我知道。可我无论如何要把这个秘密弄个水落石出，不惜任何代价。我看出来了，就是那种不让我知道的秘密，这种秘密就是演戏时男人和女人伸开胳膊唱歌、互相拥抱又推开的那种秘密……所有这些事情都有关联，这我感觉到了，可就是不知道是怎么回事。一定要知道这个秘密，彻底知道这个秘密，要抓住这把钥匙，抓住这把能打开所有大门的钥匙，那我就不再是孩子，不让他们再来搪塞和欺骗我了！不止现在，就是永远也不让人搪塞和欺骗。(2007：26)

在这大段的内心独白中，我们看到了一个少年主体意识的觉醒。他不再被动地接受成人对他的欺骗和搪塞，而是执着地探寻在这扑朔迷离的成人世界及复杂的关系背后所隐藏的真相。这也是男孩自由意志及“自为本性”觉醒的体现。在萨特的存在主义哲学里，价值是偶然的，是源自人对“自在世界”即客观世界的觉醒而获取的。在这个纷乱、繁芜的向人涌现的世界现象面前，人只有通过唤醒“自为本性”才能最终揭晓纷乱的“自在世界”背后的意义。面对向自己涌现的诡异的成人世界，男孩慢慢挣脱了本能的、自在情感的制约，并随着“自为本性”的唤醒，一步步地逼近世界的真相。经历一番波折，男孩不仅搅扰了男爵猎获少妇肉体的美梦，而且也最终洞悉了成人世界的真相，即那“灼人的秘密”。这个隐藏在道貌岸然的言辞背后的成人世界是充满欺骗与诡诈的，就像一个男孩把自己辛辛苦苦寻找的宝物拿到阳光下比照时，才发现不过是一颗不值钱的玻璃珠。“他仿佛觉得今天是头一次看到赤裸裸的现实，这现实不再被童年的千百个谎言所遮蔽，而是呈现出它全部难以想象的、危险的未来。”男孩的发现是令人沮丧而灰心的，但这发现是男孩通过自己“自为本性”的觉醒赋予这个世界的意义。

（二）拯救少妇

与幡然醒悟的男孩相反，本应更理性的少妇却一直沉溺于男爵精心编织的大网之中无力自拔。当男孩已向少妇挑明男爵是个“撒谎的人，一个伪君子。他所做的都是为了自己，是卑鄙的。他想要认识你（即少妇）”（2007：37）时，她虽然内心有所醒悟，但她依然把男孩反锁在房间里，继续与男爵的危险游戏。与其说少妇沉溺于男爵精心编织的大网，毋宁说少妇是屈从于自己内心本能的情欲。她“要把所有这些看不见的思虑全都抖落下来似的，朝镜子里快乐地看了一眼，扯了扯衣服，带着一个赌棍把最后一枚金币丁当一声抛到赌台上去的那种果断的神态走下楼去”（2007：39）。萨特认为，人经常逃避自己自由选择的权利，把自己从“自为”降低为“自在”，从人降低为物。这种逃避自由的态度就是“自欺”。萨特哲学中“自由选择的权利”就是人独立思考的能力。在《灼人的秘密》里，少妇在男爵强大的攻势面前或者说在自己本能的情欲面前丧失了自由选择的权利，即独立思考的能力。在欲海中苦苦挣扎的少妇与幡然醒悟的男孩形成了辛辣的对比，也是茨威格对这个荒诞世界的嘲讽。在茨威格不动声色的嘲讽中，读者看到了他对荒诞的现代人世界的深刻洞悉。受这个世界浸染较少的孩子往往更能唤醒自己内心自由的本性，更具有独立思考的能力。他们得到升华的自为本性能让他们找到更接近这个世界本质的意义。与之相反，成人丧失了“自为”的本性，听凭自己内心本能欲望的支使，并把满足本能的情欲当作崇高境界，而沉沦于世。最后，男孩英雄般的举动把少妇从“一场无益的艳遇”（2007：60）中拯救了出来。本应是保护人与被保护人关系的少妇与男孩在这戏剧性的一幕中发生了逆转：儿子担负起了保护人的责任，而母亲则是被儿子保护的对象。母子关系的错位似乎在嘲笑着这个荒诞的世界：一个被谎言遮掩但却又脆弱不堪的现代人的精神世界。

无论是擅长描写现代人内心世界的茨威格还是以研究现代人精神世界为己任的存在主义哲学都试图揭示现代人精神世界的危机。茨威格对现代人荒谬关系的洞悉与萨特的“他人就是地狱”的哲学思想不谋而合。他们的思想和文学作品不仅鞭笞着这个充斥着谎言和疯狂追逐情欲的荒诞世界，而且试图唤起现代人自由的本性，超越这个日益沉沦的世界，发现并赋予这个世界新的意义。萨特的哲学思想与茨威格的文学作品像一张明灯照亮了我们这个充满精神危机的时代。

参考文献

［1］茨威格. 2007. 茨威格中短篇小说选［M］. 北京：中国文联出版社.

［2］余源培，夏耕. 1989. 一个“孤独”者对自由的探索——萨特的《存在与虚无》［M］. 昆明：云南人民出版社.

福克纳创作理想的具体体现

——威廉·福克纳的短篇小说《烧马棚》形式主义解读

何静明*

摘　要：福克纳是一位艺术上颇具创新精神、思想内容上很有见地的杰出的美国现代主义作家。他通过经验、观察和想象描写了一个虚构小县——约克纳帕塔法县不同人物的生活，揭示了他们复杂而独特的内心世界。他的许多名篇都特别晦涩艰深，但短篇小说《烧马棚》在艺术手法上刻意追求的不多，思想内容却是作者创作理想集中而充分的体现。解读这篇作品是我们迅速认识福克纳的捷径。

关键词：萨提；亲情；社会正义；内心冲突

一、导　言

威廉·福克纳独树一帜，题材、构思迥异于其他作家，总能从看似平常的素材中提炼出深刻的思想内容，加上他卓尔不群的艺术风格，“使他在瞬息万变的西方文学潮流中，像一块屹立不动的孤独的礁石”（李文俊，1980：1）。其短篇小说《烧马棚》反映的是20世纪30年代美国南方乡村生活的故事，讲述的是一个

*【作者简介】何静明，云南大学外国语学院副教授，硕士生导师，研究方向为美国文学。

十岁的孩子在面对父亲用暴力解决一切矛盾的处世原则时所做出的抉择。它是福克纳最优秀的短篇小说之一，作于1939年，当年获美国欧·亨利最佳短篇小说奖，多种世界文学和美国文学的集子都会将它收录其中，还于1980年被改编成电视剧（Padgett，2009）。纵观诸多对此小说的解读和评论，众说纷纭，各执一词，有的解读为家庭亲情与社会正义的冲突（Bernardo，2004）；有的说是大萧条时期美国社会、经济、文化动荡的缩影（Byrne，2003）；有用马克思主义的阶级分析观点进行解读的，认为它是阶级斗争的展现（Lowe，2005：20）；更有将其解读为男女冲突的（Pimaggot，2009）；国内学者或从神话和原型批评的角度看，把《烧马棚》中的父亲是英雄和魔鬼的混合体，故事中父子的关系实际上是生命循环这一原型的具体体现，暗示了福克纳对南方再兴的企盼和信心（何艾莉，2007：17）；也有通过分析故事中主要人物父亲阿伯纳与儿子沙多里斯在道德观念上的冲突与矛盾，运用弗洛伊德的心理分析的批评理论解读《烧马棚》中的主要人物沙多里斯·斯诺普斯——一个十岁的孩子成长的心路历程（皮爱红，2010：111－114）。总之，各批评家从主人公与外界的矛盾冲突和斗争中，用各种流行的批评模式来挖掘本篇小说的主题，或对其语篇进行语言和艺术手法的解析。这些都有一些道理，都从一定层面和某个角度上展现了本篇小说的魅力所在，但不同程度存在着盲人摸象、以偏概全或过度解读之憾。

本文作者尝试通过对《烧马棚》进行形式主义的解读，来全面准确地把握其含义，并具体说明这样一个事实：或许它在结构上不如“爱米丽心中的玫瑰花”① 那样时序颠倒，也不像鸿篇巨制《喧哗与噪动》有那么复杂的多角度和对位式结构，也不像《去罢，摩西》充满象征隐喻，而是一扫晦涩、朦胧、冗长、生

① 即“A Rose for Emily”，一般译为“纪念爱米丽的一朵玫瑰花”，但笔者以为是误译。

硬的文体，一定程度上体现着他向传统手法回归的一个短篇，但它仍是作者在艺术上精雕细刻、创作上一丝不苟、风格上与其他优秀篇目一脉相承的佳作，《烧马棚》通过对一个儿童心灵的内心矛盾及其与外界的矛盾刻画，集中而全面地展现了福克纳作为一个有责任感的作家所具有的严谨的态度和创作理想。

二、萨提的心路历程

（一）开篇：萨提的纠结

故事是从十岁的萨提（Sarty）（Faulkner，1961：503）这个有限第三人称角度展开的。对正义与公理的本能追求与对亲情的坚守在他心中兼而有之，而他的现实生活中二者却是冰炭不容、势不两立的两方面。这个矛盾冲突贯穿全篇，是本篇小说的主线，萨提一开始就深陷这个矛盾纠结的“绝望与痛苦”[①]（despair and grief）（Faulkner，1961：499）之中。这种“绝望与痛苦”成为他的心结，挥之不去，在全篇中反复出现（Faulkner，1961：500，504，507，513，515）。这个痛苦与绝望程度之深，有这样的细节为证：他在杂货店最先被吸引的是那些食品，甚至似乎嗅到了罐头中食品的香味，它们扰动着他的辘辘饥肠。这里我们感觉到了一个穷孩子对营养的渴求的生理本能。而这种强烈的渴求，却迅速被这个矛盾冲突带来的“绝望与痛苦”取代了。

故事开始展开时，萨提的父亲阿伯纳（Abner）将其带到法庭（Faulkner，1961：499），意在让他支持父亲反击别人对他的纵火指控（Faulkner，1961：503）。萨提在此看到了整个世界都在反对父亲，而父亲用沉默来应对（Faulkner，1961：500）。萨提一方面知道别人对父亲指控的罪状并非空穴来风，而是确有其事：阿伯纳确实将邻居哈里斯（Harris）的马棚烧了，所以负罪感和羞耻心使萨提不敢抬头面对众人（Faulkner，1961：503）。不过此时的萨

① 本文中《烧马棚》小说的中文译文系采用蔡慧译本。

提想得更多的是要捍卫自己的亲人，因为“那可是我们的仇人，是我们的！不光是他的，也是我的！他是我的爸爸啊！”（Faulkner，1961：499）

（二）进展：萨提内心冲突的剧烈碰撞

当他在这个法庭上被叫出来作为证人时，内心的冲突到达了第一个顶点。一方面是“心口又跟从前一样，觉得一腔热血在往上直冲”（Faulkner，1961：499）。即一种对血浓于水的亲情的捍卫的本能：“这一腔古老的血，早在传到他身上以前就已经传了那么许多世代。”（Faulkner，1961：513）。另一方面，是他那与日俱增的对社会正义的意识。他日益感到自己面临一个艰难的抉择：说出真相，就是对亲情的背叛，要危及父亲；而捍卫亲情，就要背离客观事实和社会良知。无论如何做，他都会有负罪感，都将遭遇到其中一边的谴责。所以此刻他说不出清晰的话语，此刻他度日如年（Faulkner，1961：500）。这种进退两难的境况对于一个十岁的孩子来说，实在是太残酷了。所以，尽管法庭是设在一个杂货店，其中琳琅满目的食品，刚才还强烈地扰动着他的辘辘饥肠，而此刻的他却已感觉不出它们的存在（Faulkner，1961：499）。我们似乎看到了萨提在众目睽睽之下的那种惶恐。

这时故事来了一个戏剧性的转变：原告哈里斯发现唯一的证人萨提是阿伯纳的儿子后，不相信一个儿子会揭发其父亲，从而无奈地放弃听萨提的证词。由于原告再也找不到及时有力的证据，法官也只好终止这场诉讼。这个戏剧性的转变意外地救萨提于内心痛苦与绝望之中（Faulkner，1961：500）。这里我们也看到：幼小的萨提已经被生活置于成人都难于应付的亲情与正义、道德与法律的矛盾冲突中。

（三）徘徊：两种冲突的价值观的此消彼长

此次危机过后，萨提内心的这个死结依然挥之不去。因为其父亲依然我行我素，用过激的方式与整个社会对抗。萨提多么希望父亲吸取教训，有所长进，不再做纵火之类极端的事，从此开始另一种全新的生活。“孩子心想：永远看不见了。他这回该满意了吧，他可不是已经……想到这里他马上打住了，下面的话他对自己都不敢说出口。”（Faulkner，1961：502）这是可以理解的：内心的矛盾是现实的矛盾的反映，如果现实中不再有这个矛盾，他就可以心安理得了。所以，当他们来到德·斯班少校家时，看到其富丽堂皇的家园，便以为这就是他们多年追寻的理想之地，一个父亲不再有纵火念头的地方：

> 那恐怖和绝望的感觉却再也不来了。因为，他们虽然也先后搬过十多次家，可是以前始终旅居在一个贫苦的地方，无论农庄、田地还是住宅，规模都不大，像眼前这样的一座宅第，他还从来没有见过……这个安宁而体面的世界自有一股魔力，就算他想尽办法放上一把小小的火，这里大大小小的马棚牛棚也决烧不掉一根毫毛。……或许爸爸也会感受到这股魔力呢。他先前干那号事，可能也是身不由己，或许这一下就可以叫他改一改了（Faulkner，1961：504）。

这种使萨提内心纠结的两个方面并非总是在相持不下的状态。如果说维护社会正义和公序良俗之意在他心中不断成长壮大并在法庭上到达势均力敌，使他几近崩溃的话，当父亲对他进行严厉批评之后（Faulkner，1961：502），他的心则后退了一步，更倾向父亲，所以当他又一次来到法庭时，他根本没有弄清谁是原告被告，也不知是一个什么官司，以为又是父亲纵火了，就不假思索地站在了父亲的一边，为父亲说话。“孩子摆出一副势不两立的神气，狠狠地、得意地瞪了他一眼，走上前去，紧挨爸爸站着，向治安官大声嚷道：‘他没干呀！他没烧呀……’”（Faulkner，1961：510）

然而随着他内心的进一步成长，期望父亲改邪归正的愿望一刻也没有消失，而且与日俱增，并逐渐占居上风了。当阿伯纳因故意损坏主人的地毯而被罚二十蒲式耳时，他想："说不定这一下倒可以彻底解决了。为了这么一张地毯赔上二十蒲式耳，虽然好像有点难受，可是只要他能从此改掉那个老脾气，再也不像从前似的，花上二十蒲式耳说不定还划得来呢。"（Faulkner，1961：510）然而事实总不像萨提想象的那么简单。现实中的父亲阿伯纳就是要挑衅这个社会，与他人抗争到底，这就逼使萨提要在维护社会公理与维护亲情之间做出明确的选择。

（四）艰难的抉择：社会正义与公理优先

萨提在觉悟，在成长，在成熟。当阿伯纳看出父亲又在酝酿一次新的纵火计划并即将会实施时，他终于做出了一个艰难的决定：一定要去制止这次犯罪。萨提虽然在言语上没有和父亲冲突，甚至还按父亲的要求去备燃油（Faulkner，1961：510），而在内心深处，他却是毫不犹豫地完全排斥这种行为了（Faulkner，1961：513）。这时的他已经不再能忍受错误和内疚的折磨了。亲情也不再能说服他迁就错误。他先想要离家而去，与父亲决裂：

> 这一腔古老的血，由不得他自己选择，也不管他愿不愿意，就硬是传给了他；这一腔古老的血，早在传到他身上以前就已经传了那么许多世代——谁知道那是怎么来的？是多少忿恨、残忍、渴望，才哺育出了这样的一腔血？孩子心想：我要是能一个劲儿往前跑就好了。我真巴不得能往前跑啊，跑啊，再也不要回头，再也不用去看他的脸（Faulkner，1961：513）。

他之所以让父亲像先前一样先找个陌生黑人暗示一下受害人马棚或被烧（Faulkner，1961：513），无非是要在客观上迟滞一下父亲的行动，而且也在告诉父亲：其实天下所有人都知道阿伯纳要做什么，甚至用什么套路去做。不过萨提的话并没有能阻止父亲，而只是在客观上让父亲预知萨提会扰乱他的计划（Faulkner，

1961：513）。所以阿伯纳让妻子拉住萨提。而萨提经过一番努力挣脱母亲的一幕（Faulkner，1961：514）极具象征意义：只有当他摆脱了家庭的束缚后他才能自主地按自己的意志行动。主观上他倒并不想取此弃彼，并非要完全背叛家庭，而是要鱼和熊掌兼而得之。只是有了一个主次之分：先捍卫正义和法律——通告德·斯班，让其提前防范并阻止阿伯纳的犯罪行为，之后再去保护父亲免遭德·斯班的攻击（Faulkner，1961：515）。而残酷的事实却是：他顾此失彼，纵火计划虽然被制止了，但他甚至没有得到任何来自社会现实的肯定，甚至德·斯班也没有对他表示一次感谢。更使他不能面对的是：父亲却因此被德·斯班射杀（Faulkner，1961：515）。萨提就这样为了良心的安稳、社会的正义而永远地失去了自己最亲近的人。此时的萨提又一次陷入悲伤与绝望中，但这次不再有恐惧相伴（Faulkner，1961：515），因为他已经明确地做出选择，现在的悲伤与绝望只是在独自慢慢品尝从这个决定中咀嚼出的况味。

（五）结局：灵魂的再升华

代表着错误的阿伯纳死了，麻木不仁的其他家庭成员也不在视线内，只有萨提在体验着、感受着身边周围的变化，虽然他处在茫茫黑夜（Faulkncr，1961：515），无人引领，无人启发，他却实现了自我升华：他对父亲在社会逆境中孤身一人勇敢抗争的精神有了新认识（Faulkner，1961：516），他从丧父的阴影中走出来了，他似乎找到了下一步前进的方向，他义无反顾，坚定地走向明天（Faulkner，1961：515）。这一切颇具象征性的描写和诗一般的语言暗示了萨提心中那股势不可挡的力量，也让我们隐约感到了作者的澎湃心潮在涌动，在萨提身上寄托了他的理想和希望。

三、作者的创作理想

（一）外部的矛盾冲突只是现象和陪衬

这篇小说让我们立刻想到作者威廉·福克纳在接受诺贝尔奖

时的演说（以下简称“演说”），他痛感现代人在形势的重压下忐忑不安、蝇营狗苟的现状（Faulkner，1961：3）。在《烧马棚》中，萨提的哥哥对父亲的行动毫不在意，甚至漠不关心（Faulkner，1961：501），姐姐、母亲和姨妈，虽然对阿伯纳的行为有些消极的抵触情绪，却也还是逆来顺受，听其自然（Faulkner，1961：503），例如，当阿伯纳要两姐妹清洗被阿伯纳故意糟蹋过的地毯时，她们明显地消极怠工（Faulkner，1961：506，507），在阿伯纳又一次要纵火时，母亲和姨妈也高声叫喊试图阻止（Faulkner，1961：512），但当阿伯纳命令母亲拉住萨提以阻止他去向德·斯潘报告时，她还是照做了（Faulkner，1961：507－13）。福克纳对这些人物着墨不多，更没有去描写他们的内心活动，仿佛这些人就没有什么灵魂，没有努力要争取一种更有价值的生活，他们屈从于阿伯纳，或者只是为了活下去。由此衬托出了福克纳所痛心的一种社会氛围：精神上的东西已不存在（Faulkner，1961：3）。

小说中的阿伯纳倒是福克纳精心刻画的一个角色。他是与萨提相对应、作陪衬的一个反面人物。阿伯纳不乏孤身一人面对一切困难和敌人绝不妥协的英雄气概（Faulkner，1961：515，516），对家人，主观上是要想尽力维护和支撑的，他是全家的主心骨。但他从不听取他们的任何意见，偏执顽固，一意孤行，家人只能服从，不能反对（Faulkner，1961：502）。而他对身边周围的外人则不分青红皂白，一律充满敌意，对社会没有什么责任感。南北战争中他逃避自己的社会职责和义务，他做的只是去偷南军或北军的马，并因此负伤落下终生残疾（Faulkner，1961：501－502）。这或许是他仇视社会的因，或许也是果，无论怎样，事实是此后他更加仇视家人之外的一切人。这一点他不是用语言而是用自己的点滴行动充分表现出来。一个明显的例证是：德·斯潘与他素昧平生，无冤无仇，而且是他的新雇主，他首次上门报到，却故意要将脚踩了马粪，再去踏进别人家中，故意踩在地毯上，别人劝阻，他置若罔闻（Faulkner，1961：505）。当人家要求他把地毯洗净时，他又用石片去割人家的地毯（Faulkner，1961：507）。人家要求赔偿，就这样矛盾再度升级（Faulkner，1961：509）。任何不顺眼的人就烧人家的马棚，已经这样干了多次了（Faulkner，1961：513）。这类只图一时痛快、不计后果的一意孤行给他自己和家人带来了许多麻烦：他们没有固定的住所，家徒四壁，一贫如洗。阿伯纳的反社会的极端行为虽然事出有因，却根本不可取，是永远走不出的死结。只会使他自己处于更加不利的境地，甚至是众叛亲离，导致了自己迅速灭亡，客观上中止了自己作为父亲和丈夫应尽的职责，给家庭带来了悲剧。福克纳对这样的人物取一种否定态度。

（二）内心冲突才最动人心弦

福克纳在“演说”中指出作家应该“从人类的精神原材料中创造一些前所未有的东西”，他认为一个负责任的作家，必须要探究“人类的内心冲突问题”，“唯有此种内心冲突才能孕育出佳作来，因为只有这种冲突才值得写”①（Faulkner，1961：3）。《烧马棚》全篇贯彻了作者的这个主张。虽然在全篇有充满着各种矛盾冲突，即父与子的冲突、家庭与社会的冲突、家庭成员中男女地位的冲突等等，但这些都不过是很表面化的外部描写，主要用于服务主线：挖掘和展示萨提的心路历程。这不是简单的儿童心理的描写，而是具有典型意义的人类良知中两种价值观念在心灵深处的剧烈撞击。

“演说”中福克纳满怀信心地说：“我相信人类不但会苟且地生存下去，他们还能蓬勃发展。”《烧马棚》的主题虽然很沉重，但基调却并不悲观。《烧马棚》就是萨提成长的故事，他在痛苦的思想斗争中迅速进步，在现实的迷茫中找到了正确的方向。在他的身上，我们看到了捍卫社会正义的勇气，对自己作为沙托里

① 本文所引福克纳演说的中文系张子清译。

斯（Sartoris）一员的荣誉感和自豪感，对未来的希望，对无辜者的同情、怜悯之心和甘为维护社会正义牺牲自己一切的人道主义精神。而这些正是福克纳所要张扬的天地人间的浩然正气，是人类赖之以永垂不朽的精神所在（Faulkner，1961：3）。

四、结　语

掩卷沉思，我们眼前仿佛看到了那个勇敢的少年，在黑暗中上下求索，在满是荆棘的道路上奋勇当先、一往无前的身影。其形象是如此的鲜明生动，充满正能量，让人过目不忘，令人精神为之一振。我在叹服福克纳的艺术功力的同时，也使自己在有了一个更明确而坚定的前进方向。而这或许就是作者这番痛苦和烦恼的精神劳动所追求达到的目的。

参考文献

[1] Byrne，M. "Barn Burning"：A Story from the 30s. Center for Faulkner studies. Southeast Missouri State University 2003. 13. http：//www. semo. edu/cfs/. 2015/02/05.

[2] Bernardo，K. William Faulkner's "Barn Burning" . In K. Bernardo （ed. ）， *Storybites*. http：//www. storybites. com/faulkner-barn. htm. 2015/02/05.

[3] Faulkner，W. 1961. *The Faulkner Reader*. New York：Random House，Inc.

[4] Lowe，J. *William Faulkner*（1897 – 1962）：*The Heath Anthology of American Literature*. P. Lauter （ed. ） . http：//www. georgetown. edu/faculty/bassr/heath/index. html. 2015/02/05.

[5] Padgett，J. "*Barn Burning*"：*Commentary & Resources. William Faulkner on the Web*. http：//www. mcsr. olemiss. edu/ ~ egjbp/faulkner/r_ ss_ barnburning. html. 2015/02/05.

[6] Pimaggot，E. *Feminist criticism of Barn Burning*. http：//

pimaggot. wordpress. com/2008/07/25/hello – world/. 2015/02/05.

[7] 何艾莉. 2007. 《烧马棚》中的父亲及生命循环 [J]. 科教文汇, 12S: 170 [EB/OL]. http: //www. cqvip. com/Main/Detail. aspx? id = 26787962, 2015/02/06.

[8] 李文俊. 1980. 福克纳评论集 [C]. 北京: 中国社会科学出版社, 1 – 4.

[9] 皮爱红. 2010. 道义与血统的较量——解读福克纳《烧马棚》中的沙多里斯·斯诺普斯 [J]. 中南林业科技大学学报: 社会科学版, (2): 111 – 114.

翻译研究

译员的文化调解员角色限定与思考

董丹萍*

摘　要：译员在跨文化交流中起到了非常重大的作用。自从1975年George Steiner提出了Mediating agent（调解员）的概念之后，学术界不断对此进行充实和界定，以David Katan为代表做出了几乎可以说是集大成的研究。本文提出了文化调解员其实是一个具有解放性和危险性的概念，需要学者和业界进行谨慎的考察和界定。

关键词：文化调解员；解放性和危险性；谨慎界定

一、引　言

译员在人类的交流中起着非常重大的作用。在《创世纪11：1－9》中，在大洪灾之后，一代又一代的人类都讲着自己共同的语言，从东方迁徙到了西方一个叫作Shinar的地方。在这里他们决定修建一座通往天堂的城市和高塔，所谓的通天塔，即巴别塔，以显示人类的声威，这样他们就能够生活在一起，而非流散在世界各地。但是上帝看到了这座塔，认为只讲一个通用语的人类能获取自己想要的一切。于是扰乱了人类的共同语言。人类彼此之间不能沟通、不能理解，分散在世界各地，就不能再建造通天塔

＊【作者简介】董丹萍，云南大学外国语学院讲师，硕士，研究方向为英汉翻译理论和实践。

了。在这样的神话背景下，译员的作用可谓再强调也不过分了。

现在对译员的比较流行的定位是中立性，无论是会走动的词典，还是积极参与的文化调解员等定位和描述，都强调了译员不偏不倚。作为一个职业道德规范而言，这类型的定位描述是可行的。但是，在影视作品中，译员的角色却经常会有所不同。从最令人喜闻乐见的影视作品来看，译员作为社会中越来越活跃的一种职业和人群，在过去数十年中的影视作品中经常出现，其形象和角色却大相径庭。比如，意大利影片《美丽人生》中慈爱的父亲将地狱般的集中营编造成了一个能赢取积分、获得真正坦克的游戏；《木马屠城记》中特洛伊人竟然相信俘虏译员的话，将一个腹藏险恶敌人的巨型木马当成了神的福祉而拉进了城里，最终导致城陷兵败。《天将雄师》中的霍安将守将的不满巧妙转化消弭，最终让罗马兵团的将士安心住了下来，并一起建造了一座城市。在 *Devious Maids* 中，一位拉丁女佣为了谋取一份职位，自告奋勇充当翻译，结果在翻译的时候颠倒是非，大肆破坏雇主形象，成功赶走了另外一位求职的女仆。在这些影片之中，临时充当了译员角色的人，却更多地有着其他更强势的角色，即父亲、敌人、友人、竞争者：父亲将可怕的集中营生活翻译成了规则严厉的游戏，敌人将腹藏奸险的木马翻译成了神的福祉，友人将敌对的态度转化成了宽容和接纳，竞争者将一个雇主描述成了坏蛋。

但是无论是战争时期其他强势角色下的翻译职能，还是和平时期的友好翻译，翻译的功用非常强大这一点却更毋庸置疑。如果我们说译员是全能的中间人，那么在某种程度上而言简直是一点也不夸张的，甚至可以这样说，翻译的角色很容易被滥用。

二、理论背景

Steiner（1975）提出译员是来自两个不同语言社区的单语交流参与者之间的一个双语调解人（Bilingual mediating agent）。文化调解员（Cultural Mediator）这个术语最早出现于 Bochner

（1981）*The Mediating Person and Cultural Identity* 一书中。Taft（1981）对于文化调解员的定义如下：文化调解员是一个能在不同语言和文化背景的人或团体之间促进沟通、理解和行动的人。文化调解员的角色是要通过在两个文化团体之间建立并平衡沟通，从而将一个文化团体的表达、意图、观念和预期传达给另一个文化团体。具体到口译这个领域，Brislin（1981）甚至将口译员的角色定义为"chair"或者"referee"，即：在口译活动开始之前，口译员就先告知参与者活动的规则，甚至研读所有资料，检查是否有可能造成跨文化障碍的问题。他甚至主张如果口译员发现双方出现了误解，从而导致交流困难，口译员应被授予终止（stop）会议的权力。口译员还应给活动双方提供一些材料，告知相关的跨文化交流要点。

中国国内的翻译者和学者也对文化调解员的概念从理论和实践的角度进行了分析和研究。他们认为，文化调解员的概念本身已完全超出了所谓讲话人"影子"的定位，强调译员在出现了误解和障碍的情况下要进行适度的干预，总结或加入自己的解释。这些学者提出了以下问题：译员是否可以纠正发言人的错误或者强调发言人的目的？对发言加以解释？医疗译员能否对病人话语进行编辑，间接行使诊断职能、扮演共同医生的角色或者充当患者代言人的角色、主动询问医生、给患者争取更全面的信息？或者更危险一点，译员能否独立提供医疗信息呢？或者在医生占绝对主导地位、大量使用问句和祈使句、语气生硬的情况下，使用委婉的疑问句来表达建议，从而平衡双方的权力落差？这些学者也对文化调解员的角色提出了谨慎的态度和警告。比如，医疗口译当中，口译人员过多地充当单方的谈话对象，阻挡在医患之间，就会导致诊断效果大打折扣。又比如，如果口译人员僭越自己的职权，在没有医生给出医疗信息的情况下，自行给患者提供自己所知道的医疗信息，则会造成医疗纠纷。文化调解员这个概念本身具有一定的解放性和危险性。一方面，将译员从传统"传声筒”的角色中解放出来，而成为所谓交际的促成人。张威（2013）提出：“译员始终是交际行为的积极参与者，而且不断主动调整自身定位，采取多种翻译策略，确保交际行为的顺利进行。”而郑亚亚（2014）提出：“社交口译的本质就是译员对交往双方各自面子的构建活动。”其目的是为了增进双方的感情。译员不仅要给自己雇主面子，还要维护自己雇主交往一方的面子，甚至还要维护自己的面子，并以此来突出自己雇主的面子。在构建意义、维护面子的过程中，要采取各种手段来积极促进社会交往行为，确保皆大欢喜的效果。

但是另一方面，却又将译员置于一个较为尴尬而危险的境地。Kondo（1990）在 *What Conference Interpreters Should Not Be Expected To Do* 中提出，在跨文化谈判之中文化调解人所起的作用是必要的，但是，如果哪个口译员胆敢充当文化调解员，则很可能会失业（Kondo 的建议是在口译开始之前，就要向谈判的各方解释清楚口译员的角色以及口译员可以进行的干预和参与限定）。于是，文化调解员的角色本身需要一种较为严格而明确的限定，才能对翻译实践进行指导，同时在翻译理论方面实现真正的严谨（rigor）和一致性（coherence）。

三、文化调解员的角色界定

文化调解员的概念如果推到极致，会出现无限扩大译者权利的现象。余学勇（2008）在硕士学位论文《论译者作为文化调解者》中提出全球化时代的翻译活动是不同文化间冲突和对话的过程，译者的作用不是使一方压倒另一方，而是作为文化的调解者出现在源语文化和目标语文化之间的对话中。“译者首先要让这个对话在平等的条件下进行，然后创造出使对话双方都满意的杂合的第三文化”。换句话说，译者是主持这个对话的人，是源语文化的传播者、目标语文化的滋润者、世界文化多元共存的构建者。余学勇的观念和 Brislin 一脉相承，却上升到了文化的层面，甚至可以说是将译员拔高到了一种凌驾于所有文化之上，可以主持文化对话、防止强势文化欺凌弱势文化，甚至可以打造第三文化的“上帝”的地位。这种想象和翻译实践相差甚远。

那么，翻译实践中译员的角色究竟是怎样的状态呢？首先，译员是雇员，不是上帝，不是主持人。大型国际会议早就有自己的主持人了。即使是在谈判口译、社交口译等场合，译员也始终是雇员。译员的背后必然有一个 patron（赞助人）的存在，译员在很大程度上服务于 patron，也就是赞助人的利益。尤其是全球化时代，翻译已成为一种服务行业，服务于客户的需求。在笔译和口译中，客户的要求和目的就是标准。文化调解必定处在客户要求的范围和框架之内。比如，可口可乐最初被翻译为蝌蚪啃蜡。这种音译肯定不够有销售效果（selling）。到了 20 世纪 20 年代，可口可乐公司为了将这种饮品推向海外市场，悬赏 350 英镑征求译名。最后，上海的一个教授蒋彝以“可口可乐”四个字夺取了奖金。将最初的两个大写 C 的好看英语书法——Coco Cola，翻译成朗朗上口、清爽好喝的中文译名：可口又可乐。这种文化调解如果符合了客户的利益，则是适宜的调解。在口译中，肯定是以尊重双方意愿和原语、促进交流为目的，否则，有些口译员过分夸大了文化调解的效果，几乎全盘改变了原语，不仅没有促进交流，反而导致了客户的怀疑，最终导致了第三方听译员的出现。其次，译员是双语和双文化人士，译员本身必须要有这样的意识，还应能在实践过程中尊重双方的语言和文化习惯，并在出现冲突的时候进行适当调解。事实上，译员在文化之间进行调解这个事实本身早就存在。在中国早期对外交流过程中，中国式的模糊表达经常遭到诟病。对于英美人士的有关“是”“否”的问题，中国方面人士经常会以第三种方式来回答：模糊辞令，间接表达、不予肯否的态度。这种态度在早期的对外交流、中国对外接轨、力求学习外国的情况下，经常被译员直接用“是”或“否”来取代。这是一种强加于人、扭曲原语的做法。在当时这种做法却广为流传，并没有遭到什么批评，虽然这确实是翻译员角色被滥用的实例。译员的中立性被严重侵蚀了。译员将英语文化和习俗当成了标准，同时还将这种标准强加于中方。但是这种做法其实不会起到促进交流的目的，反而会导致双方误解，造成双方交流障碍。总之，忠实于原语和原语文化的意义构建方式是最基本的要求。同时还应了解目标语和目标语文化以及目标语文化的意义构建方式，在双方出现冲突的时候进行沟通、交流和行动。总之，按 Katan（2004）的说法，是要"negotiating understanding between cultures（促进文化之间的理解）"，按照 Taft（1981）的原则，则是要"flexible in switching cultural orientations（灵活切换文化取向）"。

译员的文化调解应限于必要的基础之上（need－based，only when it is necessary），时刻警惕"过分参与"的倾向。按照 Angelelli（2004）的说法，译员并不是透明的玻璃。"Interpreters enter the interaction with all of their deeply held views on power，status，solidarity，gender，age，race，ethnicity，nationality，socio－economic status，as well as the cultural norms and societal blueprints that encompass the encounter；they use all of these to construct and interpret reality."（译员进入互动的时候，带着他们自己根深蒂固的有关权利、地位、团结、性别、年龄、种族、民族、国别、社会经济地位、文化标准和社会刻印；他们带着所有这些来构建和阐释现实。）译员本身并不是一个透镜。译员有着自己的偏见和文化印记。按照 Trompenaars（1993）有关文化的定义，在文化的三个层次 products and artefacts，norms and values，以及 implicit assumptions 中，语言属于最外面的、最容易变化的一层。也就是说，译员可以很容易学会一门外语，但是要学会一种文化，要理解其中层和内层的文化内涵，可以说很不容易。译员在成为 bilingual（双语人士）的时候，并不就是说自然而然地就成了 bicultural（双文化人士）。因此，在尽力学习和了解目标语文化的同时，译员还要有敏锐的警惕意识：即译员自身是有局限的，并非全知的。

而另一方面，译员是进行跨文化互动的三方之一，身处两种语言和文化之间，力求促进交流、理解和行动。译员的存在感是非常强的，在实践中完全可以左右跨文化互动的结果。译员必须要有这样的“全能”和“特殊重要角色”的自知，警惕自己主动承担的其他角色，以及被雇主或其他方所赋予的其他角色。译员的中立性从本质上而言是一个虚假概念，但是即使如此，还是要尽量将译员的职责限制在促进交流和理解的范畴之内。如果身处“几乎全能”的位置却有着“并非全知”的能力，那么，译员就只能有意识地进行调整和限制。

四、结　论

要对译员的文化调解员角色进行界定，需要两种视角和标准：一个是行业界定，另一个是自我觉醒。文化调解员这个概念本身并没有成为可大范围普及和实施的一种标准，没有相关的行业守则可作参考。尽管如此，文化调解作为学术界所定义的一种概念，仍然有着重大的理论和实践意义。翻译行业在实践过程中不断摸索和积累出经验，而译员在实践过程中也是成就和错误并存。经过理性思索和实践考证，文化调解这个理论概念也必然更加成熟理性。

参考文献

[1] Angelelli, C. V. 2004. *Medical Interpreting and Cross – Cultural Communication*, Cambridge: Cambridge University Press.

[2] Bochner, S. (ed). 1981. *The Mediating Person: Bridges between Cultures*. Cambridge: Schenkman.

[3] Brislin, R. 1981. *Cross – Cultural Encounters*, Needham Heights, MA: Allyn and Bacon.

[4] Katan, D. 2004. *Translation Cultures—An Introduction for*

Translators, Interpreters and Mediators. Shanghai: Shanghai Foreign Language Education Press.

[5] Kondo, M. 1990. What Conference Interpreters Should Not Be Expected To Do. *The Interpreters' Newsletter*, 3: 59-65.

[6] Steiner, G. 1975. *After Babel: Aspects of Language and Translation.* Oxford: Oxford University Press.

[7] Taft, R. 1981. The Role and Personality of the Mediator, in *the Mediating Person: Bridges between Cultures.* S. Bochner (ed) Cambridge: Schenkman.

[8] Trompenaars, F. 1993. *Riding the Waves of Culture.* London: The Economist Book.

[9] 李光斗. 2007. 谁翻译了可口可乐[EB/OL]. http://blog.sina.com.cn/s/blog_48347666010007oo.html.

[10] 余学勇. 2008. 论译者作为文化调解者[D]. 福建师范大学.

[11] 张威. 2013. 会议口译员职业角色自我认定的调查研究[J]. 中国翻译, (2): 17-25.

[12] 郑亚亚. 2014. 社交口译的面子维度[J]. 洛阳理工学院学报: 社会科学版, (4): 16-19.